女声 VOICES OF US

步履不止 WANDERERS

一部女性行走史 A History of Women Walking

[英]克丽·安德鲁斯 (Kerri Andrews) / 著

欧阳瑾 罗小荣 / 译

上海社会科学院出版社
SHANGHAI ACADEMY OF SOCIAL SCIENCES PRESS

U0112525

谨以此书，献给两人

首先，是我的爱人亚当·罗宾逊（Adam Robinson）
谢谢你说要陪我一起走过此生
与我为伴，在没有地图指引的人生路上携手前行

其次，是我们的儿子菲昂拉格（Fhionnlagh）
伴随本书的写作，他在我的体内慢慢长大
世间道路万千，无不为他敞开

序

Preface

身为人类,行走定义了我们的本质。我们是长着两条腿的灵长类。我们既可行走,也可说话。我们有能够思考的头脑——并且多半是用语言进行思考。我们行走的节律与思考的节律都是独一无二的。

那么,为何对半数的人类而言,仅仅是行走就会如此困难呢?一名女性,又为何不能在无人陪伴、没有牵累的情况下云游四方,去探究她们生于斯、长于斯的世界,同时深入审视自己内心的想法呢?这是多么无伤大雅的一种消遣啊!在大白天能够毫无畏惧地行走于户外,看起来并不是什么过分的要求。我们无疑都知道,她们为什么不能。当然,不管怎样,就算有所畏惧,就算有人嘲笑,我们还是会行走,并且向来如此,步履不止。

《步履不止》一书揭示了一段长达 300 年的女性行者的历史。书中的 10 位行者,也是 10 位作家与观察者(因为行走就是为了观察)。其中每一章都探究了一位女性的生活、工作与行走情况:从可爱而博学的伊丽莎白·卡特（Elizabeth Carter，生于 1717 年），到像丽贝卡·索尔尼特（Rebecca Solnit）和琳达·克拉克内尔（Linda Cracknell）这样的当代作家，不一而足。当然，其中还有多萝西·华兹华斯（Dorothy Wordsworth）这位丘陵与山谷的"首席观察员"，有漫步于群山之间的娜恩·谢泼德（Nan Shepherd），还有城市"漫游女"（flâneuse）阿娜伊斯·宁（Anaïs Nin）。这些女性都由衷地对活着与行走感到快乐，由衷地欣赏自己的身体——还有通过毅然决然的漫游，快速走出可怕婚姻的阴霾的女性。对有些女性来说，漫步与健康并肩而行，密切相关。对其他一些女性而言，行走却能促进她们的创作：比如，弗吉尼亚·伍尔夫（Virginia Woolf）就是在伦敦街头漫步的过程中，写出了小说《达洛维夫人》（*Mrs Dalloway*）。

克丽·安德鲁斯带着本书来到了我们的面前；她的陪伴，就像她在撰写本书过程中一路"陪伴"的那些女性一样，睿智而生动。没人知道她究竟走了多远——她行走的距离定然很是惊人。不过，远近其实不重要。重要的是，所有能够行走的女性都应当由此受到鼓舞，能够走出家门，去争取我们这种与生俱来的权利。我们都应当能够享受无所畏惧地行走于世间所带来的乐趣，毕竟，这个世界也是我们的世界。

正是有了本书，我们才明白了一点：就算孤身一人，我们也绝不是在孑然行走；我们的背后有一种优良的女性传统，在鼓舞着我们一路前行。

凯思琳·杰米（Kathleen Jamie）

目录

Contents

出　发

　　那一年的夏季天气非常不错，每个周末都艳阳高照；大多数周末我都是在山间度过的，一边攀登，一边数着一座又一座芒罗山（Munro，也就是苏格兰境内海拔超过 3 000 英尺*的山）。我就要数到 100 座时想选一个特别的地方，来庆祝自己攀登了 100 座山峰。还有什么事情能比在阿诺克岭（Aonach Eagach）上度过一天更令人难忘呢？第一次听到这座山的名字时，我曾无比激动。"阿诺克岭"翻译过来，就是"锯齿岭"（the notched ridge）的意思；从盖尔人（Gaelic）嘴里说起的时候，会让人觉得此山似乎比他们身上棱角分明的肌肉更加柔顺。我所走的这条路在苏格兰可谓大名鼎鼎，因为那是苏格兰乡村最敞亮的山脊步道之一，上面是一条狭窄的刃脊（arête），将靠近西海岸的两座高高耸立于格伦科峡谷（Glencoe）之上的芒罗山连接了起来。人们需要费很大的劲儿才能征服阿诺克岭，因为那里只有两种安全的上山和下山的方式——从起点和从终点开始攀登；已经有很多人，因

　　＊ 英尺（foot），英制长度单位，1 英尺约合 0.304 8 米，故"芒罗山"指海拔超过 914.4 米的独立山峰。需要注意的是，"芒罗山"一词原本仅用于苏格兰地区，但如今也用于不列颠的其他岛屿。——译者注（如无特别说明，本书脚注皆为译者注）

为试图避开这两处，从别的地方攀登而丧了命。

我的丈夫亚当和我们的朋友尤恩（Ewan）选定了当年 8 月一个天气很有可能晴朗和煦的周末，准备一试身手。尤恩已经登上过那座山岭——事实上，他已经"登完"了所有的 282 座芒罗山——因此，有他的经验可以借鉴，我们觉得很庆幸。我们在步道的尽头留下一辆汽车，然后又沿着格伦科峡谷往上开了 12 英里*，来到了老人山（Am Bodach）悬崖下面的起点。山路虽陡，却很简单；我们攀上岩石遍布的三姐妹山（Three Sisters）之后，眼前的景色迅速变得异常壮观起来，而这一地区海拔最高的比安峰（Bidean nam Bian）则高高耸立，俯瞰着我们。云层的高度比天气预报中所说的要低，还没爬到老人山的山顶，我们就被浓雾笼罩了。我们在那里度过了当天余下的时光，结果表明，后来的情况可以说是祸福参半。要是没有雾的话，我们原本应该看得到，即将走过的那道刀刃一般的山脊坐落在一道近乎垂直、有 3 000 英尺高的窄薄岩石之上——但是，还要不下雨才行。天公不作美，当开始淅淅沥沥地下起雨来——并且是苏格兰最常见的那种如丝的蒙蒙细雨时，我们本该打道回府；可我们当时热血沸腾，而且战胜前路的困难所带来的兴奋感也很有诱惑力，令我们无法抗拒。

我们随即遇到的第一项挑战，就是要从老人山的石板山坡上艰难地往下走。坡度虽然不陡，但山间的雾气使得石头有点儿滑溜；尽管云层遮挡了远处，但我们都很清楚，在这里可不能摔倒。很快我们便发现，我们 3 个人的攀爬方法大不一样：尤恩是一位经验丰富得多的登山者，他更喜欢"脸朝"身下的大山，一直将身体紧贴着石头，重心也

---

　　* 英里（mile），英制长度单位，1 英里约合 1.609 千米。

往里靠；我和亚当则更靠直觉，认为脸朝外面更舒服。这样的话，我们更容易看到落脚的地方和远近，并且可以用双腿当刹车；只不过，假如失控下滑的话，我们就抓不住任何可以让我们贴在岩石上的东西了。我们的方法风险较大，但结果表明，在间隔几英尺才有落脚点并且落脚点很难看到的石板上，这种方法更有效。我们相对轻松地爬了下去，尤恩则很费力，因为他不得不摸索着找落脚点，又不愿靠猜测去确定哪里才是坚实的地面。

最后，我们3人来到了一条狭窄的小径上；那条小径令人愉快地起伏着，通向第一座芒罗山红山（Meall Dearg）的顶峰。我们慢慢地一路溜达着前行；经历了第一次紧张的快速攀爬之后，这种轻松舒缓的行走似乎有些让人扫兴。没费多大力气，我们就来到了山顶的界石旁，坐在那里一边吃东西，一边思忖着接下来的行程。从红山到斯托布科尔利斯（Stob Coire Leith）的那条路比一条岩石绳索好不了多少，高度也在不断地变化着：接下来的2英里，我们将走上5个小时。大多数情况下，这种攀爬都令人觉得兴奋——它有如一种不断变化着的三维拼图游戏：唯一的解决办法就是每时每刻都不断正确地调整自己的身体相对于岩石的姿势。这种运动需要身心之间的完全配合和全神贯注，是一种既让人感到筋疲力尽，又让人深感满足的运动。抵达"疯狂尖峰"（Crazy Pinnacles）之前，都是这样。

"疯狂尖峰"傲然屹立于阿诺克岭的一端附近，假如您像大多数人一样，从东往西攀越这座山岭的话，这里就是整条路线当中风险最高和攀爬技术最难的一段。那一天，我们一次又一次地与其他几群试图翻越这道山岭的人擦肩而过，包括一对父子。早前，在一片荆棘丛生的山坡上费力地往下走的时候，我曾决定任由那对父子再度超过我们,而不是一直把他们落在身后。所以,他们快要开始攀登尖峰时,我们就跟在他们后面。一位经验丰富的登山者提醒过我,说"进退维谷之时,不妨登高远眺";可抬头看着参差不齐、犬牙交错的尖峰时,这种说法就显得很不理智了。上面完全没有路,我看得到的岩石全都光秃秃的,完全没有办法翻过去——就像一道巨大的陡坡,消失在下方的雾霭之中,令人觉得头晕目眩。前面那对父子显然也像我一样感到害怕;翻过第一座尖峰时,他们曾不屑一顾,轻松地从岩石上爬了下去。我们看着他们下去,接着就不见人影了。我们以为他们知道自己在干什么,就决定跟着往下走。我的丈夫走在前面,他是我们当中身体最健壮的;可接着传来一声惊叫,我们便知道前面的路很不好走了。他费力地转了回来,瘫倒在地,气喘吁吁地告诉我们说他先是沿着一条小径往前走,可最终发现自己用双臂攀着,身体悬在一处急剧下降的岩石坡面上方。前面那对父子一定是冒着令人难以置信的危险,从很高的地方跳到了下方那条细长的小径上。

对我们来说,往上攀登似乎是唯一安全的选择;我的丈夫再次跑到前面,当他说发现上面有一条凑合着能走的小径时,我们都大大地松了一口气。然而,走那条小径需要我们采取一系列风险极大的行动。亚当的全身都悬在前方的深渊之上时,我的心中产生了那天最猛烈的恐惧之情。这是一种最原始的恐惧感,而不是在我大部分的行走生涯中伴随着肾上腺素布满皮肤而带来的那种令人愉悦的刺激感。假如他掉下去,我将没有任何办法帮助他;当他绕过一条凶险的岩石裂缝,只有两只胳膊能把自己固定在安全位置时,我的心揪得紧紧的。过了一会儿,就轮到我了;见到丈夫攀过关键之处的方式之后,我决定将身体重心放低,然后用双肘和双膝支撑着爬上去。那一刻,我已经完全不在意尊严和被撕破的衣服,只要身体紧贴着岩石就感到谢天谢地了。

然后,一切都结束了。翻过尖峰之后,前面就出现了一条畅通的小径;虽说攀爬起来毫无困难,但小径极其陡峭,它通往一座较小的顶峰,接着再度上升到第二座小峰,最终到达斯古尔南安菲安奈德(Sgorr nam Fiannaidh)这座芒罗山。到了此时,我们都已身心俱疲,几乎没有注意到雨已经开始下得很大了。我们全身都被淋透了,四肢也几乎不听使唤,开始往下朝着格伦科帕普山(Pap of Glencoe)走去;随着我们终于走出云雾,朝着下方的巴拉胡利什(Ballachulish)和家中的床走去,远处的利文湖(Loch Leven)与草界(Rough Bounds)也开始变得清晰可见起来。

7年之前,我攀登过人生当中的第一座山。当时,我受邀与一些女性友人结伴徒步前往威尔士度假。我们打算攀上斯诺登峰(Snowdon)。我还从未去过威尔士北部,从未见过一座真正的大山,也不知道接下来会出现什么样的情况。

我们从停车场出发,一行人中有珍妮(Jenny)和莎拉瓦特(Sarrawat)、莎拉瓦特的男友马特(Matt),以及马特的父亲和兄弟。就在其他人一路闲聊的时候,我正忙着观察远处低垂的彤云之下那清晰可见的山坡。阴沉的天空之下,我只看得见一条蜿蜒向上的小径;那小径非常陡峭,让我的手心里直冒冷汗。刚走了5分钟,浓雾就让我们的视野缩小到了只看得见几米远了;不过,这对我来说却很不错,因为看不见的话,我就不会吓着。尽管如此,我很快就开始体力不支了。那几个男人精力充沛、身强体壮,似乎是在前面跑着,可我只能费力地走上20米左右就得休息一会儿。没过多久,那些男人就对我没了耐心,说我若是想留下来等着,他们会在登上顶峰之后返回来接我。我心里觉得很不舒服,觉得他们表面上是关心我,实际上却是为了保护他们自己。不等我回答,他们就消失在上方的雾气之中了。我努力控制才没有哭出来,但对自己的失败感到非常失望,对自己被人认为太过弱小且不值得费神而被抛弃感到非常失望。不过,就在我垂头丧气的时候,珍妮和莎拉瓦特却坐到了我的身旁。男人们都走了,可她们决定留下来;她们对我说,我们一定要爬到山顶,无论要花多久的时间。顿时,我感激地哭了起来——为她们的善良、她们的友谊而哭,为她们温柔、真挚的支持而哭。她们让我走在前面;由于有了经验,所以此时我就知道,这意味着我自己可以掌控前进的速度了。我们很快便形成了一种模式:走上一小段,就休息一阵子;每次出发之后不久,我的呼吸就会变得粗重起来。全程就像一种无休无止的折磨,浓雾让一切看上去都没什么两样。数个小时以来,我一直都在与内心作斗争,努力找到让自己双腿前行的力量,然后突然吃惊地发现,似乎有好几百人;那是山顶的界碑——山顶!——他们全都围在那里,人声鼎沸。与我们同来的那3个男人显然已经受够了山顶上闹哄哄的气氛,所以都坐在离最热闹之处很远的地方。他们都很想走,可既然到了山顶,珍妮、莎拉瓦特和我就不着急了;我细细地品味着各种复杂的情感,它们已经取代了早前那种无休无止的痛苦。我确实非常高兴,并且精疲力竭,但我同时也怀有一种深深的感激之情。假如孤身一人,我肯定早已放弃。那些男人留下了我,让我自己照顾自己。让我坚持登上山顶的是那两位女性的陪伴。

　　本书是一部讲述女性行走的作品。在过去的 300 年里,这些女性发现,对她们身为女性、作家与普通人的自我意识来说,行走都是至关重要的。行走的历史,始终也是女性的历史;只不过,从论述这个主题的已出版作品当中,您并不会得知这一点。自 1782 年让-雅克·卢梭(Jean-Jacques Rousseau)的《漫步遐想录》(*The Reveries of a Solitary Walker*)一作问世以来,世人已经公认,行走在众多著名男性作家的创作中发挥着重要的作用,比如威廉·华兹华斯(William Wordsworth)、塞缪尔·泰勒·柯勒律治(Samuel Taylor Coleridge)、托马斯·德·昆西(Thomas De Quincey)、约翰·济慈(John Keats)、约翰·克莱尔(John Clare),等等。这些作家都在他们所处的时代赢得了无数读者的青睐,并且此后一直备受世人景仰;至于原因,不仅是因为他们取得了巨大的文学成就,还是因为他们在行走方面也有很高的造诣:据德·昆西估算,威廉·华兹华斯一生行走了 18 万英里,凭借的就是他轻描淡写地称为"超过了人类所求的平均标准的两条耐用之腿"[1]。据说,德·昆西自己每周也曾徒步行走 70—100 英里;济慈则在 1818 年游历"湖区"(Lake District)与苏格兰那两个月左右的时间里,徒步行走了 642 英里。[2]浪漫主义作家的声名与他们的行走极其紧密地联系在一起,以至于漫步行走已经被世人视作一位诗人能够体验到威廉·华兹华斯所认为的创作必不可少的那种"自然流露的强烈情感"的理想方式了。[3]

许多人都追随着他们的脚步,比如说莱斯利·斯蒂芬(Leslie Stephen)、亨利·戴维·梭罗(Henry David Thoreau)、弗里德里希·尼采(Friedrich Nietzsche)、伊曼努尔·康德(Emmanuel Kant)、罗伯特·路易斯·史蒂文森(Robert Louis Stevenson)、爱德华·托马斯(Edward Thomas)、沃纳·赫尔佐格(Werner Herzog)、罗伯特·麦克法兰(Robert Macfarlane)。这些人在记述他们的行走经历之时,都会回顾以前喜欢漫步的男性作家;即便是最近记述行走的作品当中,比如罗伯特·麦克法兰的《古道》(*The Old Ways*,2012),里面提到的主要也是其他一些喜欢行走的男性作家。在麦克法兰的这部作品里,只有一处例外:他很推崇娜恩·谢泼德描绘凯恩戈姆山脉(Cairngorms)的散文诗《活山》(*The Living Mountain*)。记述行走的作品完全由男性所主导,因此,丽贝卡·索尔尼特还曾带着一丝苦涩之情,将这一领域称为一种俱乐部,"不是一种真正的行走俱乐部,而是一种有着共同背景的隐性俱乐部",其中的成员"向来都是男性"。[4] 2014年再版的畅销书《漫步之时:关于行走的文字》(*While Wandering: Words on Walking*),进一步证明了索尔尼特的观点:"关于行走的文字"当中,90%以上是由男性创作的;总计差不多270部作品中,仅有26部为女性所撰。弗雷德里克·格霍(Frédéric Gros)所著的《走路,也是一种哲学》(*A Philosophy of Walking*,2014)一作,也凸显了索尔尼特的观点:这部作品中所举的例子全是男性行者,而其中唯一提及的女性行者也只是在倒数第二页里附带提及了一下。标题的普适性掩盖了这样一个事实:此书本身探究的其实是男性行走的哲学,无论是从主题还是从用于描述行走者的代词来看,都是如此——其中的行走者是一个泛化了的个人,却从头到尾都是用代表男性的"他"来称呼。虽然这一点有可能是此书从法文翻译成英文时的一种令人遗憾的结果(法文中的名词有性别之分),可它还是强调了行走那种明显且似乎压倒一切的男性化倾向。在给《卫报》撰写的一篇评述格霍这部作品的文章中,卡罗尔·卡德沃拉迪尔(Carole Cadwalladr)指出:"此作探究了各种思想家信奉的哲学;行走对这些思想家的工作极其重要——比如尼采、兰波(Rimbaud)、卢梭、梭罗(他们全都是男性;至于女性会不会行走,会不会思考,却语焉不详)。"[5]

女性无疑会行走。她们也撰文记述了自己的行走、自己的思考,而且数个世纪以来都是如此。来自迪尔(Deal)的一位牧师的女儿伊丽莎白·卡特从 18 世纪 20 年代还是一位小姑娘的时候起,就开始了自己的漫步生涯。卡特既勇敢无畏,又是一个很有雄心壮志的漫游者,她在肯特郡(Kent)的乡间行走了数千英里,她经常是孤身一人,但偶尔也会与朋友一起,寻找僻静的角落去静思一些哲学问题,并在后来出版的作品中进行了探究;那些作品不但给她带来了名气与财富,也让她获得了英国杰出学者之一的美誉。卡特在写给一些最亲密的女性友人的书信中,语气惬意而随性地描述过她的行走情况;有时,她会把一些令人觉得遗憾的不幸遭遇变成具有喜剧性的大胆情节。她很少因为英国那种无常多变的天气而退缩,且尤其喜欢 18 世纪那一个个极端严寒的冬季——后来的人们把这段时期称为"小冰期"(Little Ice Age)。例如,年轻之时,她曾兴高采烈地写信给坎特伯雷的一位友人说:

随着妹妹的身体已经康复，我的精神也大好了；现在的我，就像以前一样快乐与狂野，想要在大地之上到处翱翔，只是这种天气有点儿让我的天赋受到了束缚，我找不到像拉普兰德*人那样浪漫且可以陪我在月下漫步于雪中的人。要是我满足于待在坎特伯雷，您和我又怎能在人迹罕至的小径上远足，享受到让一些不那么古怪的人不寒而栗的季节的乐趣呢。[6]

卡特用"古怪"和"狂野"两个词，极其恰当地描述了自己的特点——她是一个渴望着真正的流浪、渴望着因为显得居无定所而被一名地方治安官带走的女人；在卡特撰写的记述行走的作品中，到处都有这两个词。卡特先是有一位思想开明的父亲，她可以随心行事，后来又有文学作品带来的财富，使得她无需遵循女性礼仪方面的传统观念，故卡特最热切的——且经常能实现的——愿望，就是一生当中的每一天都能像"一个野孩子，在岩石上蹦来跳去"[7]。

伊丽莎白·卡特既不是唯一一个喜欢行走节奏所创造的思考空间的人，也不是唯一一个在徒步行走过程中为其文学作品找到了丰富素材的人。虽说在世间享有更大文化认同感的是威廉·华兹华斯，可他的妹妹多萝西·华兹华斯（Dorothy Wordsworth）本身却是一个极其优秀而热切的行者，在成年后的早期生活中，她几乎每天都会出门远足，并且撰写了大量论述其思想、回忆与感悟的作品，行走在其中发挥了不可或缺的作用。她徒步远足时，起初有她的兄长及兄妹两人的密友塞缪尔·泰勒·柯勒律治做伴；到了后来，多萝西·华兹华斯开始与

---

* 拉普兰德（Lapland），位于北极圈附近的地区。

其他女性一起行走,即她的嫂子玛丽·华兹华斯(Mary Wordsworth),以及玛丽的妹妹乔安娜·哈钦森(Joanna Hutchinson)。这3位女性都曾撰文将她们在这些旅行中的经历记载下来,但多萝西是其中最有趣和最有活力的一位,在探究行走对她身为作家、女性与人类的意义方面也最严谨。然而,在威廉·华兹华斯那种非凡的步伐为其诗人这一美誉锦上添花时,有些人却认为多萝西的行走姿态有损于她的女性魅力:

> 最有损于华兹华斯小姐的魅力,且会让人们对其性格、经历、兄妹关系等方面的兴趣大大减退的,就是她的动作极其迅速,以及其他一些举止(比如行走之时弯腰驼背),这导致她在户外的时候没有优雅之姿,甚至让外貌变得毫不性感。[8]

德·昆西的描述体现了一些普遍限制女性行走,而不只是限制多萝西·华兹华斯一个人的文化原因:不像女性(或者如德·昆西所言,"不优雅"或"毫不性感")的身体特征,事实上还有非女性化的身体活动都容易招致批评——得体的女性不应当身强体健。德·昆西的言外之意是,多萝西在行走之时丧失了性别,甚至丧失了人格。假如不是一位女性,那她又成了什么呢?

然而,在阅读多萝西·华兹华斯的日记与信件之时,我们却可以清楚地看到,这些文化偏见以及所谓的她在"行走之时弯腰驼背",都并非她完成与其兄长不相上下的行走壮举时不可逾越的障碍:1794年一个天气晴朗的日子里,多萝西与"伴于身旁"的威廉走了33英里,从肯德尔(Kendal)经由格拉斯米尔(Grasmere)走到了凯斯威克

(Keswick),"沿途之景,乃令人至愉之乡间,前所未见"⁹。几天之后,多萝西·华兹华斯曾写信给她那位了不起的舅妈克拉肯索普(Crackenthorpe),反驳了后者听到外甥女"在乡间漫游"后提出的批评:

> 我并未把这当成一种非难,反而认为,若是听到我勇敢地利用了大自然赋予我的力量,我的朋友们都会觉得高兴;行走不但给我带来了无限的欢乐,远多于我乘坐驿车的时候——也让我至少省下了 30 先令。¹⁰

多萝西·华兹华斯的回答表明,行走不但于其身体有益,也是一个关乎个人"勇气",或许还是关乎道德"勇气"的问题。行走既是利用了上帝赋予的身体天赋,而从经济上的精打细算而言,也是对女性家庭经济中一些公认观念的精明的认可。虽然提到身体上的愉悦可能曾令那位了不起但很保守的舅妈克拉肯索普感到不安,但多萝西为自己漫步所作的辩解表明,行走就是令其身体、情感以及精神都保持健康的核心。

这样的女性还有很多。萨娜·斯托达特·哈兹里特(Sarah Stoddart Hazlitt)是多萝西·华兹华斯及其嫂子的同时代人,如今她之所以有名,几乎完全是因为她嫁给了著名的散文家威廉·哈兹里特(William Hazlitt);可她也是一个偶尔热衷于行走的人,住在爱丁堡的那几个月里,她曾徒步游历了苏格兰中部地区,行走的距离异常遥远。更值得注意的是,她事实上经常独自一人行走。这种孤独对她来说显然是一种慰藉,让她能够在一定程度上获得解脱,因为她与丈夫串通,咬定丈夫与爱丁堡一家妓院里的妓女通奸，目的是让他们尽快离婚，这让她既觉得卑鄙，又觉得恐惧：实际上，威廉是迷上了一位来自伦敦的酒吧女服务员，想娶此女为妻。由于在法官面前做了伪证，说她知道威廉在爱丁堡的所作所为，故萨娜心烦意乱，她完全是在徒步行走时的孤独之中，通过让身体在远足时保持极度紧张的状态来寻求慰藉。第一次徒步行走时，她从斯特灵（Stirling）出发，经由中央高地、格拉斯哥（Glasgow）与西洛希安（West Lothian）前往爱丁堡，8 天之内走了 170 英里，并在日记里自豪地记下了每日所走的路程（其中，最远的一次走了 32 英里）。她在日记中指出，行走导致的身体疲惫程度令她觉得满足，或许还给她带来了一种轻松感：

> 我高兴地走进寄居的房舍中，细细洗去脚上的尘土；实际上，我还彻底洗了个澡。在呛人的尘土中行走过后，沐浴的舒适和洁净的衣物都让我精神大振，那些没有经历过这种磨砺的人根本想象不到；它让我全身精力十足，因此我似乎完全不觉得疲劳了。[11]

经历了身体上而非情感上的疲惫之后，萨娜觉得如释重负，这种感受或许是可以理解的。我们也不难想象，萨娜濯去脚上尘土的同时，还觉得洗掉了自己与丈夫串通一气、参与后者的不忠行为所带来的道德污垢。无疑，在经历和记录这种身体磨炼的过程中，她似乎找到了一丝慰藉；就算接连几个星期都被迫留在爱丁堡处理离婚事务的时候，她每周也会到城中各处漫步数 10 英里，一次又一次地穿越和绕城而行，并且将行走的具体情况详尽地记录下来。虽然日记是萨娜徒

13

步行走的唯一记录,虽然日记的时间跨度仅仅是从 1822 年 4 月中旬至 7 月中旬那 3 个月,虽然在她生前一直没有出版,可这部日记的存在却是一种证据,证明她之所以能够熬过个人的那段异常痛苦的时期,行走和撰文记述此种行走这两个方面发挥了极其重要的作用。

差不多就在萨娜·斯托达特·哈兹里特与多萝西·华兹华斯徒步行走于苏格兰各地的时候,爱伦·威顿(Ellen Weeton)也在努力通过行走来摆脱个人困境——对此人而言,要摆脱的是家庭教师的幽闭生活,以及后来因为婚姻不幸、嫁给了一位喜欢虐待她的丈夫所带来的种种极端不幸的现实。她走遍了兰开夏郡(Lancashire)南部的部分地区、"湖区"、马恩岛(Isle of Man)与威尔士,独自一人登上过斯诺登峰(Snowdon),还有过其他一些壮举。与斯托达特·哈兹里特一样,威顿也在一部日记里将她对自身经历的反思记录下来了;但与斯托达特·哈兹里特不同的是,威顿还在书信中记述了自己的诸多行走经历。在记述这些徒步漫游经历的过程中,身为女性行者的威顿不但信心渐强,其个人成就感也与日俱增。1812 年,她基本上是孤身一人游历了马恩岛;尽管所写的书信表明她比较担心自己独自在外行走时会受到袭击(当时或者后来的绝大多数男性行者都不太可能怀有这种担忧之情),但最显著的一个方面却在于,其中体现了她为自己能够做到这一切而感到高兴的心情。这一点,在她对 1812 年 6 月 5 日那次漫步的记述中表现得尤为明显;那一次,威顿总共行走了 35 英里。她踏上了一条山路,完全没有其他原因,仅仅是为了欣赏那里的"风景与景致":

> 我一路前行,经常转身饱览脚下延绵着的美景。空气无比宁
> 静明澄;英格兰、爱尔兰、苏格兰与威尔士都清晰可辨……我可

以……看到坎伯兰郡(Cumberland)与威斯特摩兰(Westmoreland)诸山脉：斯基道峰(Skiddaw)、马鞍峰(Saddleback)、赫尔维林峰(Helvellyn)、康尼斯顿山(Coniston)，还有其他几座山峰。看着它们，我觉得很欣慰，因为我的双脚曾经登上过那里，度过了最快乐的一些时光！……啊，安(Ann)！若是明白我在此情此景中狂奔时感受到的莫大喜悦，那么，对于我的鲁莽、对于我为了获得这种满足感而甘愿忍受劳累的做法，您就不会感到奇怪了。[12]

对威顿来说，漫步意味着自由——是"狂奔"，是无拘无束的狂奔——行走给她带来了明显而巨大的快乐；威顿更看重这种快乐，而不是在社会习俗方面表现得"鲁莽"或者古怪而需付出的代价。还值得注意的是，威顿与萨娜·斯托达顿·哈兹里特一样，也认为自己体验到的种种感受只有漫步能够带来：在萨娜看来，仅仅是洗洗脚带来的那种神清气爽，就是"没有经历过这种磨砺的人根本想象不到"的；威顿的友人安则只有亲自"狂奔"一番，方能充分理解这位朋友的兴奋之情。[13]假如行走"不仅是(一种)穿越空间的手段，还是……(一种)感受、存在与了解的途径"，那么从斯托达顿·哈兹里特和威顿的记述中就可以看出，她们获得了了解自我的新途径，获得了思考她们与世界之关系的新途径。[14]此外，两人的记述还表达了一种愿望，即渴望与别人分享她们新掌握的知识——让他人也可以通过行走，获得她们已经发现的"感受、存在与了解"途径。

相比而言，哈丽雅特·马蒂诺(Harriet Martineau)却深知无法行走的痛苦滋味。在1839—1844年的5年里，她因患上了一种神秘的疾病而一直囿于卧室中；这种疾病一度让她担心自己命不久矣。经过

15

催眠疗法治愈之后,她曾根据自己行走的距离日益增加来判断自己的康复程度:先是只能走上几百码*远,然后是 1 英里左右,但很快就增加到了 3 英里、5 英里、10 英里。随后她搬到了"湖区",并且热切地想要成为一个融入该地区复杂的社会、地理和文学历史中的人,就像多萝西·华兹华斯及其兄长威廉那样。但与生于"湖区"的华兹华斯兄妹不同的是,马蒂诺 40 多岁时才来到这一地区,故她急不可耐地想要弥补失去的时间:

> 现在既已康复,我便开始了解"湖区";在我的心灵之眼前,这个地区仍然属于一个"未知之地"(terra incognita),笼罩在一团团明亮的迷雾之中:到我买地期满一年的时候,(我觉得)我自己已经熟悉了所有的湖泊,只有两个除外,还熟悉了几乎每一座山隘……在这种令人快乐的辛劳中,没有哪一次比我刚刚恢复健康后的那次漫步更加令人惬意;当时,"湖区"在我的探究之下渐次展开,直到它全然呈现于我的眼前,宛如一幅地图,宛如从山顶俯瞰,一览无余。[15]

在"湖区"给自己建好一座房子之后,马蒂诺便开始了一场徒步探索之旅,用自己的双脚去探究山冈丘陵的概况,将此地的风景铭刻在了自己的记忆当中。在这段文字中,她想象自己站在"湖区"上方,此时"湖区"的所有奥秘也彻底呈现在她的眼前。但是,让她能够站上此种位置的并不是登高望远,而是悉心了解;让马蒂诺能够经由身心两

---

* 码(yard),英制长度单位,1 码约合 0.914 4 米。

个方面去了解这一地区的,就是徒步行走。

到了 20 世纪,还有更多女性行者兼作家将仿效这种做法。在其日记与书信中,弗吉尼亚·伍尔夫(Virginia Woolf)也记载了行走对她的数部小说的创作与构思、对她身为一位作家和一个人的核心影响:对伍尔夫来说,行走让她理解了自己在世间所处的位置。她也并不害怕去探究那个位置让人觉得不安的奇特之处——在她看来,此种奇特性已经与她认为写作行为本质上具有的奇特之处交织在一起了。这些奇特性似乎主要是在伍尔夫孤身漫步于伦敦之时,才让她觉得显而易见;只不过她并非始终是孤身行走,也并非始终行走于伦敦罢了。在创作《到灯塔去》(*To the Lighthouse*,1927)的过程中,伍尔夫曾用一种怪异而令人难以忘怀的方式记述了她在伦敦的一次夜间行走,并在其中如此问自己:

> 它究竟是什么?我会不会还没找到它就死去呢?接着[就在我昨晚漫步穿过拉塞尔广场(Russell Square)时],我看到了空中的"群山":大片大片的云朵;在波斯上空冉冉升起的月亮;我对那里的某种东西产生一种奇妙而惊人的感觉,那正是"它"——确切地说,我指的并不是美。我是说,那种东西本身就已足够:它既是圆满,也是完美。还有我对自己行走于世间的一种陌生感:觉得人类的地位无限怪异;沿着拉塞尔广场一路疾走,此时明月高挂,群山似的云朵也高悬于上。我是谁?我是什么?等等,等等。[16]

对伍尔夫而言,写作与行走都能让她通过不同的(但显然具有相关性的)机制,触及关于身份、关于自我的本质,以及关于我们作为人类存在于世间的目的之本质等深刻而令人不安的问题。行走的身体动作会促进这种内省,其结果则会通过写作记录下来。不过,诚如罗伯特·麦克法兰和其他人士所言,徒步行走有可能让人同时出现向内的与向外的运动:它会激发"视觉与思维",这是一种在伍尔夫记述拉塞尔广场经历的日记中体现得很明显的二元性;伍尔夫日记中提出质疑的内心之"我"虽然是一种明确的、困惑的(以及漫游着的)存在,但它同时也是一个更大且令人恐惧的不可知的整体中一个小到无可辨识的部分——伍尔夫漫步穿过伦敦的那个夜晚,就窥见了这个整体的边缘。[17]

阿娜伊斯·宁也是一位城市行者,而徒步行走曾是她获取"存在"的"创作源泉"的重要途径。[18]但对宁来说,行走的重要性与作用曾在她的一生当中不断变化。要说行走曾在不同时期发挥了慰藉与创作源泉的作用,那么,即便是宁漫步于纽约与巴黎拥挤的街头之时,行走也向她呈现出了那种本质上的孤独。"我经常有孤身一人站在高山之巅的感觉,"十几岁时,她曾在日记里如此写道,"观察别人的时候,我觉得自己与他们之间相距遥远。"[19]有的时候,行走也是一种惩罚,是宁为了治愈从抑郁到腹膜炎等一切病症而强加给自己的一种疗法。宁曾是一个身材瘦小、体弱多病的孩子,备受亲戚们的宠爱,可在美国,"那里的最高偶像就是健康和坚强",故她撰文描述了自己如何用"冰水浴"和"长途跋涉"来"折磨"自己,好让身体健康起来的情况。[20]不过,随着宁开始认真地追求成为一名出版作家的抱负,行走的艰辛与孤独最终却变成了她的力量之源。"我厌倦了只为自己写作,"宁曾在1927年的日记里如此写道,并对自己说:

> 我知道,我可以让别人痛哭,并且让他们无限而绝望地活着。我知道,我可以说出他们想说却又不能说的话。而且,如果看到我的作品,看到我独自行走时撰写的这种作品,有些人就会知道,我们当中还有一些独自行走的人,而知道这一点也是件好事。[21]

通过文学,通过行走,宁看到了创造一个富有想象力的社群的机会;这个社群不但是由他们共同的思想联系在一起的,也是通过行走而紧密相连的。徒步的时候,宁及与之类似的人能够一起"走过许多迷人的故事",以至于宁的行走具有了将孤独变成友谊的力量。[22]

宁也并非唯一发现行走具有转换作用的人;在两次世界大战之间的岁月里创作的娜恩·谢泼德也敏锐地认识到了行走经历以及一边走过和进入更广阔的世界、一边探究自我时的那种本质上的陌生感。谢泼德曾经跨越凯恩戈姆山脉,在群山之间穿行,甚至与之为伴,并且通过行走,寻找对此地及对自我的各种不同"认识":

> 一个人只有看到河流的源头,才能了解河流;可这种探究源头的旅途,我们却无法轻而易举地进行。一个人行走于自然元素之中,可自然元素却不可控制。与风或雪之类不可预知的元素接触,也会唤醒一个人自身的元素。[23]

谢泼德的记述表明,通过在这些山脉之中和这个地方行走,人类与世界之间那种令人不安却又与生俱来的联系就会变得显而易见——在这里,行走的行为会"唤醒"我们身上那些原本不为人知,却与山脉、河流或者天空具有共同特征的部分。

1995 年,谢丽尔·斯特雷德(Cheryl Strayed)开始了一场通常只有男性才会进行的长途行走。尽管长期以来,约翰·缪尔(John Muir)徒步穿越美国西部的经历一直都是作家们(且常常都为男性作家)描绘这片广袤大陆上各种自然风光的标准,可斯特雷德对一位女性在长达数百英里的太平洋山脊步道(Pacific Crest Trail)上经历的痛苦与救赎所进行的那种极具个性化的描述,却在人、徒步行走与自然界之间的关系方面提供了另一种视角。经历了染上毒瘾、亲人亡故以及婚姻破裂之后,斯特雷德在以行走来接受自己一败涂地的过程中发现了新的力量。不过,这条步道是一种强大的改变力量,故在为期3 个月的独自行走中,斯特雷德发现,她的身心都因日复一日的艰苦行走而有所改变了;那是一种无情和令人变得无情的经历,取代了过去的一切。起初,她还对自己的体能、对她作为孤身女行者的身份以及是否拥有在荒野中生活数周的本领等拿不太准,可后来她却越来越自信起来。得知身后有两位男子沿着步道尾随而来之后,她便决心"以一位把他们落在身后很远的女性,而非被他们赶超的女性这样的身份与之相遇",因此她全力往前,好让他们无法赶上来,除非她愿意被他们赶上。[24]有意识地以**女性**行者的身份进行写作时,斯特雷德思考了女性种种外部与内在现实之间的关系——包括经期、脆弱性与信心——以及女性通过在世间行走来理解世界的方式。她的作品宛如写给美国那些狂野而美丽风景的一封情书,阐述了反复行走带来的生理磨炼是如何帮助我们回归自我的。

最近,琳达·克拉克内尔则试图证明,徒步行走既有助于将一些拥有共同经历的女性联系起来,也有助于让一些古老的生活方式保持活力。曾漫步于苏格兰各地的马道、古老的小路和过去的驿路之上的克拉克内尔特别留意前人的脚步在岁月长河中不断回响的方式。比方说，走在 1715 年"詹姆斯二世党人"(Jacobite)造反之后为方便英格兰士兵在苏格兰各地行动而开辟的深入苏格兰高地的"韦德路"(Wade's Road)上，克拉克内尔便发现了"一种新的繁忙之景"，发现这条路上有一群"新人"，回荡着"詹姆斯二世党人、汉诺威人(Hanoverian)、赶牲畜者、鞋匠和筑路工人"的声音。[25]克拉克内尔漫步的小径上，也回荡着以前走过那里的女行者的声音。游历苏格兰各地的时候，克拉克内尔曾在阿伯费尔迪的桦树林(Birks of Aberfeldy)遇到过多萝西·华兹华斯，在俯瞰尼斯湖(Loch Ness)的群山之上遇到过杰茜·凯森(Jessie Kesson)，在她位于阿伯费尔迪的家附近的格伦莱昂(Glen Lyon)遇到过亚莉珊德拉·斯图尔特(Alexandra Stewart)。克拉克内尔指出，每位女性的行走都很有意义，因为它表达了那些已经消失或者正在消逝的生活方式。例如，斯图尔特几乎无法忍受近代的行者，因为他们走得太快了，他们注意不到沿途的风景，而她自己对风景却有着极其敏感的理解。"总有一些东西值得我们去留意，总有一些关联值得我们去铭记，总有一些光影与声音的变化以及诗歌与当地传说的片段值得我们去思考。"她如此写道。[26]"见闻广博的头脑是其自身的良伴，"她指出，"长久行走并不是在浪费时间，因为这种漫步不像如今使用机械设备的人群所进行的那种行走，他们把时间安排得很紧，要尽快赶往其他地方，故无法欣赏到沿途的一切。"[27]对克拉克内尔而言也是如此，因为她感兴趣的是我们的身体会如何"无需日历或者手表"，而是用脚步去"划分时间"：三分之一个小时曾被称为"1 英里路程，因为那是我们在三分之一个小时里能走的距离。步行决定了我们人类的时间感，其影响或许超过了我们如今意识到的程度。"她写道。[28]

这些女作家兼行者的作品，为我们理解行走在人类创造力中扮演的角色提供了新的视角，并且证明了尽管女性偶尔曾带着无异于男性的目的漫步，但对女性而言，徒步行走的经历常常具有明显不同的意义。随着时间的推移，行走对女性作家的意义也发生了变化，并且对出身背景不同的女性产生了不同的影响——无论她们是工人阶层还是中产阶层，是英国人还是美国人，是城市漫游者还是乡村行者，概莫例外。然而，尽管如此丰富多彩，世人却很少将女性的行走当成一种文化现象或者历史现象来加以探讨，而对作为人类的女性的经历如何塑造了其行走与写作、她们的行走或写作如何塑造了她们作为人类的经历所进行的探究，就更少了。这种情况既不利于我们去理解行走的意义，也不利于我们去理解行走对所有人具有的意义。

这个问题的一个重要方面就是没有考虑或者承认物质环境对女性行走能力、写作能力或思考能力的影响。比如说，多萝西·华兹华斯的漫步曾因她在兄长家中承担的家务而大受束缚；身为家庭教师和母亲的爱伦·威顿，其行走也因家庭义务而受到了限制。相比之下，威廉·华兹华斯却只要愿意，就可以随时开始一场远足之旅，或者走到凯斯威克去拜访一下塞缪尔·泰勒·柯勒律治，或者信马由缰地散散步，因为最要紧的家务、照料孩子都是由家中的女性负责，至于代价，就是牺牲了她们自己的行走机会。丽贝卡·索尔尼特阐述了文化上对于女性（实际上、身体上和安全地）行走能力的一些性别假设：

法律措施、男女公认的社会习俗、性骚扰中隐含的威胁以及强奸本身，都限制了女性想在什么时候去哪里就什么时候去哪里的行走能力。（女性的衣着与身体上的局限——高跟鞋、很紧或者很脆的鞋子、紧身内衣与束腰内衣、非常宽松或者狭窄的裙子、容易损坏的衣物、遮挡视线的面纱——都是社会习俗中的一部分，像法律和恐惧一样有效地束缚着女性。）……即便是英语当中，也充斥着将女性行走性别化的单词与短语。[29]

索尔尼特还邀请读者参与一项思维实验，思考历史一再未能承认社会对女性行者施加了种种严苛限制所导致的后果，从而让其论点得出了一个有力的结论。索尔尼特首先指出，徒步行走已被公认为

一种沉思与创作的模式，从亚里士多德的逍遥学派到纽约和巴黎的漫游诗人，莫不如此。它为作家、艺术家、政治理论家与其他人士提供了可以激发其创作灵感的遭遇和经历，以及构思其作品的空间；假如无法随心所欲地在世间漫游，许多伟大的男性智者会变成什么样，我们就不得而知了。不妨想象一下亚里士多德足不出户、缪尔身穿宽松裙子的情景……如果说行走是一种基本的文化行为和生存于世的一种重要方式，那么，那些无法外出行走到双脚能及距离的人就不仅被剥夺了锻炼或消遣娱乐的机会，也被剥夺了很大一部分人性。[30]

这个思维实验极具启发性：假如那几十位因为撰写关于行走的作品而闻名的男性作家，受到了社会对公共场合下孤身女性所持严格

态度的影响,他们还能如此自由自在地漫步吗?比方说,假如"街头行走者"*一词的内涵对男女无异,他们还能如此自由自在地漫步吗?如果这些问题的答案是否定的,那么,我们需要提出的问题就不再是"女性行走过吗?"而成了"她们是如何做到经常行走的?"假如行走在一个人的"人性"中居于核心位置,那么,理解不同之人体验行走的方式,就将有助于我们更好地去理解共同的人性。然而,在很大程度上来说,我们的历史作家关注的却都是男性的经历——他们是一群有时间与闲暇去漫步、被社会习俗允许独自行走、会受到鼓励甚至是被世人期待去积极行走的人。仅凭这些个人的记述去理解,充其量只能说是一种具有片面性的理解——尤其是因为男性的经历被想当然地视为**整个人类**的经历。

因此,本书旨在通过展示 10 位女性记述行走的作品中以前没有受到过关注的广度、深度和独特性,为审视行走的文学史提供另一种视角。我不会说这种视角很全面;相反,我强烈建议感兴趣的读者读完本书之后去探究一下"附录"中所列的作品,他们将在其中看到更多女性行者的例子。除此之外,世间还有更多的女性行者。

尽管在本书所探究的作品中,我们无疑可以感受到从让-雅克·卢梭到威廉·华兹华斯到莱斯利·斯蒂芬,再到约翰·缪尔等男性行者兼作家的影响,但其中也明显有一些不同的视角与经历,以及理解

---

* "街头行走者"(streetwalker)用于女性时,指"夜女郎",即在街头拉客的妓女。

行走本身及其在世间位置的不同方式——还有行走是一种女性传统的观点。熟悉的地方可以看到不同寻常的景致，以及不同的优先事项：娜恩·谢泼德避开了男性作品中的陈词滥调（如罗伯特·麦克法兰描述的那种"登山者渴望达到极限的自我提升感"），用一种更有倾向性的态度去看待山岳与行走，表明了在她"反复翻山越岭的行为"中有一种"含蓄的谦逊"，而不是什么"自我提升"，这是对更典型的属于男性所重视的内容进行的纠正；[31] 多萝西·华兹华斯、萨娜·斯托达特·哈兹里特与谢丽尔·斯特雷德用独特的女性视角，书写了女性的空间；而琳达·克拉克内尔对杰茜·凯森与亚莉珊德拉·斯图尔特两人漫步人生的重现，则证明了认可并借鉴女性行走传统所具有的创造性力量。最后，这些女性阐述的不同行走、观察与**存在**方式的活力、多样性与意义，要求我们重新审视行走的历史，因为那种历史往往都是由女性写就的。

注释：

1. 托马斯·德·昆西，《托马斯·德·昆西文集》(*The Collected Writings of Thomas de Quincey*)，由大卫·梅森(David Masson)编纂(伦敦，1896)，第242页。

2. 这里的数据引自莫里斯·玛普莱斯的《徒步行走：对行走的研究》(*Shanks's Pony: A Study of Walking*，伦敦，1959)。

3. 威廉·华兹华斯，为《抒情歌谣集》(*Lyrical Ballads*，1800)所作的序，由迈克尔·盖默尔(Michael Gamer)和达丽亚·波特(Dahlia Porter)编纂[安大略省彼得伯勒(Peterborough，ON)，2008]，第175页。

4. 丽贝卡·索尔尼特，《漫游癖：行走的历史》(*Wanderlust: A History of Walking*，伦敦，2002)，第123页。

5. 卡罗尔·卡德沃拉迪尔，《弗雷德里克·格霍：为什么散步是解放思想的最佳方法》(Frédéric Gros: Why Going for a Walk Is the Best Way to Free Your Mind)，见于《卫报》(The Guardian)，网址：www.theguardian.com，2014 年 4 月 20 日。

6. 伊丽莎白·卡特写给一位友人的信，未标注日期，见于蒙塔古·彭宁顿所著的《伊丽莎白·卡特生平回忆录》(Memoirs of the Life of Elizabeth Carter，伦敦，1809)，第 106 页。

7. 伊丽莎白·卡特写给凯瑟琳·塔尔伯特的信，1763 年 6 月 24 日，见于《回忆录》，第 275 页。

8. 德·昆西，《托马斯·德·昆西文集》，第 239 页。

9. 多萝西·华兹华斯写给未知收件人的信，1794 年 4 月，见于《威廉与多萝西·华兹华斯兄妹书信集：早期岁月，1787—1805》(The Letters of William and Dorothy Wordsworth: The Early Years 1787－1805)，由欧内斯特·德·塞林库尔(Ernest de Selincourt)编纂、切斯特·L. 谢弗(Chester L. Shaver)修订(牛津，1967)，第 1 卷，第 113 页。

10. 多萝西·华兹华斯写给舅妈克拉肯索普的信，1794 年 4 月 21 日，同上，第 117 页。

11. 萨娜·斯托达特·哈兹里特，《萨娜与威廉·哈兹里特夫妇的日记，1822—1831》(The Journals of Sarah and William Hazlitt，1822－1831)，由威廉·哈勒姆·邦纳(William Hallam Bonner)编纂，见于《布法罗大学论文集》(The University of Buffalo Studies)，XXIV/3 (1959)，第 208 页。

12. 爱伦·威顿，《家庭教师威顿小姐的日记》，由 J. J. 巴格利编纂，2 卷[纽顿阿博特(Newton Abbott)，1969]，第 2 卷，第 33—34 页。

13. 萨娜·斯托达特·哈兹里特，《萨娜与威廉·哈兹里特夫妇的日记，1822—1831》，第 208 页。

14. 罗伯特·麦克法兰，《古道》(伦敦，2012)，第 24 页。

15. 哈丽雅特·马蒂诺，《自传》，2 卷[马萨诸塞州波士顿(Boston，MA)，1877]，第 1 卷，第 1146—1147 页。

16. 弗吉尼亚·伍尔夫，1926 年 2 月 27 日星期六的日记，见于《弗吉尼亚·伍尔夫日记》(The Diary of Virginia Woolf)，第 3 卷"1925—1930"，由安

妮·奥利维尔·贝尔(Anne Olivier Bell)和安德鲁·麦克尼利(Andrew McNeillie)编纂(伦敦,1981),第62—63页。

17. 麦克法兰,《古道》,第24页。

18. 阿娜伊斯·宁,1937年8月3日的日记,见于《靠近月亮:来自爱的日记:阿娜伊斯·宁未删节的日记》(*Nearer the Moon: From a Journal of Love: The Unexpurgated Diaries of Anaïs Nin*,伦敦,1996),第76页。

19. 阿娜伊斯·宁,1920年2月19日的日记,见于《朱顶雀:阿娜伊斯·宁早期的日记,1914—1920》[*Linotte: The Early Diary of Anaïs Nin, 1914-1920*,加利福尼亚州圣地亚哥(San Diego, CA),1978],第445页。

20. 阿娜伊斯·宁,1931年8月7日的日记,见于《朱顶雀:阿娜伊斯·宁早期的日记》,第4卷"1927—1931"(加州圣地亚哥,1985),第455页。

21. 宁,1927年10月13日的日记,见于《朱顶雀:阿娜伊斯·宁早期的日记》,第4卷"1927—1931",第25页。

22. 宁,1937年8月3日的日记,见于《靠近月亮》,第76页。

23. 娜恩·谢泼德,《活山(1977)》(爱丁堡,2011),第4页。

24. 谢丽尔·斯特雷德,《走出荒野》(*Wild: A Journey from Lost to Found*,伦敦,2013),第95页。

25. 琳达·克拉克内尔,《走出去,走进来》(Stepping Out, Stepping In),是2015年1月30日在"高地漫步网"(Walkhighlands)上的博文,网址:www.walkhighlands.co.uk,2017年8月22日访问。

26. 亚莉珊德拉·斯图尔特,《峡谷的女儿们》,由英尼斯·麦克白编纂(阿伯费尔迪,1986),第17页。

27. 同上。

28. 琳达·克拉克内尔,《大自然的食谱》(Mother Nature's Recipes),是2015年10月30日在"高地漫步网"(Walkhighlands)上的博文,网址:www.walkhighlands.co.uk,2017年8月22日访问。

29. 索尔尼特,《漫游癖》,第234页。

30. 同上,第245页。

31. 罗伯特·麦克法兰,为娜恩·谢泼德所著的《活山》所写的"引言"(Introduction),第xvii页。

第一章
伊丽莎白·卡特

　　既然您希望我全面而真实地说一说我的整个生活与交际情况，那么您首先应该知道，每天早晨，我都是被一种奇特的装置叫醒的。我的床头放着一只闹钟，上面系着一根牢固的细绳加一块铅坠。若我没有因为透过破窗格吹进来的柔和西风而起床，闹钟的声音就会通过窗户上的裂缝传到下方的花园里；花园是教堂司事（Sexton）的，此人每天清晨四五点起床，会极其用心而善良地拉拽那根细绳，仿佛是在为我敲响丧钟似的。通过这种极其古怪的发明，我便会努力起床……到了6点左右，我的惯常做法就是拿起手杖开始行走，有时是孤身一人，有时则有一位同伴，是我顺路拜访并从半梦半醒中拖起来的……在我们的漫游中，她会遭受许多的耐力锻炼，有时是在一块开阔的公地上被明晃晃的太阳烤晒，然后艰难地穿过玉米地中间一条羊肠小径，弄得满头满脸都是露水，而到了小径尽头，她又有可能不得不费力地穿过一条密不透风的阴凉小道上的灌木丛，那里除了小鸟，以前还从来没有动物光顾过。总而言之，漫步快要结束之时，我们会变得衣衫褴楼、模样可怜,因此,若是某位谨慎的治安法官没有把我们当成流浪者,没有把我们的流浪天才铐起来,我还会感到纳闷呢。这种担心,还不如一些彬彬有礼的小伙子取下帽子向我致意那么让我感到害怕,因为我会听到他们带着一丝钦佩之情地相互示意,说**我是卡特牧师的女儿**。我倒是宁愿他们说"早安,亲爱的",或者问一声"你们是不是在为打赌而走路呢"。

伊丽莎白·卡特写给凯瑟琳·塔尔伯特(Catherine Talbot)的信,1746 年

伊丽莎白·卡特是一位牧师的女儿,后来成了 18 世纪最著名的知识分子(男女都包括在内)之一;不过,她也珍藏着一种心愿,希望人们把她误认为一名无业游民。她的确是一名"漫游天才",是一位拥有非凡思想的女性,最大的乐趣就是在距迪尔不远的肯特郡沿海徒步漫游——她在那里生活了大半生。不过,卡特的漫游愿望极其强烈,因此与其说她是被一位"地方守护神"(genius loci)附了身,还不如说她是被一个"外邦天才"(genius peregrinus)所迷呢。卡特发现,漫步既能宽慰心情,也很有好处。徒步行走于野外之时,她至少能够在一段时间里不被他人盯着,不用担心社交礼仪,因此她很喜欢行走带来的这种解脱。她还在沉思自己短暂的生命与她走过的那片古老土地的过程中,找到了激励她去追求知识的动力。

长久以来,人们都想当然地以为,18 世纪(实际上还有 18 世纪以来)的女性很少或者根本没有过艰难跋涉的经历,大多是在精心照管的花园里优雅地散步而已。人们经常说,女性对自己的人身安全顾虑太多,不可能自由自在地漫步。但在 18 世纪,众多男性为了消遣而去行走的现象其实也很罕见。行者往往是那些需要从一地前往另一

的人。比方说,在我家附近的"苏格兰边界区"(Scottish Borders),越过拉莫缪尔山脉(Lammermuir Hills)上的高地荒原、从邓巴(Dunbar)通往劳德(Lauder)的那条古"鲱鱼路"(Herring Road)上,多年以来行走的都是那些从北海(North Sea)而来、拖着装满了鱼的篓子前去市场上售卖的女性。"湖区"和苏格兰西海岸的人曾走"棺材路"去埋葬死者,而爱丁堡南部彭特兰丘陵(Pentland Hills)地区的居民则曾在每个星期天都走上10英里路去教堂做礼拜,然后再沿原路走回来。我们可以看到,18世纪及此后,不列颠群岛(British Isles)上到处都是徒步行走的牲畜贩子、渔妇、仆从、修补匠、士兵、吉卜赛人和乞丐;然而,当时说不清楚自己身份的游民会受到法律惩处。

伊丽莎白·卡特对漫步的热爱之所以非比寻常,并非仅仅因为她是一名女性,还是因为当时为了消遣而行走的现象本身就非常罕见:有钱人通常都凭借马匹旅行,不是骑马,就是乘坐某种马车。尽管在本章开头写给凯瑟琳·塔尔伯特的那封信中提到了她有可能因为性别而遭到冒犯的危险,但这一点并不是伊丽莎白·卡特外出行走时担心的问题。相反,卡特担心的是她无法完全摆脱自己的社交体面,是她永远无法彻底走出自己所属的那个阶层。荒野让她产生了归属感;只有通过徒步漫游,她才能最接近荒野。

卡特对徒步行走的热爱,并不是她在同时代人当中脱颖而出的唯一原因:她自幼就表现出了独立自主的天性,智力也尤其出众。她先是在年方17岁的1734年发表了诗作,成了一位诗人,而在接下来的20年里,她的才华(身为诗人,且具有惊人的语言能力)为她赢得了"英格兰最受敬重之博学女性"的美誉。她最伟大的作品发表于1758年,是译自希腊文的《爱比克泰德作品全集》(*All the Works of Epictetus*),

后者是古典时期最有影响力的斯多葛派(Stoic)哲学家之一。卡特的译本"直至 20 世纪初,仍是标准的学术文本"。[1]希腊语不过是她精通的 9 门外语中的一门罢了。1806 年,已近 90 高龄的卡特去世,后被尊为启蒙运动时期最有影响力的知识分子之一。

卡特原本是迪尔一位地方堂区牧师即尼古拉斯·卡特牧师(Reverend Nicholas Carter)的女儿;诺玛·克拉克(Norma Clarke)曾经描述说,她家是"一个不断有变故、通常人口众多的家庭",在后来的岁月里,她有了一位继母(卡特的生母在她 10 岁的时候去世了),还有 6 个吵闹不休的兄弟姐妹。[2]然而,尽管家里的家务繁多,卡特却可以完全独立地按照自己觉得合适的方式生活,她很喜欢待在自己的图书室和闺房里。她还根据自己徒步行走和治学的节奏来安排时间,这让她经常熬夜、早起和睡眠不足。

卡特具体的漫步情况主要见于她写给友人的大量信件之中;那些书信里,经常充斥着幽默地描述她让自己和别人惹上各种麻烦的内容。在 1744 年写给凯瑟琳·塔尔伯特的一封信里,卡特就描述了她无情地折磨一些可怜者的情况,那些不幸的人碰巧住得不远,从她家步行就可以走到:

> 我目前正在热切地追求健康,甚至可以说是狂热地追求健康。我每天 4 点钟起床,读 1 个小时的书,然后开始散步;毫不自负地说,我可以自诩这个时代最优秀的行者之一。起初,我曾让三四个人参与这个行走计划,并且不告知我们要去哪里漫步,令他们都大感苦恼;可对于那些受苦不尽的同行者来说,我的脾气碰巧又太过反复无常,他们落在我身后很远的地方,气喘吁吁地

抱怨着，像**基督徒**攀登**困难**之山一样费力地前行，直到最后完全陷入了**绝望之泥沼**。[您读过《天路历程》(*Pilgrim's Progress*)一作吗?]我经常在行走途中提出前往10多英里以外的地方，以听到他们一起发出尖叫，说我故意要把他们累死为乐。回来之后，对于我的急躁莽撞导致的麻烦，他们的描述都很骇人，但我会反驳说，我不知道自己干了什么坏事，只是连根拔掉了几棵树、扯走了一座风车上的翼板、掀翻了挡在我路上的6座杂乱不堪的茅屋罢了。

我的妹妹再也不愿意跟我去了，说除非她会飞，而我们这群人里的另一位昨晚也给我带话说，她不能贸然再去，因为上一次漫步让她全身的骨头都散了架。因此，如今除了最小的妹妹，我就没人可以指望了;她的身体强壮得像一头威尔士小马，所以她极其敏捷地跟着我到处漫步，并且答应说，就算我走到北极去，她也绝对不会抛弃我。随着在这种四处漫游的生活方式中，我们的身体日渐强健起来，我打算给自己找点儿乐趣，哪天早晨前往牛津郡(Oxfordshire)与您共进早餐，再从那里出发，到伦敦与沃德小姐(Miss Ward)共享中餐，在坎特伯雷与林奇小姐(Miss Lynch)一起喝喝茶，并在同一天晚上回到迪尔梦见您。[3]

此信的内容，从现实迅速转向了幻想;但这样做，既让我们看到了卡特这位行者的本领，也让我们深入洞察到了她的幽默感。很显然，行走对她来说远非一种令人愉悦的消遣活动，而是一种"生活方式":一种能够带来健康、友谊和自尊的生活方式，其重点就在于有其他女性为伴。

这封信典型地体现了卡特这位写信者的风格：俏皮幽默、无忧无虑和充满奇思妙想。卡特喜欢独处，但在做得到的情况下，她也喜欢在徒步漫游之时有其他女性做伴。然而，有其他女性为伴是一件难得的乐事，因为卡特的朋友中既没有几个住在附近，也少有人前往迪尔来看她。更经常的情况是，卡特会在想象中与朋友们一起漫步，不是随身带着友人的文学作品，就是在脑海中与之交谈。如此一来，卡特行走的时候，就几乎很少没有女性为伴了，无论她们是真正的女性、想象中的女性还是文献中的女性。"有天晚上在雷丁（Reading）的时候，我非常想念您，"1759 年春，卡特曾经写信给研究莎士比亚的学者伊丽莎白·蒙塔古（Elizabeth Montagu），"希望能与您以月华为伴，徜徉于某座古刹道院的废墟之中；若您能想见一个人于此种场景之中可选择做伴的人极少，就会明白这种愿望胜过千言万语。"[4]卡特对其生活中出现的女性的友谊，常常都是经由她希望与之一起行走的心愿表达出来的，而不管那种愿望是否能得到满足（伊丽莎白·蒙塔古与卡特不同，她是一个相对不愿意到处漫游的人，因为若是远离了人群或者文明，她就会变得非常胆怯）。卡特经常建议一些人去行走，这种做法也表达出了她的友谊；其中包括凯瑟琳·塔尔伯特与伊丽莎白·维西（Elizabeth Vesey），因为她们与卡特一样，经常深受健康状况不佳之苦。卡特曾经恳切地写信给维西，询问说：

> 亲爱的维西太太，您独自漫步之时，有没有带着我一起前往呢？既然您的习惯与我一样，故您理当如此。您如此正确地予双眼以休息，故我希望您的双眼会因此而变得强健起来，倘若天气不好，不适于行走，它们也能让您有所消遣。然而，您应尽量做到

经常行走,因为我确信,行走对您的健康与精神都有好处。[5]

行走让卡特与她的友人相互建立起了联系,其中既有情感上的联系,也有学术上的联系。对卡特而言,行走远非仅仅是一种锻炼(尽管行走这种体力活动对她极具吸引力),还是她探索知识的基础。卡特在行走之前通常都会先看一看书,而在漫步途中,她常常也随身带着书籍;行走似乎让卡特具备了一种精神上的吸收能力,为她自己的写作做好了准备。就算是年老体衰开始让卡特及其友人们的行走能力受到限制之后,卡特的头脑也仍然需要身体上的运动,才能做到思维清晰:

> 我多想与您一起漫步,去寻找我们撒克逊人(Saxon)祖先留下的每处遗迹,到现场去看一看啊:他们先是占领了一个四分五裂的王国,后来却使之发展到了如此尊贵与辉煌的程度。**历史**当与我们为伍,并将每一座纪念物都恢复到原来的模样:但另一方面,**想象力**则应当以那些苍凉的遗迹为目标,在诗意而感伤的忧郁中激发出每一种可以抚慰心灵的魔力。[6]

在这里,卡特此种幻想的力量会让人联想到一种失落的文明以及一位受到珍视却又不在身边的朋友等意象,这表明她是在寻找一种更加亲密地接触历史和同伴的方式,比她阅读书籍或者友人来信时可以获得的接触更加令人觉得温馨。但具有讽刺意味的是,如此强烈地想象出来的群体归属感,却是卡特的独自行走导致的:与真正的同伴行走,并不需要她如此运用自己的智力或创造官能。正是通过写信向女性友人描述这些孤身行走的经历,卡特才能创造并栖居于她所渴望的那个具有姐妹情谊的群体里。

终其一生,卡特都漫游于肯特郡沿海地区;她发现,大海的声音对她的思维方式极其有益,也最能唤起她对友人的思念之情。在静思浪花四溅、惊涛拍岸带来的自然噪声之时,卡特喜欢探究自己那转瞬即逝的生命、周围环境的永恒及友人的存在之间的关系。她曾告诉友人伊丽莎白·蒙塔古说,自己在一次独自漫步中觅到了这样的场景:

> 那天上午我散了一次步,我相信您也会承认那是一次真正绝妙的行走。我漫无目的地走着,最终来到了一座山冈顶上;在那里,我看到四周是一片广袤而色彩斑驳的田野,下方则是浩瀚无垠的海洋。我喜欢在绝对独处和自由自在的时候一睹壮丽辉煌的景象。我的视野范围内,看不到一座房屋和一个人影;除了大自然的声音、呼啸的风声与汹涌的海浪,我也听不到其他声响。我发现,此情此景让我深感敬畏与震惊。它给我的第一印象就是觉得自己很渺小;我被这些巨大之物包围着,似乎渐渐缩小到了不复存在的程度……我继续在这高处沉思着,直到思绪变得过于纷繁、令人无法忍受和疲惫不堪之后才欣然下山,去进行一些较为简单的运动与工作。[7]

在成为唯一一个与荒野做伴的人这一点赋予的"自由"之中,卡特获得了极大的快乐。邂逅的壮丽风景为她提供了另一条途径,使之能够进入那种可以让她摆脱社会地位、纯粹作为一个人而存在的空间。虽然卡特描述这些地方时流露出了一种固有的凄凉孤单之感,但其中也有情谊;如果说独自行走于大自然之中曾让她心生孤独寂寞的感觉,那么,让她能够去探索这些行走的意义并为其写作提供动力的,就是与他人分享那种经历了。伊丽莎白·卡特需要将行走与探究、孤独与友谊结合起来,才能激发出蓬勃的创造力。

平衡好那些令卡特的生活变得丰富多彩的不同要素——智力与体力、社交与孤独——对她的健康至关重要。这种平衡在很大程度上是通过徒步行走来加以实现和维持的。与许多社会地位较高的人士一样,多年以来,卡特每年也是轮流在肯特郡的乡间住所与伦敦两地度过的。尽管在两地生活的确切时间各不相同,但人们普遍认为,冬天是去"城里"生活的季节,夏天则应去乡下生活——就算是在18世纪,天气炎热之时,伦敦城里也是一个臭气熏天、令人觉得不舒服的地方。虽然出身普通,完全说不上富裕,但卡特的文学成就还是让她的境况变得比较富裕,让她有了闲暇去融入伦敦的上流社会之中;看戏、上午访友、在公园里散步与晚间聚会,就是伦敦上流社会里那些有钱人的家常便饭。

卡特到伦敦去住的时间,往往是12月底或者1月初,但她也会在一年中的其他时节去拜访伦敦城里的友人。住在伦敦的时候,卡特习惯于流连在其女性知识分子友人组成的那个社交圈子里,夜晚则与不同的群体一起度过,享受着交谈的乐趣,这对她的文学创作发挥了重要的作用。如果说卡特在家乡丝毫没有引起人们的关注,那么,她在伦敦的情况就不是这样了。在一个被更加严格、更加复杂的行为准则统治着且身边都是陌生人的社会里,卡特随心所欲地到处漫步的自由要少得多。有一年夏季,到了伦敦之后,她曾写信给凯瑟琳·塔尔伯特说,她对自己的处境既感到高兴,又很失望。"我可不会那么乐于到恩菲尔德(Enfield)的荨麻丛中去乱跑,"卡特说,"但呼吸着伦敦的烟雾,却让我喘不过气来。无论我怎样尽力去阅读、写作、唱歌、玩耍、蹦跳和自娱自乐,对我的好动天性而言,这也是一种可悲的禁锢;所以,每天下午我都像是着了魔似的要去散步,以便保持健康。"[8]卡特无疑很喜欢伦敦那种生活带来的乐趣,并且从小就喜欢尽情地跳一种舞蹈;年轻之时,她曾写信告诉一位友人说:"这两天里,我都在不停地放浪形骸(rake),每天都熬到凌晨近3点钟,"只不过,"昨天我在风中行走了3英里,风大得足以把我吹离地球,接着又跳了9个小时的舞,然后再走回来。"[9]对一个完全靠步行生活的年轻人的这种描述看来令人觉得疲惫,但在后来的岁月里,卡特开始发现,伦敦的社交生活比她在肯特郡的风吹雨打进行的任何一次漫游都更加令人觉得厌倦。度过了特别难熬的数天之后,卡特又写信给伊丽莎白·蒙塔古,诉说了她的情况:

> 周三晚上放浪得极累,第二天上午又不得不走了一段很长的路,所以我真的无法写作了。诚然,你们这些住在乡下的女性根本想象不到,我们这些优雅女士在伦敦生活时注定要忍受什么样的劳累。[10]

卡特说自己的行为是一种放纵:她的"放浪形骸"或者放荡,是对她深夜社交一种幽默而夸张的说法。不过,特别引人注意的却是她"不得不"去行走的说法——实际上,卡特很少需要强迫自己去漫步行走。只不过,在卡特看来,保持平衡至关重要。自身的平衡受到干扰之后,连行走这种最基本的乐趣,卡特也无法享受到了。

大多数时候，卡特都会精心安排好自己的日常事务。住在伦敦的时候，就算有"众多友人"渴望她做伴，就算卡特喜欢"每晚外出"吃饭，每天晚上她也是习惯性地回到"家里，不晚于 10 点钟"。[11]诺玛·克拉克曾称，这种习惯使得卡特能够让"她在博览群书和深入思考时所需的独处，与她既渴望，同时又认为是一种美德的根深蒂固的社交"保持平衡[12]在家乡迪尔生活的那几个月里，卡特经常行走，以此来让她的生活在学术活动与运动锻炼之间保持平衡。诚如诺玛·克拉克所写的那样："一种平衡的生活就是她的理想；在这种生活中，在长时间刻苦而认真的研究之间，穿插着园艺、烹饪、照料朋友和家人，尤其是穿越崎岖不平的乡间或者沿着海岸进行的远距离行走。"[13]无论天气好坏，卡特都是如此，因为她尤其喜欢真正风雨大作的天气（有时她很好地掩饰了这一点），连到了晚年也没有改变。1779 年在迪尔写信给伊丽莎白·维西（此时卡特刚 60 岁出头），谈到两人共同的朋友夏普小姐（Miss Sharpe）的时候，卡特曾描述了这样一次徒步漫游：

> 上周夏普小姐回到了这里；谢天谢地，她的身体好多了。前几天散步的时候，她差点儿淹死并被风刮走。那是一个风和日丽的早晨，我们一起出发，但到离家还有 1 英里远的时候，天色突然昏暗下来，一阵狂风暴雨随之袭来。在这个毫无遮挡的乡间，风雨肆虐之力尤其厉害。她想撑开伞来挡雨，可在狂风暴雨面前，这样做毫无用处，除非她有拉普兰女巫那样的本领，能够把伞变成筛子。我们俩都被淋成了落汤鸡，但由于采取了预防措施，一到家就换了衣服，故我们都没有感冒；我相信，对于以前从未淋过一场阵雨的夏普小姐而言，这完全是一次值得谈起的冒险。[14]

可怜的夏普小姐——她的身体刚刚开始恢复，却差点儿被卡特过度热衷的这次不幸遭遇害死。只不过，卡特那种令人啼笑皆非的幽默却让看信者放下心来，她说夏普小姐非但没有受到伤害，反而在这种磨砺中有所获益。然而，卡特的描述中还流露出了些许遗憾之情，说夏普小姐以前可能从来没有在这种天气里被雨淋透过；对卡特自己而言，肯特郡沿海地区刺骨的寒风和肆虐无阻的暴风雨，却是她梦寐以求且经常能够感受的乐事。

当然，这并不是说卡特对天气总是觉得非常满意；若是她认为天气与所处的季节并不相配，则尤其如此。每年的7月份，住在国内其他地方的友人都在尽情享受着夏日的温暖时，卡特却觉得肯特郡风雨过多，很不公平。"在一种勉强不受风雨侵袭的情况下，"她曾对伊丽莎白·维西抱怨说，

> 我以为这种天气定然令人觉得愉快；可在这个开阔空旷的地区，我们却经常被天上的风搅得心烦意乱，因此无论什么时候出去漫步，我都必须以一种非常有力的方式系好帽子，以免陷入帽子被风吹到古德温暗沙（Goodwin Sands）去的尴尬境地。[15]

然而，适得其时的天气却是卡特生活中的主要乐事之一，因为只要当地一些小径可以通行，她就能动身去漫步。卡特曾在1769年写信给伊丽莎白·蒙塔古说，到了秋季，随着秋分时节的大风过后，各条小径都不再受阻，"我打算翻山越岭，走得越远越好。"[16] 只不过，偶尔也有其他一些因素加以干扰，会对卡特在她喜欢的恶劣天气里行走的能力产生影响，其中就包括社会习俗。在写给伊丽莎白·维西的信

中,卡特描述过"我出发之时,天气有时会极其糟糕,因此我只得谨慎行事,以免别人都说我疯了"的情形。她的解决办法就是"天还没亮"就离家出发,以免听到反对之语。[17]20 年前,在卡特或许还比较容易受到这些外部压力影响的时候,她曾写信给凯瑟琳·塔尔伯特,描述1747 年春季的暴风雨给渴望已久的她带来了种种快乐:

> 我根本无需您的美好祝愿,让我不受上天所降之严酷天气的影响,因为若是失去体验这样一种令人愉快的恐怖经历的机会,我定会大感遗憾;我认为,呼啸而过的风和扑面而来的雪是冬季应有的和适当的装点,故我会情不自禁地带着一定的厌恶之情,把那个季节里天气晴朗的日子视为一件很不自然的事情……在上一个风雪漫天的天气里,我肯定也(是)在世间各地漫游,可有一天晚上,当我说要出门漫步后,家里的人却惊讶不已,一片哗然,仿佛我是正儿八经地告诉他们说我打算上吊自杀似的;因此,为免招来我已经完全失去理智的闲话,我只能安安静静地坐在火炉旁,远远地聆听着暴风雪的呼啸。[18]

卡特热切地盼望去体验这种恶劣天气里充斥着的种种"令人愉快的恐怖之处"的威力,因为它们显然要比"反常的"好天气更合她的心意。不过,据卡特所写的书信来看,这或许是她的行走计划唯一因家人担忧而未能实现的一次。在她描述的其他时候,对于自己是否去行走、于何时与去何地行走,卡特都完全拥有自主权,因此,那天的暴风雪有可能比平时更加猛烈。然而,对于一个像卡特那样勇敢而毅力非凡,且经常"被阵雨淋湿"和经历过——甚至很享受——更加恶劣的天气的人来说,这其实也是一种极大的考验。

卡特发现,徒步行走是让她度过丰富多彩而充实的一生的基础。若是没有行走——不管是因为天气异常恶劣、身体有恙还是朋友或者家人有时善意却难以对付的干预,她都会变得沮丧不已和坐立不安。因此,"远距离的精力十足的漫步"可以让她摆脱无聊,对她保持身心健康是必不可少的。[19]徒步漫游也是卡特最喜欢的治疗方法,可以治愈从无聊到悲伤的一切:有一次,由于乘坐马车的时间太久,她觉得很不舒服之后,卡特曾写信告诉凯瑟琳·塔尔伯特说:"徒步行走 17 英里这种活动和精神都是相当必要的……可以让我在经历了一场愚蠢无聊的旅程之后变得活力十足";[20]1774 年父亲去世之后,卡特曾发誓说:"一旦最后一场令人难过的仪式结束,我就会去散步,我相信呼吸新鲜空气与活动活动会让我好起来。"[21]对伊丽莎白·卡特来说,行走就是弥足珍贵的一剂灵药。

卡特的家人都很清楚她热爱行走。她的外甥兼早期传记作家蒙塔古·彭宁顿(Montagu Pennington)在纪念她的《回忆录》(*Memoirs*)一作中,回忆了卡特这位姨妈对漫步的深爱之情;此作是在 1806 年卡特去世之后不久出版的。他怀着钦佩之情,如此写道:

> 她经常徒步行走,到住在离迪尔约有 5 英里远的姐姐彭宁顿家,去跟后者一起吃早餐,即便天气不好,她也不觉得累;有的时候,她会在安排好的日子返回迪尔,就算路上积雪很深,马车都无法通行,她也不会因为全身弄湿或者因为疲惫而叫苦。[22]

彭宁顿记忆中的卡特姨妈身上似乎带有一丝女巫的色彩,因为她会轻盈地穿行于暴风雪中,却不会受到一点儿伤害。然而,卡特自己却认为,她这个人其实比外甥所说的更容易受到日常伤害。大多数情况下,这些伤害都属于大部分徒步行走者在漫步时所经历的普通危险——比如晒伤、迷路、脚上起水泡、天气——只不过,卡特偶尔也会经历女性行者所特有的种种焦虑。1763 年,卡特与友人们一起游历欧洲那些时髦的酒吧时,朋友们都劝她不要独自离去散步,因为"有一帮恶棍在林中出没,使得我孤身散步很不安全"。她写信给伊丽莎白·维西说,原本会有一位护卫陪着她,可那样的话,"我将失去漫步与思考的所有自由"。23 似乎没有"自由"和"思考"的话,她就不可能真正享受行走带来的快乐;可若是有男士陪伴,卡特就得不到这些东西。然而,一位女性同伴却有可能带来益处。1743 年,迪尔来了一帮特别能闹腾的水手。卡特应该非常清楚这些人在节日里的癖好,因为她在一个海港城市里生活了很久;可这帮水手的庆祝活动一定异常吵闹,故卡特还在一封信里对他们进行过批评。在写给凯瑟琳·塔尔伯特的信里,卡特告诉她说:

> 目前我有点儿失望,因为以前我一个人到处漫游时的那种快乐,被一帮放荡不羁的家伙剥夺了;他们来自某艘船,成群结队地出没于这个地方,极大地干扰到了我。所以,现在若是没有一个像真正的亚马逊人 * 那么勇敢的人陪伴,我就不敢再去漫步了;这种同伴无所畏惧,只怕幽灵与青蛙,但我答应保护她,不会让她被这两种东西骚扰,条件则是她能够在我极其害怕的"五月金龟

---

* 亚马逊人(Amazon),古希腊神话中一个由女战士构成的民族,她们以身材高大和勇猛无畏而著称。亦译"阿玛宗人"。

子"(May-bug)和男人面前保护我;如此一来,依靠这种联手的力量,我们俩就能极其安全地行走了。[24]

尽管从这封信中明显可以看出,独自漫步依然是卡特更喜欢的一种行走,但她也描述了有这位"亚马逊人"般的女士为伴之后,她在两人联手的力量中找到了安慰感。既不需要护花使者,不需要义薄云天的骑士,也不需要其他任何传统的男性护卫来保护女性的安全,因为女性本身就有彼此保护的能力。只不过,由于有像虫豸一样令人恐惧的水手以及一位害怕两栖动物的守护者,所以在卡特这种古怪的描述当中,危险和保护者都没有得到极其认真的对待。

卡特确实很少觉得她必须严肃认真地去考虑自己的人身安全问题。她的信件表明,在大多数时候,身为行者的她意识到的唯一一种身份,就是她所在的那个阶层;至于她的性别,在很大程度上是次要的。与其他行者一起远足的时候,卡特认为离开同伴去走其他的路线根本就没有什么;比如在1750年盛夏的一天,她们一行人先是乘坐帆船沿着海岸前进,后来却不得不找到路返回陆地上。其他人都愿意乘坐马车,"六七人一辆,去桑威奇(Sandwich)",可卡特决定在"两位向导为我指路"的情况下,一路走回去。[25]在信件中的其他地方,就算卡特确实提到了她的性别,那种情况下她多半也是觉得幽默而非害怕,就像她和一起行走的同伴在路上惹恼了几匹野马那次一样。卡特在写给凯瑟琳·塔尔伯特的一封信里,讲述了那次经历:

自昨晚离开您之后,我已经越过了许多山丘与峡谷。天气实在太好,让人没法忽视,而我也不愿失去欣赏最后的秋日美景带来的乐趣,所以我跟一起行走的同伴设定了一个范围:假如我们从空中飞过去,距离大致只有七八英里;但从地上走过去的话,距离就不易计算了。我们在路上遇到了一些热情好客的人,他们请我们喝了茶,让我们精神大振,这给了我们一个机会,可以在回家的路上欣赏这个月色迷人的美好夜晚;月亮高悬于海边一片美丽的绿色平原之上,让我们的漫步变得极其惬意。可是,唉!并不是一路之上都是如此,因为在一条狭窄的小道上,我们碰上了一群逃离了主人、暴烈地奔跑过来的野马;我的同伴发出了一声夸张得离谱的尖叫,要我跳过一道有5根栅栏的门,以避开野马,把我弄得糊里糊涂、目瞪口呆……然而,我还是完好无损地逃过了一劫,只是样子惨不忍睹,因为……我那件外衣上的别针与发辫全都掉了,而在走了几步之后,我又发现自己的围裙与荷叶边也不见了。[26]

卡特在这里和其他地方的行文表明,她已经认识到自己选择的行走自由是有条件的,尤其取决于一种赋予了她一定保护的社会地位。未婚加上经济独立,让她无需考虑自己是否符合"大家闺秀"应有的外貌或者行为等观念:由于心中没有想着什么追求者,不需要获得经济上的保护,而在社会上也没有确定的位置,因此卡特能够回避父权制中的各种规范。

然而,随着卡特年龄渐长,一度极其强健、让她在肯特郡全境行走了数千英里的身体却开始衰弱下去了。据她的外甥称,

徒步行走或者做任何费力的事情,对她来说都变得太吃力

了;尽管她愿意锻炼,并且觉得有必要进行锻炼,可随着身体越来越沉重、无力,且疼痛日增,虽然不太剧烈,却持续不断,故她常常无法恢复体力了。[27]

尽管由于健康状况不佳,卡特的行走日益受到了限制,她却依然会在做得到的情况下去漫步,直至晚年。例如,年近七旬的时候,她仍然能够时不时地充分享受"四处漫游"的乐趣,继续"独自行走于"附近她很喜欢光顾的一些地方。[28] 即便已是一位老太太,人们偶尔也能看到卡特在那种让年轻时的她觉得很快乐的恶劣天气里行走;一些"不那么古怪的人"看到她渴望漫步的"荒无人迹的小径"就会"颤抖",可面对那些人怀疑的目光,她却依然我行我素。[29] 她是一位终身都在漫步的行者,对行走的热爱从未消退,并且通过徒步行走,"坚持不懈地与身体疾病带来的倦怠和年老带来的衰弱作斗争":这一切努力都是值得的,哪怕这种斗争最终徒劳无用。[30] 或许是因为她度过了一种由冒险与经历组成的充实人生——一种几乎全然以行者身份度过的人生——所以卡特临终之时,心中并未存有对死亡的"恐惧"之情。[31] 相反,她很高兴自己终于抵达了那段漫长旅程的终点,来到了"一个栽种着长青树木的国度";在那个国度里,她将心满意足地漫步其中。[32]

就在撰写伊丽莎白·卡特这个人物的情况、她的冒险精神及其女性友人的重要性之时,我碰巧与友人凯茜(Cathy)在"苏格兰边界区"一起远足;她是我在第一个学术职位上工作时的一位前同事,是偶然之间在皮布尔斯(Peebles)重新联系上的,当时距我们的最后一次交谈已经过去了多年。自那次重逢以后,我们便一起在当地漫步过多次,而凯茜对群山的了解也远胜于我。那是春季当中最初几个阳光明媚的日子之一,我们沿着农场上的小路出发时,阳光热辣辣地晒着我们的后背。我已经开车经过那个地区多次,却从来没有注意到我们可以徒步在河流上方的山冈中绕上一大圈。我们沿着水流湍急的卡登河(Caddon Water)往上游走了两三英里,"边界区"高高的群山赫然耸立在我们的上方,山侧都斑驳地点缀着淡绿色与深褐色,那里的一片片冬季草地都已被石南覆盖。当时学期已经结束,凯茜度过了压力特别大的几个月,因此我们谈到了工作,嘲笑工作的性质,觉得全身都因这种勃勃的兴致与轻拂的微风而变得轻松愉快了。下方的田野上全都是羔羊,有的还是几个小时前刚刚出生的。

我们一路跨过卡登河,在河的上方爬了一段陡峭的上坡,然后经小径折返回去,到了一个位置更高的山隘。朝那个最高点走去的时候,凯茜和我谈到了伊丽莎白·卡特,以及让我们自己也爱上了徒步行走的一些经历。我们谈到了我们之间的友谊,谈到了一起漫步在那种友谊形成过程中发挥的重要作用。然而,到达山隘之后,我们的交谈一下子停了下来,因为我们听到了一阵山间之声,宛如一首交响曲。在我们的头顶上,一只云雀带着最诚挚的热情在鸣唱,它那无休无止的啁鸣就像一阵旋律的暴雨,向我们倾泻而下。还有一群麻鹬在为它伴奏:一只麻鹬演奏的是低音线固定音,其他麻鹬则辅之以变调对位音。一只田凫发出尖锐的鸣声,是一种古怪的高音,风儿则在荒原的草丛之中呢喃。两只野兔静悄悄地跳到了我们前方的山丘上。它们不像我们,并没有被女妖的歌声蛊惑。凯茜和我久久没有移步,且又过了更久才开口说话。不过,当时根本就无需言语。相反,能够彼此相伴,能够享受到与这个高地荒原为伴这一特权,对我们来说就已足够。

注释:

1. 伊丽莎白·埃格尔(Elizabeth Eger),《女才子:从启蒙运动到浪漫主义的理性女性》[*Bluestockings: Women of Reason from Enlightenment to Romanticism*,贝辛斯托克(Basingstoke)与纽约,2012],第 7 页。

2. 诺玛·克拉克,《约翰逊博士的女人》(*Dr Johnson's Women*,伦敦,2001),第 33 页。

3. 伊丽莎白·卡特写给凯瑟琳·塔尔伯特的信,1744 年 5 月 24 日,见于《伊丽莎白·卡特夫人与凯瑟琳·塔尔伯特小姐之间的往来书信集》(*A Series of Letters between Mrs. Elizabeth Carter and Miss Catherine Talbot*),4 卷(伦敦,1809),第 1 卷,第 58—59 页。

4. 伊丽莎白·卡特写给伊丽莎白·蒙塔古的信,1759 年 3 月 13 日,见于《1755 年至 1800 年间伊丽莎白·卡特夫人致蒙塔古夫人的书信》(*Letters from Mrs. Elizabeth Carter to Mrs. Montagu, Between the Years 1755 and 1800*),3 卷(伦敦,1817),第 1 卷,第 27 页。

5. 伊丽莎白·卡特写给伊丽莎白·维西的信,1763 年 10 月 30 日,见于《伊丽莎白·卡特夫人与凯瑟琳·塔尔伯特小姐之间的往来书信集》,第 3 卷,第 227—228 页。

6. 伊丽莎白·卡特写给伊丽莎白·维西的信,1783 年 9 月 23 日,见于《伊丽莎白·卡特夫人与凯瑟琳·塔尔伯特小姐之间的往来书信集》,第 4 卷,第 333—334 页。

7. 伊丽莎白·卡特写给伊丽莎白·蒙塔古的信,1762 年 7 月 2 日,见于《伊丽莎白·卡特夫人致蒙塔古夫人的书信》,第 1 卷,第 166—167 页。

8. 伊丽莎白·卡特写给凯瑟琳·塔尔伯特的信,1748 年 8 月 5 日,见于《伊丽莎白·卡特夫人与凯瑟琳·塔尔伯特小姐之间的往来书信集》,第 1 卷,第 287 页。

9. 伊丽莎白·卡特写给未知收件人的信,未标注日期,见于蒙塔古·彭宁顿所著的《伊丽莎白·卡特生平回忆录》(伦敦,1809),第 26 页。

10. 伊丽莎白·卡特写给伊丽莎白·蒙塔古的信,1772 年 5 月 30 日,见于《伊丽莎白·卡特夫人致蒙塔古夫人的书信》,第 2 卷,第 134—135 页。

11. 克拉克,《约翰逊博士的女人》,第 26 页。

12. 同上。

13. 同上,第 27 页。

14. 伊丽莎白·卡特写给伊丽莎白·维西的信,1779 年 9 月 30 日,见于《伊丽莎白·卡特夫人与凯瑟琳·塔尔伯特小姐之间的往来书信集》,第 4 卷,第 233—234 页。

15. 伊丽莎白·卡特写给伊丽莎白·维西的信,1779 年 7 月 25 日,见于《伊丽莎白·卡特夫人与凯瑟琳·塔尔伯特小姐之间的往来书信集》,第 4 卷,第 226—227 页。

16. 伊丽莎白·卡特写给伊丽莎白·蒙塔古的信,1769 年 10 月 12 日,见于《伊丽莎白·卡特夫人致蒙塔古夫人的书信》,第 2 卷,第 47—48 页。

17. 伊丽莎白·卡特写给伊丽莎白·维西的信,1764 年 12 月 4 日,见于《伊丽莎白·卡特夫人与凯瑟琳·塔尔伯特小姐之间的往来书信集》,第 3 卷,第 249 页。

18. 伊丽莎白·卡特写给凯瑟琳·塔尔伯特的信,未标注日期,见于《伊丽莎白·卡特夫人与凯瑟琳·塔尔伯特小姐之间的往来书信集》,第 1 卷,第 192—193 页。

19. 克拉克,《约翰逊博士的女人》,第 36 页。

20. 伊丽莎白·卡特写给凯瑟琳·塔尔伯特的信,1753 年 6 月 2 日,见于《伊丽莎白·卡特夫人与凯瑟琳·塔尔伯特小姐之间的往来书信集》,第 2 卷,第 120 页。

21. 伊丽莎白·卡特写给伊丽莎白·蒙塔古的信,1774 年 10 月 26 日,见于《伊丽莎白·卡特夫人致蒙塔古夫人的书信》,第 2 卷,第 286 页。

22. 彭宁顿,《伊丽莎白·卡特生平回忆录》,第 489 页。

23. 伊丽莎白·卡特写给伊丽莎白·维西的信,1763 年 7 月 26 日,见于《伊丽莎白·卡特夫人与凯瑟琳·塔尔伯特小姐之间的往来书信集》,第 3 卷,第 224 页。

24. 伊丽莎白·卡特写给凯瑟琳·塔尔伯特的信,1743 年 7 月 13 日,见于《伊丽莎白·卡特夫人与凯瑟琳·塔尔伯特小姐之间的往来书信集》,第 1 卷,第 35—36 页。

25. 伊丽莎白·卡特写给凯瑟琳·塔尔伯特的信,1750 年 7 月 13 日,见于《伊丽莎白·卡特夫人与凯瑟琳·塔尔伯特小姐之间的往来书信集》,第 1 卷,第 351—352 页。

26. 伊丽莎白·卡特写给凯瑟琳·塔尔伯特的信,1747 年 10 月 29 日,见于《伊丽莎白·卡特夫人与凯瑟琳·塔尔伯特小姐之间的往来书信集》,第 1 卷,第 231—232 页。

27. 彭宁顿,《伊丽莎白·卡特生平回忆录》,第 489 页。

28. 伊丽莎白·卡特写给伊丽莎白·维西的信,1786 年 10 月 6 日,见于《伊丽莎白·卡特夫人与凯瑟琳·塔尔伯特小姐之间的往来书信集》,第 4 卷,第 367 页。

29. 彭宁顿,《伊丽莎白·卡特生平回忆录》,第 73 页。

30. 伊丽莎白·卡特写给伊丽莎白·蒙塔古的信,1785 年 6 月 24 日,见于《伊丽莎白·卡特夫人致蒙塔古夫人的书信》,第 3 卷,第 240—241 页。

31. 彭宁顿,《伊丽莎白·卡特生平回忆录》,第 336 页。

32. 伊丽莎白·卡特写给伊丽莎白·蒙塔古的信,1779 年 7 月 24 日,见于《伊丽莎白·卡特夫人致蒙塔古夫人的书信》,第 3 卷,第 106 页。

第二章
多萝西·华兹华斯

我每天早晨大约 6 点钟起床,因为无人做伴,故在天气允许的情况下我常常带着一本书,漫步到 8 点半……有的时候,我们会在上午去漫步……喝完下午茶后,我们会结伴漫步到 8 点左右,接下来我会独自在花园里行走,能走多久就走多久;我尤其喜欢在月下或者黄昏时分漫步——也是在这种时候,我最想念远方的友人。

多萝西·华兹华斯写给简·波拉德(Jane Pollard)的信,1791 年 5 月 23 日[1]

1799 年 12 月,多萝西·华兹华斯与兄长威廉一起徒步行走了 70 英里,从达勒姆郡(County Durham)一路走到了威斯特摩兰的肯德尔。当时,兄妹俩正往家乡的方向走,要回到他们出生的"湖区";自 1783 年与兄弟们痛失双亲之后,多萝西便离开了那里,离开了她的兄弟姐妹。威廉与多萝西穿过崎岖不平的小径与山路,朝着他们最终打算一起生活的地方而去:那里就是格拉斯米尔的"鸽子小屋"(Dove Cottage),是威廉几个星期之前刚刚找到的。他们越过奔宁山脉

(Pennines)的旅程非常艰辛,因为不断的阵雪和冰冻的道路,让他们的双脚疲惫不堪,而隆冬时节的白天又很短,令他们不得不摸黑行走好几英里远。可他们兄妹一起,坚定且"肩并肩"地走在群山之上,飞快地行走了很远的距离;在接下来的多年里,他们还会这样行走。[2]他们最终到达了肯德尔,前一天则在不到 4 个小时的时间里走了 17 英里;威廉曾如此写道:"这可是一桩非凡的壮举,多萝西定会说上许久。"在肯德尔购买好了家具之后,兄妹俩便十分明智地雇了一辆驿车,踏上了前往新家的最后一程,并在夕阳西下、隐入群山的时候到达了格拉斯米尔。

到多萝西·华兹华斯和兄长开始徒步前往家乡的时候,为了消遣而行走的现象已经大不像伊丽莎白·卡特在肯特郡四处漫游时那么罕见了。18 世纪最后那大约 20 年里,"湖区"的行者和苏格兰日益增多的徒步漫游者已经踏出了一条条小径,通往英国越来越多偏僻之地的著名景点、历史名胜与神秘古迹。到多萝西·华兹华斯去世之时,登山已经成为一种相对普遍的消遣活动,而多萝西·华兹华斯自己也为这项很快就将变得普遍起来的运动做了很多开拓性的贡献:1818年,她与朋友玛丽·巴克(Mary Barker)及一名向导登上了斯科费尔峰(Scafell Pike),那是史上第一次有记录的登山活动之一。

然而,与伊丽莎白·卡特的情况一样,此时消遣性的行走能力仍然取决于一定程度的财务自由,以及一定级别的社会地位。对多萝西·华兹华斯而言,行走的自由来之不易。她很小就成了孤儿,12 岁的时候就被送往散居在全国各地的亲戚或者朋友家里生活。有的时候,她过得很幸福:比如跟着诺威奇(Norwich)的舅舅威廉·库克森(William Cookson)生活时,她就过了几年富家小姐的生活;或者跟着她家的世交哈钦森(Hutchinson)一家在斯托克顿(Stockton)生活的那段时间里,她也过得很幸福。可在其他时候,她却处境可怜,尤其是跟着冷漠而严厉的祖母在彭里斯(Penrith)一起生活的时候。只不过,她的生存向来都依赖于别人的善举:直到20来岁,多萝西·华兹华斯都是靠别人的帮助生活着,可即便那样,也还要看恩主的条件允不允许。她的兄弟们因为是男孩子而可以去上大学、去航海或者游历欧洲,而多萝西·华兹华斯这位无人庇护的年轻女子却不得不逆来顺受,生活在亲友们提供的任何地方。

抵达"鸽子小屋"之后,多萝西·华兹华斯所做的就全然不只是搬到一个新家而已了。这座房子代表着居有定所、独立和自由;它不仅为多萝西和威廉提供了机会,让他们能够重新营造出兄妹俩从小就失去了的那种家庭氛围,还让他们有机会按照自己的意愿去度过他们的时光。他们想做的就是行走。简单言之,"鸽子小屋"就是"一个美梦成真"之地。³ 由于没人再把一些日常义务强加于他们身上,故兄妹俩就可以自由支配自己的时间,去做他们想做的事情:他们曾为花园搜集合适的植物;要是累了,他们就呼呼大睡;假如想去散步而不愿照料房子,他们就会一走了之。多萝西一直都是一个热衷且能干的行者,故抵达格拉斯米尔之后的头几个月里,她几乎每天都去行走,在当地到处漫游。这种漫步常常还带有一丝实用色彩:尽管华兹华斯兄妹有了一个家,可他们没有什么钱。因此,多萝西会步行去拿邮件、捡柴火、采集林中的植物、拜访邻居——但是,多萝西很少走直路回家。相反,她更喜欢在安静、偏僻的地方信步而行,尽可能地了解新家附近人们不常光顾的道路。这样的漫游将成为多萝西成年生活大部分时间里的行走模式,直到经历了漫长的衰退,到了老态龙钟,无法再走出卧室为止。

多萝西·华兹华斯从住进"鸽子小屋"之后的第一个春季就开始写日记,详细地记下了她在格拉斯米尔以及其他地方信步闲逛的情况:在威廉以及他们的弟弟约翰这两个男人踏上前往约克郡(Yorkshire)的旅程之始,多萝西曾陪着他们一起行走,然后就决定将自己的日常活动记录下来,目的是"在威廉回家后,以此让他高兴高兴"。[4]她对兄妹之间的离别感到难过,给了兄长一个"离别之吻"后,曾经强忍着没有"泪如泉涌";之所以如此,或许是因为以前兄妹分离的时间太久、太过痛苦了吧。但是,漫步为她提供了一种理解和管理这些强烈情感的机制。[5]比方说,两天之后,她喝完茶之后就开始前往 4 英里以外的安布尔赛德(Ambleside)去取信件。"莱德尔湖(Rydale)非常美丽,带有亮钢色的矛状条纹,"她如此写道,而"格拉斯米尔则在最后一缕暮色中显得十分庄严"。她觉得,后者"可令心灵回归宁静";这正是多萝西所珍视的一种品质,因为她"在步行回来的路上,心情一直很忧郁。我产生了许多极其悲伤的想法,也遏制不住心中的泪水。但走到格拉斯米尔之后,我就觉得那里让我的心情好起来了"。[6]

对多萝西而言,行走就是她体验刚刚获得的独立、体验她的新家的一种手段。整个 6 月里,她都利用北方白天漫长的特点,独自步行前往安布尔赛德,一直走到晚上,经常要到 10 点钟,等仲夏的太阳刚刚落山之后才回家。虽说行走之时,多萝西通常喜欢有人做伴,但在进行这种夜间漫游的时候,她显然更喜欢独处。1800 年 6 月 2 日,与多萝西相识的尼科尔森夫人(Mrs Nicholson)曾陪着她从安布尔赛德回来。"这全然是一片好意,"过后多萝西在日记里如此写道,"可感谢上帝,我在月光如水的湖畔并不想有人陪着。"[7]她这样说,也许是因为她已经熟悉了格拉斯米尔周围的大多数道路,没有理由害怕在皓月当空的晚上走一条熟悉的小路:多萝西·华兹华斯在其日记当中,描绘了她一次又一次地行走于自己最喜欢的小径之上,以及在特定的地方拐弯,尽情享受着自己特别喜爱的景致与声音的情形。在多萝西看来,熟悉自己的新家就意味着行走,意味着在每一种心境中、从每一个角度去了解那里。

行走是多萝西·华兹华斯在特定的时刻探究和体验格拉斯米尔之美的重要方式,但随着她一次又一次地行走于自己最喜欢的小径上,记忆开始在一路之上逐渐积聚起来,为她最喜欢的行走赋予了新的、强大的意义。抵达"鸽子小屋"两年之后,她曾在 1802 年 1 月的日记里写道:

> 威廉睡得很不好,他不但觉得很疲倦,还头疼得厉害。我们绕着那两个湖漫步——从牧场一侧看去,格拉斯米尔湖十分宁静,而莱德尔湖则极其美丽。一朵云彩刚刚遮住纳布斯卡尔(Nab Scar)的顶峰,它在尽可能高的地方将顶峰截断,使得这座山显得异常巍峨。我们在不同的地方坐了很久。我一向喜欢走那条路,因为它是我第一次来到莱德尔和格拉斯米尔的那条路,因为我们亲爱的柯勒律治也是如此。6 年半之前我与威廉一起来的时候,正值夕阳西下。水面上泛着一片明晃晃的金光,诸岛则倒映在水中。今天天气阴沉而柔和,但并不是十分平静。威廉说,柯勒律治与他一起来的那天,天气也差不多。我们到达格拉斯米尔之前,太阳已经出来了。我们坐在湖泊下部路边紧挨着玛丽尊名的地方,那是她自己刻在石头上的。[8]

　　这里记录的是一系列相互关联的记忆与联想，它们是由光线、一天中的时间、同伴、一年中的时间，以及一遍又一遍地沿着同一条路线漫步的行为这个最重要的因素形成的不同组合激发出来的。尽管是由多萝西执笔，但她写下的记忆与感受，实际上是奇特地混合了她自己与兄长两个人的独立回忆，再加上两人共同经历中的片段所组成的。在这里，"我们"逐渐变成了"我"，然后再回归于"我们"，让读者很难区分哪种感受或者记忆属于哪一个人。反复漫步于这条路上的行为，不但让兄妹之间的界限变得模糊起来，还将多种往事带到了两人一起生活的现在。正如露西·纽林（Lucy Newlyn）所言："他们把记忆视为礼物——爱的象征——彼此相赠，以补偿他们多年的阔别。"[9] 创造和交换回忆，尤其是通过一遍又一遍地重走相同的路径来创造和交换回忆，帮助这对兄妹营造出了他们曾经被剥夺的那种共同的往昔。

　　多萝西·华兹华斯的大部分行走（但并非全部）都属于这种类型，都是在熟悉的地方进行的；重走相同的路线是一种重要的方式，她可以借此在不在身边的朋友、以前的自我和过去的经历之间建立起强大而富于想象力的联系——这一点，在她的写作当中极其重要。诚如丽贝卡·索尔尼特所言："走同一条路，旨在重现某种深层的东西；用相同的方式穿越同一空间，则是变成具有相同想法的同一个人的一种方式。"[10] 这种熟悉的行走中，有一次就是从凯斯威克返回格拉斯米尔：华兹华斯兄妹的两位好友罗伯特·骚塞（Robert Southey）和塞缪尔·泰勒·柯勒律治在凯斯威克共住一栋房子，因此他们经常往来于这两座城镇之间。尽管对多萝西、威廉和柯勒律治来说，这是一段普普通通的行程，但柯勒律治即将在1801年离开"湖区"前往伦敦一事，却将这种行走变成了多萝西珍藏她对柯勒律治所有记忆的一座宝库：

可怜的柯（勒律治）离我们而去，我们则一起往家里走。我们
是 2 点钟从凯斯威克动身的，直到 9 点钟才抵达格（拉斯米
尔）……柯骑马度过了美好的一天——可眼前的每一种景象和每
一种声音，都让我想起他，这个亲爱、亲爱的家伙——让我想起他
多次徒步前来我们这里的情景，日夜皆有——以及所有可贵的事
情。我情绪低落，说不出话，但最后我哭了一场，抚平了自己的心
灵——威廉说，我那是神经质的哭闹。其实并非如此。[11]

自 1797 年以来，柯勒律治一直都是华兹华斯兄妹徒步行走时的
同伴；当时，3 人都住在萨默塞特（Somerset）连绵起伏的匡托克山脉
（Quantock）之中，过着宁静的隐居生活。3 位朋友在那里进行过数百
次远足，很可能行走了数千英里。他们不但在匡托克山脉中一起行
走，后来还在德国，接着又在"湖区"的群山之间沿着天然的小径一起
行走；那些小径也穿越了时间，将亲密、合作、远离以及柯勒律治吸毒
成瘾等各个时期交织起来了。在往返于凯斯威克和格拉斯米尔之间
的路上时，他们是在情谊之中、带着情谊与为了友情而行走；踏上这条
路，就是为了将那种友情的价值铭刻于风景之中。在多萝西的记述
中，早期这些旅程则叠加到了华兹华斯兄妹自己的归来之上，以至于
这些过往经历的存在开始在情感上变得令人无法承受了。奇怪的是，
尽管这种行走让多萝西能够在想象中将自己与柯勒律治联系起
来——以便在这个地方重现他们一起漫步时的情景——它却切断了
她与哥哥之间的联系，因为后者断言多萝西的情绪反应是因为"神经
质"，多萝西却一反常态，生硬地进行了反驳："其实并非如此。"不同寻
常的是，这次行走并未增强兄妹之间的情感纽带：只有多萝西一人因

柯勒律治的离去而感到忧伤。

虽说这件事似乎一直让多萝西·华兹华斯深感痛苦与孤独，但结果表明，重走或者重溯以前走过的路线常常具有慰藉作用，能够从她的回忆和想象之中召唤出那些如今不在身边的人从前陪伴她时的情景。1802 年 3 月初，威廉再度离家而去之后，多萝西似乎刻意找出了一条能够让她回想起以前跟兄长一起远足过的道路：

> 威廉度过了充实而快乐的一天——晚上严重霜冻——知更鸟在温柔鸣唱——现在我该去漫步了。我**会**忙起来，我**会**看上去很健康，他回到我身边的时候，我会身体大好。噢，天哪！这里竟然有他咬过的一个苹果！我真不想把它扔进火里。我得先洗漱一下，然后出发——我绕着那两个湖走，跨过了莱德尔湖下游的踏脚石。坐在我们一向坐着的地方，我的心中所想全都是亲爱的哥哥。愿上天保佑他。我从格拉斯米尔湖下游的拉夫里格山（Loughrigg）下走回了家里。[12]

多萝西如此描述这次行走，给读者留下了这样一种印象：她和哥哥过去、将来都会永远一起坐在那些踏脚石附近。就算威廉的人不在这里，他身上的某种东西也通过多萝西想象他的存在而被带入了此地的此刻——事实上，"我们一向坐着"这句话使得多萝西在那里的时候，是不可能完全孤身一人的。

1805 年 2 月，"阿伯加文尼伯爵号"（Earl of Abergavenny）在韦茅斯湾（Weymouth Bay）失事，多萝西的弟弟、船长约翰·华兹华斯罹难之后，她还会进行这种富有想象力与共鸣性的行走。以前只要有机会,约翰就会造访"鸽子小屋",并且通常会在邓梅尔台地(Dunmail Raise),也就是格拉斯米尔与帕特代尔(Patterdale)之间的那个高山隘口与哥哥姐姐作别。他去世4个月之后,多萝西曾经写信给友人玛格丽特·博蒙特夫人(Lady Margaret Beaumont)。在信中,多萝西描述了此时她在重走这条步道的过程中发现的种种新的和不断变化的情感共鸣:

> 我的兄长(威廉)在帕特代尔……有一座从格拉斯米尔通往那里的山隘。我和嫂子(威廉的妻子玛丽)陪着他走到山隘顶上,然后在赫尔维林峰下的一个冰斗湖(Tarn)附近与他作别……上次约翰来到格拉斯米尔之后,威廉和我也是在那个冰斗湖附近跟他(约翰)道了别……我们看得到奥斯湖(Ulswater)开阔的一端,当时我们站在那里,直到再也看不到他,注视着他沿那座石山**飞快地**往下走去。噢!亲爱的朋友,对于我们喜欢那个地方,您当不会感到奇怪。自他去世以来,我已经去过那里两次了。第一次去的时候我很痛苦,但如今却有了一种不同的感受。[13]

与柯勒律治分别之后,多萝西曾因"忧郁"而不知所措;但在这封信里,她经历的却是"痛苦"。这两种感受都是由环境、记忆、想象以及沿着熟悉的路线行走时新的经历反复叠加等结合起来导致的。然而,多萝西的反应并是一成不变的——每次走过这些小径,意义、共鸣与回忆都会继续累积,每次都有可能创造出新的意义关联与意义布局。多萝西并没有细究第二次行走于这条小径之上时所唤起的那种"不同感受"的本质,只是表明它不同于上一次的"痛苦"。在这条步道上,在这个地方,多萝西能够接触到业已积聚起来的一层层感受与记忆,最终则让她能够与那位再也不会翻过山隘回到格拉斯米尔的弟弟恢复了一种富有想象力的联系。

多萝西·华兹华斯对"湖区"的群山有着无可辩驳的依恋,但她也会时不时地大着胆子前往更远的地方,雄心勃勃地去徒步游历,直到年近50岁时。她把这些旅程都记载了下来,其中包括两次游历苏格兰(1803年和1822年),以及一次欧洲大陆之旅(1820年)。在她描述这些行走的日记当中,多萝西不但记载了一行人的路线和自己的行走情况,还记下了她邂逅的人物与景致;结果证明,这些人物与景致对其情感和创作都产生了深远的影响。这些记述清楚地表明,行走对她极其重要,是让多萝西能够与他人产生想象性联系的源头;这些记述还证明,她的作品当中记载的感受与想法,都是由双脚不断交替前行这种体力劳动引发出来的。地点与同伴的安排无疑具有极其重要的作用,让行走对多萝西具有了深远的意义;但正是行走本身,才让她能够对自我、对她与别人的生活可以保持联系的方式有了具体而重要的理解。正如罗伯特·麦克法兰所言,"行走并不是我们借以得出认知的行为;它本身就是认知的手段":行走既是多萝西·华兹华斯认识自己的方式,也是她去了解别人的途径。[14]1803年8月与9月间,她第一次前往苏格兰游历,同行的有威廉和"亲爱、亲爱的"柯勒律治;出发时,他们乘坐的是一辆双轮马车(那是一种有两个轮子、座位朝后、由一匹马拉着前行的交通工具);只不过,他们经常弃马车和威廉(他被指定当车夫)而去,宁愿步行:

我们在阳光之下各自兴高采烈地一路行走着,只有威廉负责赶着马车……我从来没有像今天这样兴味盎然地旅行过。我们所走的那条路，沿着一处高地荒原的一侧延伸。走在荒原之上，我向来都能做到脚步轻快；在这样的地方，我似乎比其他任何地方都更加亲近大自然；更准确地说，是我会更强烈地感受到大自然对我施加的力量，内心也更感到满足，因为我能够在许多人遗憾地觉得沉闷或无趣的事物中获得快乐。[15]

在这里，行走经历引领着多萝西·华兹华斯去深入审视自己的内心，一如行走引领着她"沿着"这片"高地荒原的一侧"前行；不过，身为行者这一点，对多萝西了解自我、理解她与别人的关系都很重要。她和威廉开始第5周的游历之后（柯勒律治跟着旅行了不到两个星期，就离他们而去了：至于离开的原因，3人的记载却各执一词），多萝西曾在横渡洛蒙德湖（Loch Lomond）的一条渡船上碰到了一位贫穷的女性：

当时，船夫正准备载着一位穷人及其妻儿过湖。那个3岁左右的小姑娘很怕水，一路上哭个不停。这一家子要去湖的下游，而我们要去湖的上游；与他们分别的时候，我不禁想到了我们的境遇跟那个可怜女人之间的差异，她和丈夫因为找不到工作而不得不离乡背井，此时正在长途跋涉，到别的地方去找工作：她每走一步都极其艰难，因为她要么背着孩子，要么就是背着沉重的行李。**我**虽然是像她一样行走，可我的目标却是快乐；就算走得很辛苦，但连**那种辛苦**也是快乐——快乐，至少会留存在记忆当中。[16]

多萝西对她邂逅的这位女性的认知与同情完全源于行走。在这里,她将自己与这个"可怜的女人"的物质与身体条件叠加到了一起,并在这样做的过程中揭示了她们之间种种显著而可悲的差异。然而,令人产生真诚而深切的同情之心的却是认识到两位女性是用相同的方式在前行这一点:她们有相同的生理机能、相同的生命机理,或许还有相同的身体。就算多萝西简单地说明了她们在行走**原因**方面的差异,但她也认识到,两人的行走**方式**完全一样。

多萝西与这个女人的偶然相遇,以及她对这次邂逅的反应,也表明了女性的物质生活环境对她们能否具有多萝西那样利用身体的本领十分重要。丽贝卡·索尔尼特称:"为了快乐而到外面的世界去行走,有 3 个先决条件。必须有闲暇时间,有一个可去的地方,有一个不为疾病或者社会约束所妨碍的身体。"[17]多萝西自己也说,那个"可怜的女人"根本没有这些条件,可她全都具备;这个女人的漂泊漫游是被环境所迫,而不是因为她渴望行走,还因她为人妻、为人母的身份对别人负有的义务而变得更加复杂了:妻子和母亲之类的称谓,多萝西永远都不会有。然而,对行走所积累的经历进行反思的能力在这里也极其重要;多萝西还将拥有"回忆"带来的"快乐",这一过程本身就须有闲暇时间、有一个可供沉思的地方,以及一个足以让行走变得令人愉快的健康身体。尽管多萝西的描述表明她自己与"那个可怜的女人"因为都是行者而具有共同的特点,但它也表明了两人之间的巨大差异:多萝西有条件(时间、金钱与闲暇)来阐述这次经历的深远意义,可那位无名女性因为背负着家庭责任的重担而未发一言。

邂逅那个"可怜的女人"属于多萝西·华兹华斯因为她是一名女性行者而在行走途中遭遇的诸多经历之一。女性行者的身份经常让她能够形成某些人际关系；这些人际联系是男性行者可能无法获得，或者不太那么留意的。从多萝西与柯勒律治两人对他们游历苏格兰的那段旅程之初在格拉斯哥附近一起漫步的不同描述中，我们就可以看出一位**女性**行者的独特优势。抵达格拉斯哥的第二天，他们一行便漫步来到了一座"漂白所"（bleaching-ground），那里就是如今的"格拉斯哥绿园"（Glasgow Green），位于克莱德河（River Clyde）最后一个大河曲的北岸。在他的一部日记里，柯勒律治说他当时

> 对（两间）大洗衣房和晾晒地感到极其满意/——有四座方形回廊，及一片开阔的广场，大锅位于广场中央/每个女人须为她所用的洗衣盆支付半个便士/一盆热水须付半个便士，偶尔热水稀缺之时须付一便士/须付看管员一便士——如此一来，最穷的人也可以洗衣谋生。[18]

柯勒律治很关注事实与数字，故其日记读起来就像一份政府报告。相比而言，多萝西的日记却捕捉到了活生生的人生经历：

> 场地中央是一座洗衣房，这座大型城镇里的居民，无论贫富，都会把衣物送到或者带到此处来洗。其中有两个极大的房间，每个房间中央都有一个贮存热水的池子；房中到处都是长凳，供女人们放置洗衣盆……看到那么多的女人挥舞胳膊，齐晃脑袋与脸庞，全都忙忙碌碌，从事着平常的家务工作，让人觉得很有意思；但我们司空见惯的情况是，一个地方充其量只会雇用三四个女人。那些女人都很有礼貌。从她们的口中，我得知了这座洗衣房

的规矩；不过，具体细节我已经忘了。大概就是，每盆热水须付"多少多少"钱，每个洗衣盆须付"多少多少"钱，须付"多少多少"钱才能洗上一天，若将衣物留下来漂白，又须付给总工头"多少多少"钱。[19]

从柯勒律治的记述来看，他可能也跟那些在"绿园"里洗衣服的女人交谈过，但多萝西的重点却是放在那些女人对她"很有礼貌"，以及她从她们那里"得知了某些事情"这两个方面——正是这些细节，让她们之间的交流从事实调查变成了一场邂逅。在柯勒律治显得具有权威性的地方，多萝西却显得很谦逊，她成了那些既对她进行了指导，又让她觉得有意思的女人的学生。

在多萝西描述其行走的作品当中，经常可以看到这样的事情：从在徒步穿越特罗萨克斯（Trossachs）的路上，她与哥哥及柯勒律治3人寄居于别人家中时，她被允许进入那些家庭的私密区域——通常由女性掌管且其中只有女性的区域，到她与路上碰到的女孩和女人进行交谈，不一而足；多萝西对行走过程中这些时刻的描绘，为我们去审视男性行者很少记述的一些场景与人物提供了独特的视角。这些经历当中最不同寻常的一次，或许就是发生于1822年的多萝西·华兹华斯在姐娌乔安娜·哈钦森的陪伴下第二次游历苏格兰。多萝西在行文时在现在时态与过去时态之间来回转换，其文学风格为她和乔安娜与当地两位痛失亲人的女性共度的那种令人痛苦却又友善的时刻增添了某种感人的即时性：

　　乔安娜从我身边走了过去——一场始终在我们前头的隐隐欲

63

来的阵雨开始倾盆而下了。我躲到一处河岸之下,乔安娜从我身边走了过去,她很害怕淋湿;雨差不多停了的时候,我跟了上去,发现她站在一座村舍的大门里,旁边就是村舍的女主人;后者神情悲伤,我还看到她的脸上挂着泪珠。三四个漂亮可爱的孩子挤在她们身边。乔安娜告诉我说"屋里有人去世",女主人则请我进去。我走了进去,把同伴留在外屋。在一个小而昏暗的房间里,中间生着一盆熊熊燃烧着的炉火,房间一头摆着一具孩子的尸体,上面盖着一块干净的麻布。孩子的母亲(女主人的妹妹)坐在棺材的一头。整座房子很小,可这一家里**还有**一个正在给**她的**孩子喂奶的女人,其中至少有**四个**孩子是女主人的。一只平底锅上烤着蛋糕……那位悲伤的母亲看到其他人都没空,便暂停了守护死去的孩子这种最后的职责,翻了翻蛋糕,然后又回到了她坐的地方。当我在那盆简陋的炉火边坐下来,思索着贫穷与安宁、死亡与坟墓的时候,这家的女主人去了一个里间,拿出了一盆牛奶,礼貌地递给了我。我还向她要了一点儿热乎乎的面包……雨已经停下,我们给了那些小孩子几个半便士铜币,就离开了那里。我们不可能因为这座农舍的善良女主人给了我们东西而给她钱:我们觉得,那样做几乎是对人性的一种侮辱。[20]

对于行者而言,在路上偶然受到款待之后付点儿钱是一件很常见的事情,因此,多萝西与乔安娜理当为她们喝的牛奶和吃的面包付钱;不过,多萝西说她不能因为女主人"给"的东西而"付钱"时,似乎并不是这个意思。更准确地说,多萝西心中想着的是遇上这些女人的经历,它是多少金钱都无法比拟的。然而,当时的人都把款待当成了一种交易,多萝西与乔安娜则通过给孩子们钱而表露出了她们对这种情况的分寸感。多萝西和乔安娜之所以被允许参与一个举家哀恸的私密时刻,就是因为她们的性别,就是因为她们是行走在路上的女人。

但对这两个女性行者来说,她们的关系却并非始终如此融洽。多萝西是一个身体强健和能力非凡的行者,乔安娜·哈钦森却好像没那么强壮,她那种相对的柔弱有时让多萝西觉得很是懊恼。在多萝西于1822年所写的日记中,充斥着描述(和抱怨)乔安娜一路上慢慢吞吞的内容,与她自己的活力十足与体力持久形成了鲜明的对比——但正是这种身体上的活力,才导致人们批评她没有女性气质。多萝西曾写道,在她们徒步前往阿盖尔郡(Argyll)的因弗拉里(Inverary)的路上,

我们肩并着肩,以极慢的速度前行着——阳光明媚,微风轻拂。我奋力往前,把同伴落在后面——然后坐在路旁,欣赏着令人赏心悦目的风景。湖面十分平静——水声几不可闻……偶尔会看到远处一艘挂着阴郁之帆的渔船,偶尔会听到水中划动的桨声……乔安娜从我身边走了过去——一场始终在我们前头的隐隐欲来的阵雨……开始倾盆而下了。我躲到一处河岸之下,乔安娜从我身边走了过去,她很害怕淋湿;雨差不多停了的时候,我跟了上去,发现她站在一座村舍的大门里……我们经常分开而行——不再下雨了。路上多么宁静啊!……湖水静寂,我听不到声音,听不到任何水声,只是间或传来溪流微弱的潺潺之声。乔安娜远远地落在后面——我加紧前行,朝因弗拉里冲去。[21]

这种意识流风格并不是多萝西作品的典型风格,而频繁地用标点

符号——破折号、省略号与大量的逗号——让行文变得断断续续的手法，则含蓄地体现了徒步行走时的步速。多萝西简洁的文字，连同其中的省略以及从一个想法到另一个想法、从一个场景到另一个场景的突然转换，也与我们带着不断游移的目光行走时的体验相似。因此，读者似乎会落入多萝西的行走节奏当中，从而给文本带来了一种令人感到愉快的即时性——多萝西停下脚步，读者也会不再前行。然而，这些节奏、这些描述都仅限于多萝西的经历：乔安娜的行走则由一种不同的暂停行走与休息模式组成，只有与多萝西的暂停行走与休息重叠时，它们才会在多萝西的行文中体现出来。因此，这段文字中的最后一个破折号，就象征着多萝西与乔安娜两人的经历在书面上和实际上的分离：乔安娜在两种意义上都被"远远地落在后面"，因为多萝西的身体与笔触都飞奔向前，冲向因弗拉里的壮丽景色，她只带着读者前行，而将乔安娜远远地甩在了身后。

要说多萝西的体力曾让这两位女性相互疏远的话，那么，她们的性别也一次又一次地让两人重归于好。在苏格兰南部靠近克莱德河源头的高山之中，乔安娜与多萝西两人走向那次游历的终点时，曾经一起经历了一场很可能只有女性行者才有的遭遇。发现她们在埃文富特（Elvanfoot）找不到交通工具、四周都是崎岖不平的荒原之后，多萝西和乔安娜便开始徒步走向大约有 15 英里远的莫法特（Moffat）。她们打算在那里找一种交通工具，而另一种选择就是，若是无法到达莫法特，她们就在 6 英里远的"关卡"（Toll-bar）停下来——也就是横在那条收费道路上的路障，人们必须在那里支付通行税。两位女性从埃文富特出发之后不久，就遇上了一个"高大强壮的老人"，并向后者问了路；多萝西说，此人是一个"流浪汉"。多萝西几乎马上就后悔了，

觉得自己不该那样做,因为她想到自己是一名女性行者,处境其实很脆弱:

> 我马上就感觉到,跟他说话是一种轻率之举;但我定了定神,回答道:"不,我们只是打算到那里去等马车。"
>
> 可怜的乔安娜继续往前走,眼睛盯着地上,连抬都没有抬一下……她的神情清楚地表明,她一直都在受苦;她大声说道:"您怎么可以这样鲁莽,敢在这么偏僻的地方跟那个人说话呢?"……我好像从来都没有到过如此偏僻的地方呢。我们正在肩并肩地艰难跋涉的时候,乔安娜……好像看到一个男人匆匆翻过一座山坡,**朝着**我们而来,只不过离我们还相当远。此后,我相信她再也没有回头看上一眼,而是以一种**对她来说**几乎不可思议的速度,飞快地往前走去。[22]

值得注意的是,正是在这一刻,多萝西才决定用"肩并肩地艰难跋涉"来描绘她们这两位女性。在这篇日记的其余部分,两位女性的行走节奏完全不一致;只有在这里,在面对两人都注意到了的危险之时,她们的行走才统一了起来。

离开了这个"流浪汉"之后,两个女人便来到了关卡边的一座简陋农舍里,她们可以在那里住上一宿:

> 可是,还没等我们安顿下来,还没等我们把那桩让我们来到这里的意外事件彻底解释清楚,门却突然被人打开,来了两个旅行者……两人的神态举止都非常狂野、粗鲁,要是在路上碰到的

话，一定会让我们大感不安……您可以估计到，我们俩很着急，想把他们赶出去，尤其是因为我们确信，其中一人肯定就是乔安娜曾经看到的那一个，他们急急忙忙地前行，就是为了赶上我们；根据他们谈话的大致意思，我们甚至**怀疑**他们**已经听说了我们的情况**。[23]

在这里，两位女性都"确信"她们遇到了危险，并且对这两名男子都感到"怀疑"。乔安娜和多萝西两人的主观性之间没有什么区别；相反，两个女人还因为她们都是女性行者这一身份而团结了起来。

身为女性，意味着多萝西·华兹华斯的行走偶尔会受到一些限制，而 1802 年她的兄长威廉娶了玛丽·哈钦森之后，就尤其如此了。婚礼过后，他们 5 个孩子中的第一个很快就出生了。即便是在哥哥结婚之前，他去漫步的时候，多萝西·华兹华斯有时也会留在家里做家务。1800 年 9 月，她曾写信告诉自己的友人简·马歇尔（Jane Marshall）说，有一天她被威廉和弟弟约翰"丢在"家里"做馅饼和饺子，完事之后再去跟他们会合"，尽管三兄妹都很想念彼此。[24] 由于向来都是任劳任怨地操持家务，故随着岁月流逝，多萝西的时间日益被家务所占据，后来又要照料孩子；只不过，有时她也能够把自己对哥哥的孩子的宠爱与她对行走的热爱结合起来。哥哥的长子约翰曾在冬天被这位姑姑带着去野外漫步，他"全身裹着法兰绒衣物"，以便"他的身体不会受寒"，让孩子"因风吹脸庞而兴奋不已"；但是，也有一些约束：既要带着约翰，还要背着约翰那个尚在襁褓中的妹妹朵拉（Dora），所以多萝西只能费力地行走区区几英里远，她曾经对朋友们抱怨过这一点。[25] 对一天的时间就能独自行走 40 英里远的一位女性来说,这种情况肯定让她觉得施展不开手脚;不过,最大的考验还在于,她与威廉一起漫步的次数没有那么多了。"偶尔,玛丽和我会陪着他一起散步,"她曾写信给凯瑟琳·克拉克森(Catherine Clarkson)说;可是,在两个女人"总是坚持带着约翰出去"的情况下,威廉完全不会承担照料孩子的责任。多萝西·华兹华斯这位女性行者的生活,既因为她的性别而变得很充实,也因为她的性别而受到了限制。

尽管多萝西·华兹华斯曾与他人结伴漫步,曾经愉快地与别人同行,可在她的记述中,最强烈的感同身受和富有想象力的联系,还是她与兄长威廉之间的联系。正是通过漫步,兄妹两人在各自的童年曾被极其痛苦地拉扯开的血缘纽带才得以修复;也正是通过漫步,这条纽带才在他们共同生活的几十年里得以维持和得到滋养。即便是她无法实实在在地与哥哥一起行走的时候,多萝西也在想象中陪伴着他。年轻时为性别与物质条件所限而囿于英国的多萝西·华兹华斯,曾经坐在阿尔卑斯山脉的地图旁,目的就是用她的手指,一路追随着 1 000 英里以外、正在欧洲进行廉价"大旅行"＊的哥哥的足迹。30 年后,当多萝西终于有机会站在威廉年轻时踏上过的那片土地时,年轻时的那个自我似乎经常出现在她面前的小径上。多萝西记述 1820 年这场"大陆之旅"的日记里,记载了一系列奇怪地相互交织的路线与自我回溯;或许,这就是一种魂牵梦萦吧:多萝西用手指沿着威廉所走的路线在想象中进行的穿越阿尔卑斯山脉之旅,与几十年之后陪伴他漫步于那里的客观现实叠加起来了。

多萝西日记中最重要的时刻,就是对他们一行攀登辛普朗山口

＊　大旅行(Grand Tour),以前英国贵族子女游历欧洲大陆各地的一种教育旅行,是他们学业中的必经阶段。

(Simplon Pass)的描绘;那是连接瑞士和意大利的一条高山路线,威廉曾在1790年走过。结果表明,这次经历改变了身为男子和诗人的威廉;而在多萝西的笔下,这次经历则对威廉的诗意想象力具有重要的意义,导致在过去的自我与现在的自我之间以及威廉的个人主体性与多萝西的个人主体性之间出现了某种瓦解。多萝西的创造性与情绪性反应,让她在辛普朗山口的行走变成了一个节点,而经由这个节点,她可以在想象中和现实中前行:

> 我们虽然常常把目光转向那座桥和那条笔直往上的小径,但几乎没有想到过,它就是我们经常听说的、错误地把我的哥哥和罗伯特·琼斯(Robert Jones)两人从瑞士引往意大利的那条路。当时他们正在起劲地往上攀爬,可一位农民问过他们的目标之后,却告诉他们没有再往上走的路了——"早已有人越过阿尔卑斯山啦!"两个雄心勃勃的年轻人听到这个消息之后,都大失所望;于是,他们难过地重新调整了一下自己的步伐。在我们的同行旅伴重新回到大路上的地方,威廉正等在那里,指着绿色悬崖之上的那条小径给我们看。我简直无法形容发现它就是年轻时曾经诱惑过他的小径时,他的心中受到了多大的触动。那时的种种感觉重新涌上心头,如同昨日一般历历在目,还伴随着30年人生的朦胧幻影。我们的目光一起沿着那条小径往上而去,直到小径隐入了他们第一次被提醒走错了路的那些农舍之中。[26]

她这次攀登的日期恰好与威廉以前的那趟旅程相同,这种巧合也助长了经历与自我的叠加。1790年8月17日,威廉·华兹华斯与罗伯特·琼斯两人登上了辛普朗山口；就在他们这次攀登 30 周年的 3 个星期之后，多萝西一行沿着威廉年轻时的脚步重新走了一遍。这一点无疑对多萝西在多视角之间进行转换的描述方式发挥了作用——所引用的农民的那句话来自威廉·华兹华斯的《序曲》(The Prelude) 一作，而多萝西的现场描述中也点缀着威廉的记忆片段。这种转换的标志就是所用代词的变化，它们导致了一些奇特的效果，因为多萝西对"我"的体验全然包含在威廉对"他"的感受之中，而当威廉和多萝西一起"沿着那小径往上而去"的"我们"在这一刻不知不觉地变成了"他们"的时候，所指的实际上是年轻时的华兹华斯与罗伯特·琼斯，故在跨越了"30 年人生"之后，看上去就很"朦胧"了。

这一行人开始选择那条古老的骡道，或者拿破仑的工程师建造的那条近代军用道路时，多萝西和威廉所做的决定，事实上还有玛丽·华兹华斯所做的决定，全都受到了威廉以前那趟旅程一些相似之处的影响："我们的书上指出，古道会让徒步旅行者少走好几英里，因此，我们一行中的一个人……决定选择那条路，威廉是因为他以前走过，玛丽和我则是因为与他有同感。"[27] 华兹华斯家的 3 人全都选择这条小径，是因为威廉以前走过——他们之所以走上那条路，是因为与那位 50 岁的诗人有"同感"；可经由这样的决定，多萝西也能与过去那位 20 岁的哥哥产生"同感"了。两个星期前，在阿尔卑斯山的另一座山隘，多萝西注意到了自己的处境："我不愿翻过山去，便在小湖上方的一块岩石上坐了下来……陷入了哥哥年轻时意外得知早已有人翻越过阿尔卑斯山——已经有人努力过——之后那种难过与失望的感受当中；我慢吞吞地下山，朝医院走去。"[28] 年轻时的威廉·华兹华斯在阿尔卑斯山上经历的感受与情绪，在多萝西后来到了同一地点的时候得到了再现,因此,她的反应就与哥哥的反应产生了共鸣。当华兹华斯家一行准备从辛普朗山的顶峰附近下山进入意大利时,随着她继续追溯着哥哥的脚步前行,多萝西听到或者说感受到了更多的共鸣:

> 离开斯皮塔尔(Spittal)后不久,我们所走的那条路便来到了悬崖峭壁之间,比以前更加阴森和可怕(哥哥以前是在一个雨雾交加的时节站在那条狭窄的小径之上,而不是如今我们这条消除了一切困难的宽阔大道,该有什么样的感受啊!)。[29]

在这一行人翻越阿尔卑斯山的过程中,年轻时的威廉似乎始终都走在多萝西前面的道路上。因此,她的行走和她对那种行走的思考就成了一种有意识的尝试中的一部分,即想要通过他们相同的身体运动,创造并巩固自己与哥哥之间那些具有共鸣性与创造性的联系。正如苏珊·莱文(Susan Levin)所言,多萝西"强调过去的旅行者及其路线、反复使用'追溯'一词的做法,有助于她把自己日记里的那些意象确立为缺失的存在的标志"。[30]通过用双脚重新摹写或者重新踏上30年前威廉所走的路线,多萝西·华兹华斯就能在她的作品中生动地描绘出这位年仅20岁、她几乎完全不了解的哥哥的某些情况了;由于其创造手段是通过兄妹之间共同拥有、在时间和地点上分了层的行走,所以她就能够重写他们长久分离期间的生活经历了。

能够如此将想象力与共情结合起来,既是行走对多萝西·华兹华斯极其重要的根本原因之一——行走是她理解和表达自己与所爱之人的关系的方式——也是她描述那种行走的作品对后来的读者非常重要的根本原因之一。蒂姆·英戈尔德(Tim Ingold)和乔·李·弗冈斯特(Jo Lee Vergunst)两人认为,行走是"一种极具社会性的活动",因为"在其时间掌控、节奏和变化中,双脚对他人的存在与活动做出的反应跟声音一样多。社会关系……并非产生于原地(in situ),而是用双脚在地上步量出来的"。[31]我们很难想到,还有哪位行者的情况会比多萝西·华兹华斯更能体现出这一点。无论是结伴漫步还是独自行走,多萝西都是用双脚"步量"出了一生的经历、感受和记忆;这一切全都发挥了作用,让她与所爱之人有了更紧密的联系,而不管他们身在何处。

这种社交行走的种种优点最终将在她对人生因行走而变得丰富多彩的记忆当中产生共鸣。1828年,多萝西·华兹华斯最后一次前往马恩岛游历;当时,乔安娜·哈钦森就住在那里。多萝西在岛上漫步,有一天还在日记里自豪地记下了一位仰慕者的话,此人说"那个女人体态轻盈,天生适合行走"。[32]"朦胧地"看到大海对面自己挚爱着的"湖区"山峦,她也觉得很高兴;在那些山峦之间的路上,她已经行走了30年。[33]结果,这些记忆成了最后的财富,将添加到多萝西记忆中储存着友善经历的宝库之中。第二年,她便患上了一种令身体日益衰弱下去的疾病,使得她无法再离家外出;而且,此后她还会遭受更多的打击。正如露西·纽林指出的那样:"身体健康一向对她的情感健康、对她与哥哥一起生活时的创作至关重要",但如今多萝西的病弱意味着行走带来的乐趣只能用别的办法来获得,或者说只能在记忆当中回想起来了。1834年,她在日记里写道,一场大雨过后,她曾怀着一种悲愁与幸福交织的心情,想起了她与哥哥威廉"多次在雨中漫步的往事"。[34]

最终,在接下来的10年里,严重的精神疾病(有可能是一种阿尔茨海默病)夺走了多萝西的记忆力。病情让她丧失了短期记忆力;尽管早期的记忆还在,但如露西·纽林所言,这种情况加剧了"她对往昔的情感依恋"。[35] 那种依恋在她最后的一首诗作——《病榻遐想》(Thoughts on My Sick-bed)——中表现得很明显,此诗创作于 1832 年春。这首诗是她在侄女朵拉摘了一朵早春的鲜花当成礼物送给她之后所作,展现了多萝西对徒步人生的回忆。在回忆带来的狂喜中,她被一种"从未感受过的力量"裹携而去,摆脱了病痛,走出了她多年来顶多只能走到的阳台,进入了群山,进入了一种可以重新体味的往昔:

> 在这个寂寞的房间里,我不是囚犯,
> 看到了翠绿的瓦伊河(Wye)岸,
> 想起了您的预言,
> 您是诗人、兄长,也是我自小以来的友伴!
>
> 不需要运动,不需要力气,
> 甚至不需要呼吸的空气,
> ——我想到了大自然最美的景致,
> 在记忆中,我来到了那里。[36]

多萝西心中关于她与哥哥一起漫步的记忆具有强大的力量,足以超越距离和时间。虽然没有说"感觉到"自己仿佛再度回到了 1798 年她与哥哥开启那种创作伙伴关系的时候,但她**确实**回到了那时,再次栖居于那个时刻。回忆起多年的行走生涯,让她超越了衰弱之躯的约束,她因自己"再度行走于群山之中"而欢欣鼓舞。[37] 尽管她再也无法到处漫步——1855 年,经历了 20 年的足不出户之后,她与世长辞了——但在这首诗作中,多萝西·华兹华斯却于往昔当中找到了欢乐,一如她在整个非凡的行走生涯中所拥有的那种快乐。

2008 年春,我与友人蒂姆(Tim)及其儿子阿努谢(Anousheh)从格拉斯米尔一侧徒步登上了邓梅尔台地。我们原本打算先登上赫尔维林峰峰顶,然后经由险峻得令人毛骨悚然的斯特赖丁崖(Striding Edge)下山,前往帕特代尔;不过,我们前一天一直都在谈论华兹华斯兄妹,以及他们在山隘顶上惆怅地作别时的情况。我们艰难地沿着一条被巨石阻塞的河床往上攀爬,来到台地顶上的交叉路口后,全身仍在冒汗;我试图想象出,这对兄妹最后究竟是在哪里道别的。我们很难相信,当时这个地方的模样会与如今全然不同;我认为,在很大程度上,除了"国民托管组织"*那些通往上方山冈的小路之外,崎岖不平的荒原草地与四面多石的山冈定然还是一模一样的。那是一个彤云密布的日子,虽说已到 5 月初,却依然凉意袭人、天色沉闷;阴沉沉的天气给周围的景色增添了一丝幽暗之色,与我们站在那片冰斗湖边敛神静思的心境产生了共鸣。那天,我们没有看到一个人影;但在行走之时,我们的心中却不断地回想起那个地方的如烟往事,一直萦绕着对多萝西那种悲伤之情的追忆。

或许可以说,这次行走也已变成一种记忆,而那天的经历,也与此

---

　　*　国民托管组织(National Trust),英国一个保护名胜古迹的民间环保组织,成立于 1895 年。

后多年里我在不同的人陪伴下进行的其他行走交融起来了。"湖区"漫步并没有让我深受困扰,而是充满了对这些小径之上存在过的种种关系与经历的回忆,就像多萝西·华兹华斯的一次次漫步那样。我想,正是这样,我才得以离她最近,才得以去探究她的内心。

注释:

1. 多萝西·华兹华斯写给简·波拉德的信,1791 年 5 月 23 日,见于《威廉与多萝西·华兹华斯兄妹书信集:早期岁月,1787—1805》(*The Letters of William and Dorothy Wordsworth: The Early Years 1787 - 1805*),由欧内斯特·德·塞林库尔编纂、切斯特·L. 谢弗修订(牛津,1967),第46—47 页。

2. 威廉与多萝西·华兹华斯兄妹写给塞缪尔·泰勒·柯勒律治的信,1799 年 12 月 24 日与 27 日,见于《威廉与多萝西·华兹华斯兄妹书信集:早期岁月》,第 277 页。

3. 帕梅拉·伍夫(Pamela Woof),为多萝西·华兹华斯的《格拉斯米尔与阿尔福克斯登日记》(*The Grasmere and Alfoxden Journals*)所写的"引言"(牛津与纽约,2002),第 xiii 页。

4. 多萝西·华兹华斯,1800 年 5 月 14 日星期三的日记,见于《格拉斯米尔与阿尔福克斯登日记》中的《格拉斯米尔日记》(Grasmere Journal),第 1 页。

5. 同上。

6. 多萝西·华兹华斯,1800 年 5 月 16 日星期五的日记,见于《格拉斯米尔日记》,第 2—3 页。

7. 多萝西·华兹华斯,1800 年 6 月 2 日星期一的日记,见于《格拉斯米尔日记》,第 7 页。

8. 多萝西·华兹华斯,1802 年 1 月 31 日星期日的日记,见于《格拉斯米尔日记》,第 60—61 页。

9. 露西·纽林,《威廉与多萝西·华兹华斯:"兄妹相伴"》(*William and Dorothy Wordsworth: "All in Each Other"*,牛津,2013),第 6 页。

10. 丽贝卡·索尔尼特，《漫游癖：行走的历史》(伦敦，2002)，第 68 页。

11. 多萝西·华兹华斯，1801 年 11 月 10 日星期二的日记，见于《格拉斯米尔日记》，第 37 页。

12. 多萝西·华兹华斯，1802 年 3 月 4 日星期四的日记，见于《格拉斯米尔日记》，第 74 页。

13. 多萝西·华兹华斯写给博蒙特夫人(Lady Beaumont)的信，1805 年 6 月 11 日，见于《威廉与多萝西·华兹华斯兄妹书信集：早期岁月》，第 598—599 页。

14. 罗伯特·麦克法兰，《古道》(伦敦，2012)，第 27 页。

15. 多萝西·华兹华斯，《苏格兰之旅的回忆》(*Recollections of a Tour Made in Scotland*)，由卡罗尔·凯罗斯·沃克(Carol Kyros Walker)编纂[康涅狄格州纽黑文(New Haven, CT)与伦敦，1997]，第 55 页。

16. 同上，第 184 页。

17. 索尔尼特，《漫游癖》，第 168 页。

18. 塞缪尔·泰勒·柯勒律治，《柯勒律治的笔记：选集》(*Coleridge's Notebooks: A Selection*)，由谢默斯·佩里(Seamus Perry)编纂(牛津，2002)，第 31 页。

19. 多萝西·华兹华斯，《苏格兰之旅的回忆》，第 75 页。

20. 多萝西·华兹华斯，《第二次游历苏格兰期间的日记》("Journal of My Second Tour in Scotland")，见于《多萝西·华兹华斯日记》(*Journals of Dorothy Wordsworth*)，2 卷，由欧内斯特·德·塞林库尔编纂(伦敦，1959)，第 2 卷，第 366—367 页。

21. 同上，第 365—367 页。

22. 同上，第 391—392 页。

23. 同上，第 392 页。

24. 多萝西·华兹华斯写给简·马歇尔的信，1800 年 9 月 10/12 日，见于《威廉与多萝西·华兹华斯兄妹书信集：早期岁月》，第 294 页。

25. 多萝西·华兹华斯写给凯瑟琳·克拉克森的信，1803 年 11 月 13 日，见于《威廉与多萝西·华兹华斯兄妹书信集：早期岁月》，第 420 页；多萝西·华兹华斯写给凯瑟琳·克拉克森的信，1805 年 4 月 16 日，见于《威廉与多萝西·华兹华斯兄妹书信集：早期岁月》，第584—585页。

26. 多萝西·华兹华斯，1820年9月9日星期日的日记，见于《欧洲大陆之旅的日记》(*Journal of a Tour to the Continent*)，第2卷，第260—261页。

27. 同上，第263页。

28. 多萝西·华兹华斯，1820年8月23日星期四的日记，见于《欧洲大陆之旅的日记》，第2卷，第190页。

29. 多萝西·华兹华斯，1820年9月9日星期日的日记，见于《欧洲大陆之旅的日记》，第2卷，第259页。

30. 苏珊·M.莱文(Susan M. Levin)，《多萝西·华兹华斯与浪漫主义》[*Dorothy Wordsworth and Romanticism*，新泽西州新不伦瑞克(New Brunswick，NJ)与伦敦，1987]，第104页。

31. 蒂姆·英戈尔德与乔·李·弗冈斯特编纂，《行走的方式：民族志与行走实践》(*Ways of Walking: Ethnography and Practice on Foot*)中的"引言"[奥尔德肖特(Aldershot)与佛蒙特州伯灵顿(Burlington，VT)，2008]，第1页。

32. 多萝西·华兹华斯，《我的第二次苏格兰之旅日记，1822年："鸽子小屋"手稿98号与"鸽子小屋"手稿99号完整版》(*Journal of My Second Tour in Scotland，1822: A Complete Edition of Dove Cottage Manuscript 98 and Dove Cottage Manuscript 99*)，由长泽义郎(Jiro Nagasawa)编纂[东京(Tokyo)，1989]，第410页。

33. 多萝西·华兹华斯，《多萝西·华兹华斯日记》，第2卷，第405页。

34. 纽林，《威廉与多萝西·华兹华斯："兄妹相伴"》，第275页；欧内斯特·德·塞林库尔编纂，《威廉与多萝西·华兹华斯兄妹书信集：晚期岁月，1821—1853》(*The Letters of William and Dorothy Wordsworth: The Later Years，1821-1853*)，由艾伦·G.希尔(Alan G. Hill)修订，4卷(牛津，1978—1988)，第2卷，第448页。

35. 纽林，《威廉与多萝西·华兹华斯："兄妹相伴"》，第292页。

36. 多萝西·华兹华斯，《病榻遐想》(1832)，网址：www.rc.umd.edu，2018年7月26日访问。

37. 同上。

第三章
爱伦·威顿

　　我看到不远处有一位先生和他的向导正在下山。他们发现了我。我本来已经稍微偏离了常走的那条小路，但只是为了找水止渴；此时我便故意又偏离了一点，好让他们看不清我的衣服或相貌，免得他们下次见到我时知道在哪里见到过我；我害怕在路上或者街上有人指着我说——"她就是我看到的孤身一人登上了斯诺登峰的那位女士！"

　　　　　　爱伦·威顿，《家庭教师日记》(*Journal of a Governess*)

　　1825年6月中旬，兰开夏郡阳光明媚的一天，时年48岁的家庭教师爱伦·威顿正在威尔士旅行，准备独自一人动身去攀登斯诺登峰。她信心十足、身强体壮，是一位颇为能干的行者，已经攀登过"湖区"一些海拔最高的山峰，只是其中没有哪一座有斯诺登峰那么高，后者的海拔达到了3 560英尺。威顿在1777年前后（确切日期不详）出生于阿普霍兰(Up Holland)的维甘(Wigan)附近，故长大成人的过程中应该能够看到威尔士诸山：阿普霍兰位于默西河(Mersey)河谷上方的一座高原上,从那里可以看到南边耸立着的斯诺登尼亚(Snowdonia)。威顿当然不是第一位攀登山峰的女性——多萝西·华兹华斯在1818年登上了斯科费尔峰,就是其他女性到了此时也开始追求类似刺激的一个例子——但是,当时像她这种社会地位的女性登山者并不常见。为了消遣而行走,仍然是那些有钱、有闲暇者的专属活动。

　　女性独自去爬山,在当时也是一种罕见的现象,尽管这种罕见并不一定是出于人们通常以为的那些原因,即她们害怕遭到性侵犯,或者礼仪要求她们不去登山。当然,人们往往要在一位向导的协助之下才能完成登山。但让威顿想要攀登斯诺登峰的渴望显得异乎寻常的,与其说是她的性别,还不如说是她的大胆无畏。被那两个下山的男子"发现"之后,威顿之所以试图避开他们,不仅是因为她不想被公开贴上怪人的标签,也是因为她希望独立行走:

> 　　那名向导看到我离开了小路(就算他知道,也只是因为他在路上),便喊了我一声,可我**完全**充耳不闻。他继续喊着,我便**不得不**听见了;他一直告诉我说,要沿着那条紫铜色的路走,等等。其实我对路线了如指掌,因为在家里我已经仔细地研究过地图和指南了。从那位先生的话中看得出,他以为我到向导的住处去找过,却发现向导已经受雇上山,便跑了很远的路来见这位向导,因为他让向导别再跟着他了……我始终都没有转过脸去看他们,而是尽力飞快地走着……向导再次给我指了指路——我确信,他完全是出于好意。[1]

向导的过分殷勤完全敌不过威顿的坚定决心,所以他只好一个人下山去了。她想象着向导下山时"一脸恼怒之色……竟然看到是个人都可以在没有他的情况下去登山——连一个女人也可以！"的情景[2]，从而让这个问题变成了一个关乎职业自豪感，只在一定程度上与她的性别有关的问题。

终于摆脱向导的纠缠之后，威顿便继续按照计划行走，打算"从贝特维斯（Bettws）一侧上去，若是做得到，就翻过顶峰，在兰贝里斯（Llanberris）下山"[3]。威顿很清楚，这样一条路线大大增加了攀登的难度，可她还是"希望有完整的视野，可以俯瞰四面八方的风景"[4]。

在攀登的过程中，她发现了一种极其愉快的孤独感："我站在这里，暂歇于一道山岭之上，宛如一只栖于尖塔顶上的乌鸦；到处都看不到人；也许，整座山都属于我一个人呢。"[5]这是一种奇异的描述；其中独处山间时那种明显可见的快乐之情，因某种更加本质的东西而有所淡化了。乌鸦在英国的山坡之上很常见，它们会在四周起伏回旋的风中嬉戏，或者一动不动地盘旋于山巅之上，对这里的一动一静都泰然处之。就在这一刻，独处于山岭之上时，威顿亲近的就是这些野生动物，而不是那些短暂地穿行于山间的人类；对于山中究竟有什么，是完全栖居于山中还是属于山中生态的一部分，后者都一无所知。威顿的散文作品拥有一种躁动不安的能量：她在想象中变成了一只乌鸦，能够随时从尖峰上振翅起飞，翱翔于空中。在这座山坡上，威顿的人性似乎已经消解，她更像是禽类，而非两足的人类。

然而，无论是在想象中还是在现实中，威顿都无法展翅飞翔，而是不得不回到被焦虑束缚着的尘世。站在斯诺登峰诸多山脊中的一道之上时，无所遮护给她带来了某种近乎眩晕的感觉，这种感觉逐渐强烈起来，变成了一种有可能让她不知所措的恐慌：

　　在我前面不远的地方,小径沿着一座极其可怕的悬崖蜿蜒而行。哎呀,我吓了一大跳! 这还是头一回。这个样子,我完全没有料到……我犹豫了一会儿;下方也没有过去的路。我要么是必须原路返回,要么就是爬过这条唯一的路……一到卡那封(Carnarvon),我就采取了预防措施,将我的地址写在卡片上,其中既有我在本地的租舍地址,也有我在普雷斯科特(Prescot)的住址,然后放在口袋里,以便万一我出了什么意外的话,找到我的人就知道要向哪里报告了……奇怪的感觉与念头交织在一起! 下一刻,我又想到了至高无上的上帝。[6]

面对她有可能从山脊两侧掉下去的可怕前景,威顿开始胡思乱想,想到了要是掉下去的话,她的身体会变成个什么样子;那道山脊是她攀登之前看过的两份指南上都没有提到过的一条"路"。[7]开始登山之前,她曾考虑过自己死在山上的可能性,这一点表明她在看待山间远足的种种现实时,持有一种令人钦佩的实事求是的精神;只不过,此时这些想法于事无补罢了。威顿只得鼓起勇气、横下心来,努力往前,走上那道山脊;然而,由于肾上腺素的作用,她不记得当时的具体情况了:

　　那道山脊可能有100码长,也许是200码,甚至更长,因为我太过害怕,无法去确定——就在我越过山脊的时候,左右两侧的悬崖都让我头晕目眩;特别是右侧,只要稍微滑上一跤,什么都救不了我。噢! 那种跌落,似乎会没有尽头;在头晕目眩的我看来,悬崖下面似乎达半英里深。[8]

很显然,陷入这种进退两难的危险境地——因为太过害怕,既不敢前进也不敢后退——之后,威顿采取了一种新颖的解决办法,那就是把"帽子紧贴着我的右脸,好让我看不到右侧的情况"[9]。对于这种危险,塞缪尔·泰勒·柯勒律治相当熟悉,因为他在斯科费尔峰的布洛德斯坦德(Broad Stand)探险时,曾被卡在一处险峻的崖脊上;但是,柯勒律治极不可能采取威顿的办法,而这个例子也证明,女性的衣物对行者用处颇大。然而,这种情况与威顿之前的自由自在形成了一种可悲的对比:威顿用帽子遮住自己的目光,会让人觉得她更像一匹焦躁不安的拉车之马,而不是自由翱翔的乌鸦。

尽管威顿在攀登斯诺登峰的过程中经历了生理与心理上的种种困难,但她依然从这次经历中获得了巨大的乐趣:到傍晚时分,她还得走上12英里,于是她"忍不住逃离了"预定的路线,转而决定跟着自己的直觉,去探究山中诸多鲜为人知的地方。[10]回归徒步行走时更惯常的做法之后,威顿终于恢复了常态,以至于她"几乎不觉得累",甚至"忘记了害怕,因为各种各样的景色、这座山谷和兰贝里斯诸湖都让我觉得心旷神怡"。[11]回首仰望斯诺登峰的高处时,威顿称自己是"翱翔的高山女王"(Queen of the Mountains),终于"回到了自己所属的物种当中,与我的同类平起平坐了"。[12]照例,威顿把自己想象成一只乌鸦的时候,其中也暗含着某种迁移已经发生的意思:行走为威顿打开了通往非人类视角的大门;这些视角既赋予了自我力量,也动摇了自我的稳定性。

对爱伦·威顿来说,行走就是她在生活中获得慰藉、自豪感、强烈的快乐感与巨大的满足感的源头,如若不然,生活中常常就会充斥着挫折、不幸、暴力与恐惧。行走是威顿在更广阔的世界中形成自我认知的核心;不过,行走也是她逃离一种有时非常艰辛,后来又极其悲伤的生活的途径。行走是一种旅行模式,让她形成了种种独立于他人、完全属于自己的思维和存在方式。在威顿看来,行走既是自由之源,也是一条通往自由的道路。

威顿基本上是默默无闻地度过了一生,一直在乡下当家庭教师,这是那个时期女性能够从事的、为数不多的体面职业中的一种。虽然她在所写的书信中显得很健谈,并且日记不辍,可她生前没有发表过任何作品。如今存世的威顿作品中,有 4 卷往来书信与部分日记是1936 年和 1939 年搜集整理而成,后于 1969 年由 J. J. 巴格利(J. J. Bagley)编纂成了《家庭教师威顿小姐的日记》(*Miss Weeton's Journal of a Governess*),分为两卷,其时间范围分别是 1807—1811 年和1811—1825 年。威顿的作品中包含了自传性的概述、零星的日记,以及写给友人与家人的书信;它不是供一般读者阅读的,而是只"供少数人阅读,尤其是我的孩子阅读的"。[13]多萝西·华兹华斯所写的日记,原本也只是为了供朋友和家人分享;华兹华斯与威顿的这种决定,并不意味着她们欠缺文学创作才能。正如莫里斯·玛普莱斯(Morris Marples)在其《徒步行走》(*Shanks's Pony*)一书中所言:"她的身上有一种狂野的浪漫气质,使得她超凡脱俗;而让她一直坚持行走的……正是行走带来的乐趣,或许还有那种遏制不住地想去行走的热望。"[14]《徒步行走》一作,是本书问世之前探讨威顿这位行者兼作家的仅有的两部作品中的一部。那种"狂野的浪漫气质"在威顿生动形象而又令人愉快的坦率行文中体现得淋漓尽致:它不但表达出了她摇摇晃晃地爬上悬崖峭壁、像山地野绵羊一样跑上陡坡时的喜悦之情,也表达出了她对自己能够自由漫步的那种深切的满足感。

威顿的行走机会受到了几个外部因素的影响,其中包括她从事的家庭教师兼女伴这一职业,以及后来她嫁为人妻和为人母亲这两种身份。威顿曾在"湖区"工作过一段时间;雇主不在的时候,她就会偷偷溜出去散步。不过,威顿的徒步行走也受到了她的性别的制约,无论是从别人对她的看法(或者威顿想象的别人可能会如何看待她——她在数封书信中记录了自己对有可能遭到"冒犯",尤其是遭到男人"冒犯"的担忧之情),还是从威顿这位行走的女性的自我意识来看,都是如此。这些观念对她去哪里漫步、什么时候去漫步,甚至是怎样漫步等方面都产生了影响,在某些情况下还令人遗憾地限制了她的行走。在写给友人怀特海德夫人(Mrs Whitehead)的信中,她曾简要地指出:

> 不久前,我焦躁不安地萌生了一个极其疯狂的计划,那就是徒步穿越威尔士;要是有钱的话,我更喜欢这种旅行方式——不过,想到一位女性孤身行走时可能遭遇的诸多冒犯,我便觉得这个计划不可行了。我也不会说威尔士语,这是另一重障碍。我的计划是,结识某个正派的威尔士农民家庭,并且经由他们再去结交另一个家庭;依此类推,只要这一链条可以持续下去;而在逗留的那段时间里,我会寄宿于每个家庭里,穿着最朴素的衣服,以便没有多少人会注意到我。我一定不能想着把这个计划付诸实施。我要是个男人的话,该有多好! 那样,我就能够很快实施这个计划了。[15]

威顿的行走抱负与一些较为著名的男性行者兼作家不相上下——假如她成功实施了那个计划,徒步穿越了威尔士全境,那么,她或许就是真正追随了年轻时的威廉·华兹华斯于 1790 年游历全国的脚步。可惜的是，威顿是一位年轻女性，她的雄心壮志受到了阻挠，因为她对一位独身女性行走于路上的社交得体性感到担忧；当时的礼仪可不允许年轻女性在农户的门前支上帐篷、搭床过夜。

尽管在一定程度上为社会与现实所约束，威顿却依然通过徒步行走寻找并获得了满足感——假期里她会与朋友一起漫步，后来，她的自信心日益增强，战胜了她对"冒犯"的恐惧心理，她便开始独自行走。虽然威顿仍然担心人们会怎样去看待孤身一人的女性行者，但她的行走越来越少地受到别人的期望的影响：徒步行走为她开创了各种各样的可能性。正如她曾经写信给友人安，向后者描述她在马恩岛上用徒步行走的方式度过了一个假期的情况时所言："我在这里度过的光阴，实在是一段段奢侈的时光呢！在这里，我完全孤身一人，思绪会随着景色遨游；我就像呼吸的空气一样自由自在，像所有凡人一样幸福快乐。"[16]行走赋予的这种自由对她的身心都产生了影响；威顿的心中所想开始变得像天际那样宽广；在其描述中，她的整个人都已消融于其中，变得像微风一样缥缈无形和无拘无束了。

这种自我消解就是身为行者的威顿理解自身经历的一条途径；可在其他的日记与书信中，她的描述却聚焦于行走是如何体现自我的；这样一种体验给她带来了不同却同等重要的快乐与自由。1810 年 7 月 8 日，她曾写信给友人温克利小姐（Miss Winkley），描述了她不久前在"湖区"的一次漫步经历：

> 由于罗德斯小姐（Miss Rhodes）来了，所以他们组成了一行，准备前往距这里有几英里远的一座高山，即费尔菲尔德

(Fairfield)的山顶。我加入了其中；我们总共有 15 个人，另外还有 4 位男士陪同，带着补给品等。早上 5 点刚过，毕德夫人（Mrs Pedder）、罗德斯小姐、巴顿小姐（Miss Barton）和我便坐着马车离家出发了，毕德先生骑着一匹小马，男仆则骑着毛驴。我们在离这里 2 英里远的安布尔赛德停下来，在一家叫作"斯坎伯勒先生"（Mr. Scambler's）的店里吃了早餐，其他人则在那里与我们会合。6 点过后不久，我们继续前行，女士们坐马车，先生们则步行——只有年龄大的毕德先生和帕特里奇先生（Mr. Partridge）除外。我们沿着一条非常陡峭、岩石密布而又崎岖不平的路走了五六英里……尽管一般来说并不害怕，但我还是无法摆脱某种担忧之情，直到我们来到了每个人都只能依赖自己的双脚才能站稳的那个地方。其他女士都尖叫过数次，以为自己会摔倒在地，或者仰面后倒……

我们在陡坡上费力地攀行了一两个小时，越过苔藓与岩石，终于到达了山顶……我们全都席地而坐，美美地饱餐了一顿，有小牛肉、火腿、鸡肉、醋栗馅饼、面包、奶酪、黄油、风干的羊腿、葡萄酒、黑啤、朗姆酒、白兰地和苦啤。吃饱喝足后，我们便开始四下漫步，欣赏辽阔的风景。我们还带了几副眺望镜，空气则十分清新。四面八方的巨石和悬崖峭壁让我既觉得十分高兴，又充满敬畏之心。我曾小小心心地走到过几座峭壁的边缘；尤其是其中的一座，我坐在峭壁突出的尖角上，看到除了一侧之外，峭壁每面都有一片垂直往下的陡峭山坡，长达数百码……

那座山的形状很像一只马蹄铁；我们从一端上山，从另一端下山，起码绕了 8—10 英里远；有些人还说有 12 英里呢。

　　下山的时候，我们一行当中有一两个人因为没有在鞋底钉上钉子而站立不稳，所以不得不经常坐下来滑着下去；山上的石南与苔藓让鞋底变得非常滑溜，因此鞋底若是没有钉子，就站都站不稳，更别说在很不平坦的地上安全行走了……

　　我在一生当中，还从未经历过比这一次更加愉快的远足；这种野外攀登非常适合我。在平地上径直往前行走，对我来说几乎没有什么乐趣可言。在我看来，攀登一座美丽、卓越、高耸而崎岖的山岳，要比在一座花园或者游乐园里姿态优美、庄重而做作地漫步有魅力得多。[17]

威顿的快乐在她对各种欲望（包括思想上的、审美上的和身体上的欲望）进行的感性而高度物质性的描述中，令人愉悦地展现了出来——这些欲望因攀登费尔菲尔德峰而受到激发，然后又得到了满足。其中最引人注目的一点，就是他们带到山顶的那一串几乎可以说过长的食物和饮料清单，以及她在描述尽情享用时那种毫不掩饰的津津有味——或许，用"消灭"比"享用"一词更加恰当。然而，同样有意思的是，尽管我们可以想见，当时女性的着装可能会让她们在这种地形上来去时需要克服诸多困难，但威顿在艰难地爬上山坡的过程中却感受到了快乐，并把它视为一种旅行。攀登介乎行走与爬行之间，需要利用身体的各个部位，才能在有时会让人踉跄不稳或者步履蹒跚、极其陡峭的山地上缓慢前进：不但要利用双手的灵巧性与胳膊额外提供的、稳定全身的力量，还须利用身体与岩石的潜在接触点带来的安全性，因为一旦无法再凭双脚站稳，我们就只能靠手、胳膊和这种接触才能保持安全了：肘部、膝盖、肩膀，甚至是后背，全都得用上。这种山间路线往往比大多数行者所走的路线都更费精神、更耗体力，有时还会更加危险。不过，这种路线也更加幽静舒适：威顿不可能通过她的双脚去感受大山——双脚离大脑太过遥远——而是会用各种可以让她的整个身体都与岩石紧密接触的方式，拥抱、抓握并且依靠着大山。她们一行中，有些人为这场远足所做的准备工作很不充分，所以不得不屁股着地、灰头土脸地滑下山去，可威顿却不在其列；相反，她显得知识渊博、准备充分而又信心十足，是一个本领非凡的行者，不仅对这种险峻的地形泰然处之，还能从中获得有益于人生的乐趣。

威顿渴望攀登带来的自由，这一点在 4 个月后她写给弟弟的一封信里表现得非常明显。雇用她当家庭教师的毕德先生和毕德太太这对夫妇不在家的时候，威顿曾经与友人罗宾逊小姐（Miss Robinson）——此人是"毕"太太的妹妹——到"湖区"漫步：

> 我在霍姆黑德（Holm-Head），也就是"毕"太太父亲经管的那座农场里过了两天。农场距这里有 4 英里。第一天，罗宾逊小姐就带我去了康尼斯顿，领着我看了那片湖泊，其间往返有 12 英里远。极其愉快地漫步之后，我们回去吃了晚餐。第二天早上，我们 8 点钟就出发了，原本只打算闲逛三四英里远；可一个又一个目标不断吸引着我前行，直到最后，我和同伴一起来到了兰代尔双峰（Langdale Pikes），也就是一座有着两个高耸入云的顶峰的山的脚下……我不想在没有登顶的情况下回去，因此费力地攀爬了许久之后，我们终于到达了峰顶，而我也认为这番辛苦很是值得；实际上，对我来说，上山与下山时的崎岖与陡峭就是一半的诱因，因为我实在是酷爱攀爬……我们回到霍姆黑德时，已是下午

> 5点钟，要吃晚餐了；由于9个小时里什么都没有吃，所以你可以想见，长久没吃东西和山间清新的空气让我俩的胃口都好得出奇。当时，我真的觉得自己好像永远都吃不够似的。[18]

在这里，威顿带有倾向性地描述了她攀登斯蒂克峰（Pike of Stickle）与哈里森斯蒂克峰（Harrison Stickle）这两座引人入胜的顶峰时的情景。尽管对她而言，登上顶峰既有意思，也很重要，但登上顶峰与到达那里的壮举被赋予了相同的意义。威顿对这次攀登的描述表现出了一种毫不妥协的坚决果断，**因为**山路崎岖而陡峭，**因为**攀登起来非常困难；而威顿这种纯粹是因为自己能够攀登而抓住机会进行这次攀登的方式，则体现出了她的活泼快乐。再则，威顿对困难的津津乐道和这场活动导致的食欲大振两个方面结合起来，进一步给我们留下了她活力十足的印象——她的身体对营养的极度渴望代表着行走所激发、所体现的无数物质欲望。事实上，"我真的觉得自己好像永远都吃不够似的"这句稍微会让人目瞪口呆的话，似乎已经远远超出了威顿对食物的渴望这种表面意思，其中还包括了她渴望身处山间、以攀登为乐、对自己能够尽情挥洒"狂野的浪漫气质"的喜悦之情；正是这种气质驱使她随心所欲地去徒步漫游，无论路线如何曲折，无论地形如何险峻，她都一往无前。[19]

威顿一生当中进行过多次孤身行走，但她第一场真正意义上的徒步游历，则是1812年夏季环绕马恩岛的那一次：

> 我进行第一次远距离行走的时间，是在我到达之后的28日。有一天，我在道格拉斯黑德（Douglas-Head）的时候，看到远处有

几座山峰,所以这天我便动身前往,打算登上其中最高的一座,要是那里不算太远的话。我买了一份地图,由于严格按照所示的路线前行,所以我几乎没有向人问过路线、远近或者地点之类的问题。向导就在我的手里,我并不需要别人来指路。这一次和所有的行走中,我都没有过同伴;我更喜欢独自漫步;那样的话,我可以随时停下脚步、继续前进、坐下来、接着往前、右转或者左转,随着自己的心意行事,无拘无束;更何况,就算我找得到一位**合适的**同伴,乐意每天陪着我行走 12、15、20 或者 30 英里,可此人的兴趣爱好在许多方面也不见得与我相投,我们会彼此强求——我听着自己不感兴趣的话题,而她也要留意自己并不关心的论述。不过,由于极不可能找到一个愿意陪我行走这么远,且愿意百依百顺,由着我的兴趣爱好、心愿及对一切都感到好奇的性子来的人,故我还是选择独自行走,前往人迹罕至的地方,好让我的思绪和我的双脚都可以无拘无束地漫游;到了市镇和人群当中时,我确实喜欢有人做伴,但当我独自沉浸于大自然的奇迹之中,当乡间美景或壮观之山峦让我的心中充盈着钦佩与狂喜之时,除了弟弟一个,我就从不希望有尘世之人做伴。[20]

这一描述就体现出了威顿的典型特征:志向高远、希望尽力攀登到高处、准备充分和渴望独立。威顿在这里明确指出,头脑的充分锻炼有赖于身体自由与社会自由;这一点与让-雅克·卢梭在其书名起得恰如其分的《孤独漫步者的自白》(*Confessions of a Solitary Wanderer*)一作中的观点相呼应:"倘若停下脚步,吾将不再思考;吾之大脑,唯随双腿前行方可工作。"[21]只有身体摆脱了束缚——包括现实束缚、生理束缚和社会束缚——像威顿这样的行者兼作家才有可能如此。

威顿在马恩岛上找到了这种自由;她在那里邂逅的人都出乎意料得友好,对她产生了一种具有转化作用且持久存在的影响。描述那次游历初期进行的一场远足时,她曾如此写道:

> 我回到了家,对这次约为 13 英里的漫步非常满意;一路上遇到了几个人,他们要么是完全没有注意到我,要么就是说话时彬彬有礼,这让我更有信心了。我得承认,在最初几次行走中,我曾心怀极大的忧虑之情,担心遇到冒犯,因为我完全无人为伴。[22]

在威顿逗留于马恩岛期间,随着体力渐强,这位孤身行走的女性的自信心也大大增加了。在写给安·温克利的同一封信里,她还提到了自己常常自发延长行走距离的情况,以至于一段“走直路往返只有 12 英里的路程”被她“延长到了 16 英里”。[23]结果就是,在“这几次行走之后几乎感觉不到疲倦的鼓舞下”,威顿开始考虑进行“路程更远的其他行走”了。[24]随着身为行者的威顿的力量日增,她的胆子也慢慢大了起来,因此在一次距离较远的孤身行走中,她还欣然跟路上碰到的一位男子说了说话。“此人年纪已老,”威顿说道,“并且相当羸弱,因此我很有信心,他要是打劫的话,我一定能够制服他。”[25]她的担忧之情并未完全消除,只是威顿的体力让那些担忧变得不足为虑了:“我想,哪怕再不济的话,我跑起来也能比他快上 5 倍。”[26]行走以及她的身心两方面因行走而变得更强,让她摆脱了“男女两性都认可的社会习俗,以及性骚扰中隐含的威胁”、强调女性独自行走时容易受到伤害的观念的束缚。[27]经由出色的体能,威顿反而获得了接触一个更广阔世界的权利；在那个世界里，"个体"看起来"渺小而孤独，……依赖于体力与意志"。[28]对威顿来说，这就是真正的自由。

这也是威顿在马恩岛各地探索漫游期间继续心怀和珍视的一种自由。决定去攀登格瑞巴山［Greeba，但威顿写成了"格瑞瓦"（Greeva），这是一座海拔只有1 385英尺的小山］之后，威顿向一位小姑娘问过路。被小姑娘领着穿过她家的菜园之后，威顿"开始径直爬上那些极其陡峭的岩石"，并且注意到，她"原本可以沿着一条轻松得多的路上山，但这条路更近"。导致她决定沿着这条困难重重的路线攀登的，就是威顿的自信，因为她认为"墙壁和岩石对我而言，都是微不足道的障碍"。[29]

这种自信或许就是导致她数天之后那种经历的真正原因；当时，她差不多是在偶然之间行走了极远的距离，就算是有多萝西·华兹华斯那样的耐力，也有可能消耗殆尽：

假如我告诉您，说6月5日那天我走了35英里，您一定不会相信。我在9点半离了家，原本打算前往卡斯尔敦（Castletown），能走多远就走多远。为了安然无恙地回来，我在工具包里装了地图、记事本、3个煮鸡蛋和一块硬面包；如此准备妥当之后，我就出发了。抵达卡斯尔敦附近之前，一路上并没有看什么值得注意的地方……过了卡斯尔敦，我又走了两三英里，来到了一座俯瞰着一片开阔景色的台地上；我跳到路边一片高高的杂树林中，坐了下来，既满足了自己的食欲，同时也大饱了眼福。接下来，我原路往回走了一段，便转而朝皮尔（Peel）走去，以为自己只会走上一点点远，而这只是为了一睹更加开阔的景色……

"我只会再往前走一点点,再走远一点点,只要走到那座漂亮的房子,或者那条大路的尽头就好了。"我不停地对自己说,直到已经过了卡斯尔敦整整5英里。原路返回或者穿过皮尔都有15或者16英里远。我站着犹豫了一会儿,不知道该怎么办。我看了看表,发现此时已到4点半了!必须承认,我当时有点儿慌了,但由于没有时间可以再耽搁,我便转过身,沿着那位老太太给我指的一条山路,往皮尔走去;我之所以宁愿走山路而不走大路,是因为大路的位置实际上**低**得多;可我想欣赏风景与景物,并不在意多累一会儿。在继续前行的过程中,我经常左顾右盼,饱览脚下延伸的美景。空气无比清新;英格兰、爱尔兰、苏格兰和威尔士都清晰可辨;爱尔兰的一些山脉似乎就在近处,所以我幻想着驾上一叶扁舟就可以到达那里;群山被西下的夕阳染成了深紫色,显得格外美丽!我可以清楚地辨认出坎伯兰郡与威斯特摩兰郡诸峰;斯基道、马鞍、赫尔维林、康尼斯顿,还有其他数座,全都看得见。看到它们,我觉得非常高兴,因为**我**的双脚曾经踏上**那里**,我曾经在那里度过了一些最幸福的时光!像我这样伫立于一座小岛上,在半个小时之内就看到了3个王国和1个公国,可不是一种常见的现象呢。[30]

威顿对行走、对食物、对生活的渴望,连同她对能够"满足自己的食欲","同时"又能"大饱眼福"产生的快乐之情,在这里再一次体现得淋漓尽致:行走之时,她同时为自己的身心提供了它们所需的食粮。在这次行走中,威顿发现自己所走的距离或许超出了她的预期。不过,就算是在这里,在大多数行者都会感到焦虑,不知自己能不能回到出发之地的情况下,她依然对自己的身体存有信心:尽管时间已是下午4点半,离家还有15英里,她却再度选择了一条更加难行的路线;相比于安全,她更喜欢迎接挑战和欣赏风景。她的勇敢带来了巨大的回报:她的面前展开了一幅美丽的远景,而在暮色的作用下,这幅远景变成了一种近乎真实可触的记录,其中不仅有威顿早期的行走壮举,也有她最幸福快乐的一些时光。视觉与记忆结合起来,让过去的快乐与当下产生了直接的联系;正是经由威顿的双脚,这些相似的时间段才汇聚到了一起:她的"双脚"(那时)"踏上"过那里,而她(此时)却站在此地,暂时停下脚步,再通过行走这一行为将记忆与感受铭刻到了风景之中。过后,她又快乐地行走着,

> 6点钟到了皮尔,而在下山的路上,沿着那些山谷,我看到了一片片美丽的小耕地,山坡点缀着数座浪漫而寂寞的小木屋,小溪在山脚潺潺奔流,淌过砾石密布的河床。这些景致中有一种朴素的壮观与美丽,让我的内心充盈着一种无以言表的激情。我赞美!我惊奇!我膜拜!噢,安!如果您了解我在这样的景致中狂奔时感受到的快乐,那么对于我的鲁莽,或者对于我不辞辛劳地获得这种满足感的做法,您就不会感到奇怪了。[31]

爱伦·威顿在发现自己的身心都经由行走而变得更加开阔了的过程中,体会到了巨大的快乐。她对自己的体魄、对其完全依靠"体力与意志"两个方面的本领进行的描述当中,流露出了无比的自豪之情。不过,行走也是一种宣泄、治疗和恢复,是一种庇护与慰藉,到了晚年后尤其如此。马恩岛那次令人兴奋的游历仅仅过去两年,威顿便嫁给

了亚伦·斯托克(Aaron Stock),他是维甘一位鳏居的纺织工人。婚后不久,她便说丈夫是"我的恐惧,我的痛苦"![32] 1815 年,他们生了一个女儿玛丽,但斯托克极其暴力,以至于威顿担心她"根本活不到玛丽能够接受教育的年纪,除非我离开这个地方"。[33] 1821 年,斯托克因为殴打妻子而出庭受审;威顿自这个时期开始的日记中,也描述了她"差点儿被殴打致死"以及被人发现"我全身伤痕累累"的情况。[34] 不久之后,威顿便申请与丈夫分居,并且因此而放弃了女儿的监护权。此后的 7 年里,她将再也见不到玛丽了。

在这一时期,行走成了威顿的慰藉手段之一,成了其自尊与情感力量的源泉。1825 年,快到 50 岁的她曾如此声称:

> 尽管我很清瘦,可以说骨瘦如柴,但我的骨头不可能干枯,一定会"富含骨髓与脂肪",如若不然,我就绝对不可能承受如此漫长的徒步行走,而且几乎不会感到疲惫;虽然我的双脚偶尔会肿起来,但在行走了 10 或 12 英里之后,我还是能够像羊羔一样在石间跳跃,享受着这项运动。[35]

在某种程度上来看,这可是一幅不敢恭维的画面——当然,威顿并不注重自己的外表。但是,在那具毫无希望的肉体之下,却蕴藏着一种无法看见、只能感受的强大力量。对于一个步履不止的能力在很大程度上不仅依赖体力,而且依赖精神力量、情感韧性与勇敢无畏的女性而言,对于一个行走与生活完全交织在一起的女性而言,或许这是一种恰当的形象。

不同于爱伦·威顿,我经常与人结伴行走,但自儿子出生以来我就发现,我很难再去正儿八经地徒步行走多远;我的骨盆还没有从引产手术中恢复过来,尾骨也因为怀这个孩子而向后弯曲了。刚走上 1 英里左右,我就感觉到全身的骨头像是挤在一起不停地碾磨似的,而过后那种疼痛还会持续好几天。一次又一次,漫步行走的距离不得不缩短,因为我还没有学会如何去调整自己刚刚生产过的身体,所以我越来越担忧起来,害怕让那些不辞辛劳地前来与我一起远足的人感到失望。

　　解决这个问题的一个办法就是独自去考验我的身体。数天以来,我都很想从亚罗福德(Yarrowford)走到明奇穆尔路(Minchmoor Road)去,那条路我很熟悉。我从亚罗谷(Yarrow valley)的一个小村出发,追随着以前那些王侯将相与牲畜贩子、强盗与小偷的足迹,沿着山下一条蜿蜒的古道,稳稳当当地往上攀登。一路都是上坡,但坡度平缓,没有什么真正的陡坡,而上方那些荒凉的山冈则吸引着我继续往上攀登。到达了此次漫步的最高点之后,由于在微风的吹拂下感觉到了一丝凉意,所以我坐下来一边吃午餐,一边俯瞰着苏格兰与英格兰大片交界地区的时间并不长。吃饭的时候,我试图辨认出余下的路线,却发现自己胆怯起来:剩下的距离、天气情况以及我只带了外衣来保暖的事实,都让我信心全无了。我惊慌起来,担心自己的身体根本无力再走那么远,并且不知道在必要时该如何安全地下山。我决定不再为距离担忧,而是设定一些中间目标,还确定了一条脱险路线。

随着我慢慢地控制住自己的恐慌情绪,我的心灵也能够从这一天的经历中获得更多的快乐了;不久之后,我就感受到了高高屹立于世界之上那种古老而令人兴奋的喜悦之情。我没有理会已经确定的那条近路,而是继续沿着夹在亚罗谷与特维德谷(Tweed valley)之间的那道山脊走。不过,看到亚罗福德的路标,确定自己能够走完那段路程之后,我还是松了一口气。

下山的路很陡,把我带到了下方一片美丽的桦树林里,那里有野鸡在灌木丛下闲逛;我的到来吓得它们四散开去,穿过落叶,跑到了更加昏暗的角落里。回到了距起点只有 1 英里平路的那个山谷之后,一阵兴奋之情油然而生,因为我做到了,因为我独自一人在山间度过了一天,因为我再次能够"自由驰骋"了。

注释:

1. 爱伦·威顿,《家庭教师威顿小姐的日记》,第 2 卷"1811—1825",由 J. J. 巴格利编纂(纽顿阿博特,1969),第 388 页。

2. 同上。

3. 同上,第 389 页。

4. 同上。

5. 同上。

6. 同上,第 390—391 页。

7. 同上,第 390 页。

8. 同上,第 391 页。

9. 同上。

10. 同上,第 392 页。

11. 同上,第 392—393 页。

12. 同上,第 393 页。

13. 爱伦·威顿,《家庭教师威顿小姐的日记》,第 1 卷"1807—1811"(纽顿阿博特,1969),第3页。

14. 莫里斯·玛普莱斯,《徒步行走:对行走的研究》(伦敦,1959),第98页。

15. 威顿,《家庭教师威顿小姐的日记》,第1卷"1807—1811",第168—169页。

16. 威顿,《家庭教师威顿小姐的日记》,第2卷"1811—1825",第45页。

17. 威顿,《家庭教师威顿小姐的日记》,第1卷"1807—1811",第272—274页。

18. 同上,第313—314页。

19. 玛普莱斯,《徒步行走》,第98页。

20. 威顿,《家庭教师威顿小姐的日记》,第2卷"1811—1825",第24—25页。

21. 让-雅克·卢梭,《漫步遐想录》(牛津,2016),第xx页。

22. 威顿,写给安·温克利小姐(Miss Ann Winkley)的信,1812年6月15日—7月5日,见于《家庭教师威顿小姐的日记》,第2卷"1811—1825",第26页。

23. 同上,第28页。

24. 同上。

25. 同上,第28—29页。

26. 同上,第29页。

27. 丽贝卡·索尔尼特,《漫游癖:行走的历史》(伦敦,2002),第234页。

28. 同上,第50页。

29. 威顿,《家庭教师威顿小姐的日记》,第2卷"1811—1825",第25页。

30. 同上,第32—33页。

31. 同上,第34页。

32. 同上,第154页。

33. 同上。

34. 同上,第176页。

35. 同上,第369页。

第四章

萨娜·斯托达特·哈兹里特

他们的好奇心似乎极重,苏格兰的高地人(Highlander)尤其如此;而且,他们的问题一般是用别的话头提出来。"天气曾(真)热。""哦,确实很热。""请问您今天走了多远呢?""我从克里夫(Crieff)走过来的……""哦,是啊!那您一定很累了。""您要区(去)那(哪)里呢?""去斯特灵。""啊,那可愿(远)了:晚上您绝对到不了那里。""哦,没事儿,我很能走路。3个星期前,我就走了170英里。""上弟(帝)跑(保)佑!您不是克里夫人吧?"

萨娜·斯托达特·哈兹里特,1822年6月1日的日记

1822年4月21日,萨娜·斯托达特·哈兹里特乘坐利斯(Leith)的帆船"超级"号(Superb)抵达了爱丁堡,踏上码头,走向了一种极不明朗的未来。与她一起生活了14年之久的丈夫,即散文家威廉·哈兹里特,迷上了他在伦敦寓居的房东家那个十几岁的女儿;为了离婚,萨娜已经从泰晤士河出发,沿着英国的东海岸北上旅行了7天。由于没有财力与社会影响力,无法经由《议会法》离婚,哈兹里特便想出了

一个计划,安排妻子到爱丁堡一位妓女的怀中现场"捉奸",因为相比于英格兰,他们在那里会根据苏格兰的法律离婚,不但离婚速度更快,费用也更低。在爱丁堡接下来的那 3 个月里,萨娜将受到丈夫一些朋友的威吓,将做伪证,还将因为自己与丈夫串通一气,参与他那些有辱人格的阴谋而心生负罪感和焦虑,并由此病倒。她用坚持写简短日记的办法,去应对这段时间中,其内心汹涌的复杂情感;在日记里,她不但记载了自己的离婚情况,也描述了有机会溜走的时候,她进行的一次又一次漫步行走。徒步漫游于爱丁堡及其周围地区时,她能够享受到某种近乎自由的东西,它与律师事务所里令人窒息的气氛以及一个前景堪忧的单身女性心中的痛苦之情形成了鲜明的对比。结果表明,行走是她采取的一种重要对策,可以消除丈夫的胁迫行为对其情感与身体造成的影响。

在爱丁堡的最初几周里,萨娜的时间主要花在处理法律事务和探究那座城市两个方面。她与威廉的沟通都是通过律师或者一位中间人进行的,这样做是为了更好地维持夫妻两人同时出现在爱丁堡纯属巧合的假象。他们达成的协议条款是,哈兹里特将负担妻子留在爱丁堡期间的所有费用,而作为交换,萨娜则要发下一种诬陷性的誓言——也就是发假誓——声称此前她对威廉的行为一无所知,从而让他们能够顺利离婚。在她为了找律师、获得法律文件或者仅仅是为了获得一个简单问题的直接回复而耽搁的大量时间里,萨娜走遍了爱丁堡和该市之外一些更远的地方,并且带着同样的热忱,探究了一些著名的旅游胜地[比如卡尔顿山(Calton Hill)、亚瑟王座(Arthur's Seat)]和一些偏僻之地[比如拉斯维德(Lasswade)、罗斯林谷(Rosslyn Glen)]。在远足的过程中,她一般都是独自行走,每次通常都会走上几个小时或者几英里远。

　　5 月中旬,威廉曾短暂地离开爱丁堡,先是到格拉斯哥的安德森学院(Anderson's College)讲学,然后又前往南部高地漫游。他的离去导致两人的离婚诉讼暂停下来,也让他的妻子可以暂时离开爱丁堡一段时间了:5 月 14 日,她回到了利斯,登上了另一艘船,但这一次是沿着福斯河(Forth)往北和往西,前往斯特灵。由于囊中羞涩(但她在日记里没有提及这一点),萨娜即将开始一场不同寻常的冒险之旅。

　　到了 19 世纪 20 年代,游客穿越苏格兰最南端的高地已经是一种相当普遍的现象了,尤其是在沃尔特·司各特爵士(Sir Walter Scott)发表了无数部以这一地区为背景的作品之后:此人的作品广受欢迎,吸引了越来越多的人来到他无比深情地描述的湖泊与山丘之间。然而,一位外来女性到这里独自行走,差不多仍是一件闻所未闻的事情,可萨娜的做法却正是如此。她没有同伴,只是偶尔会找一位向导;她从斯特灵出发,在南部高地游历了一个星期,到过许多著名的景点[比如伦尼瀑布(Falls of Leny)、卡特琳湖(Loch Katrine)、克莱德瀑布(Falls of Clyde)],只是她有时大大偏离了常规的观光路线。在这段时间里,她每天都徒步行走 20—30 英里,在不同的地方经历了各种巨大的人身危险,她通常都带着勇敢无畏和乐观心态化解了这些危险。在这次游历中,她还徒步行走了 180 英里,回到了爱丁堡。她享受着沿途偶然遇到的人物和偶然发生的事情,并且发现经历了艰苦的跋涉之后,最简单的行为——吃饭、洗漱和睡觉也能给人带来显著的生理愉悦感。

　　在 5 月 13 日那个星期一的日记中,萨娜突如其来地写道:她已经孤身一人从纽黑文(Newhaven)起航,前往福斯河上游数英里以外的斯特灵了；可她的日记中完全没有什么预兆，表明她打算坐船去旅行。她从斯特灵开始徒步行走，两天之后就走到了特罗萨克斯山区的卡特琳湖；司各特于 1810 年创作了《湖上夫人》(*The Lady of the Lake*)一诗，让此湖变得声名远扬。卡特琳湖坐落在本莱迪(Ben Ledi)与本洛蒙德(Ben Lomond)两座大山之下的一个盆地里，其独特的环境深深地吸引了这位孤独的行者；她雇了一名船夫，带她沿着此湖"与众不同的美丽曲流"前行。绕着此湖蜿蜒曲折的湖岸游玩了一番之后，她下了船，开始徒步朝着卡特琳湖与洛蒙德湖之间的隘口而去；她将从那里南下，前往位于洛蒙德湖西岸卢斯(Luss)的过夜住宿之地。然而，当时两湖之间的那个地区还很偏僻，很少有人往来，天气也越来越糟，所以她发现自己陷入了一定程度的危险当中。在当天即 1822 年 5 月 16 日星期四的日记里，她曾写道，"穿过"卡特琳湖另一侧的荒野上"最沉闷、最湿软和人迹罕至的那个地方"时，"一场暴风雨即将来临，根本没有躲雨的地方，攀爬这道上坡路令人燥热难当，再加上害怕在这样一个偏僻的地方迷路，几乎让我坚持不下去了"。当时，萨娜可能没有带地图或者指南针；可她写道，尽管如此，

> 我尽可能地根据湖的方向往前行走，最后重新走上了一条小路，令我大感高兴；可此时的路崎岖多石，非常难走，位于一片开阔而无趣的荒野上，那里到处都是沼泽，直到到了因弗斯内德要塞(Inversnaid Garrison)，[……我沿路来到了]洛蒙德湖畔的渡口，而越过渡口之后，我在湖岸上的漫步就极其令人愉快了。

原本有可能是一场致命灾难的这次行走，最终却变成了一次让萨

娜兴奋不已、令人愉快的冒险之旅。她在日记里高兴地写道,"晚上10点左右"抵达卢斯之后,她"对这次行走以及这一天当中看到了极其多样且异乎寻常的美景感到欣喜"。

一到卢斯,萨娜便再次走上了格拉斯哥与特罗萨克斯之间游客常走的那条路线。然而,许多游客都不太可能经历过她的身体在这段旅程余下来的日子里所承受的那种艰辛,也不太可能像她一样心甘情愿地接受甚或憧憬着去经历那些艰辛。穿过本洛蒙德山一侧沼泽之后的第二天早上,萨娜就徒步前往 15 英里以外的登巴顿(Dumbarton)了。在登巴顿驶往格拉斯哥的船上,萨娜曾如此诉说:"此时感冒严重,头疼欲裂,我几乎无法呼吸,也无法抬头,四肢疼痛难当,尤其是右膝,因为我在因弗斯内德渡口下船的时候扭伤了右膝。"[1]然而,这一点既没有妨碍她第二天去探索登巴顿,也没有阻碍她第三天徒步行走 17 英里,从拉纳克(Lanark)走到了西科尔德(West Calder)。

在拉纳克,萨娜欣赏了克莱德瀑布的壮美;它由一系列小瀑布组成,从多萝西·华兹华斯到约翰·康斯特布尔(John Constable)之类的游客,都曾前去寻觅。萨娜还对罗伯特·欧文斯(Robert Owens)的"新拉纳克"(New Lanark)产生了好奇心,它是建在克莱德河两岸的一个模范定居点;定居点的所有者富有创新精神,在那里为手下工人的福利计划进行实验。萨娜从克莱德河上那座崖壁陡峭的峡谷出发,开始了她这一天极其艰辛的行走:

> 作别这些美景之后,我经历了最凄凉、最绝望的一次行走,简直令人难以想象。离开拉纳克不久,我就走进了一座开阔阴郁的沼地荒原;这座沼原宽达 17 英里,一路上烈日炎炎,没有一棵树,

没有一个阴凉的地方。我有好几次因为无法继续下去而坐在地上，但每次都不敢休息太久，因为我已全身酸痛，休息之后几乎无法再走了。[2]

　　她的处境的脆弱性，在这里表现得很明显，就像她对自己在卡特琳湖畔迷了路的描述一样；孤身行走的萨娜更加容易遭遇危险，因为既没有人向她施以援手，而她若是回不来，似乎也不会有人警觉。但是，这篇日记中流露出来的焦虑感，并非源自人们通常归咎于女性行走的一些原因，比如遭到性骚扰或者受到袭击，而是源自任何一位孤身行者都很熟悉的一些危险：无论男女、无论是当时还是如今，都有可能遭遇这些危险。没有证据表明萨娜当时清楚她的行走可能将自己置于一种异常脆弱的处境，或者有可能让她看上去与众不同。相反，她显然敏锐地认识到了完成这样一种惩罚性行走的种种生理现实与不可避免的情况。虽说她的经历并不令人觉得愉快——她描述说，那天晚上自己"又热又累，疲惫不堪"，双脚"肿胀疼痛得厉害，上床后过了好几个小时才睡着"——但她是主动选择去受这些苦，而不是被动地任由苦难降临到她的身上。[3]通过徒步行走，萨娜不但能够自由地选择去感受什么，还能自由选择在哪里和如何去感受。

　　徒步行走的难度对萨娜来说很重要。游历福斯与克莱德两座河谷的旅程结束后，她用一张极其简洁的图表对行走的距离进行了总结[4]：

每天行走的英里数

星期一，5 月 13 日——4

星期二，14 日　　——20

星期三，15 日　　——32

星期四,16 日	——27
星期五,17 日	——21
星期六,18 日	——21
星期日,19 日	——28
星期一,20 日	——17
	170

其中包括了 20 日上午她从西科尔德走到爱丁堡的那 17 英里,这是她因为脚疼和脚肿而无法入睡的第二天就开始的一段行走。她指出,"我是带着疼痛,艰难地完成了这次远足",但这次行走的意义要用距离来衡量:是她在荒凉而崎岖难行的地方走过的距离;是因为她想去行走、因为她的身体能够行走而走过的距离。[5]对于萨娜来说,徒步行走中的艰辛既具有宣泄情绪和振奋精神的作用,同时也赋予她力量:大多数情况下,她都能够一直掌控自己承受的痛苦程度,以及何时该去缓解痛苦;这一点与离婚诉讼给她带来的无尽悲伤形成了鲜明的对比。

突然之间,她就回到爱丁堡去处理事情了。没过几天,法律诉讼造成的混乱便让她的高兴与幸福感消失殆尽,而萨娜的身体也迅速而痛苦地做出了反应。"今天神经十分紧张,身体也很不舒服。"兴高采烈地回来之后仅过了 4 天,她就如此写道。[6]因此一个星期之后,也就是 1822 年 5 月 31 日,她便决定开始第二次徒步游历;这一决定对她的身心必定是一种极大的宽慰。这一次,她打算在苏格兰高地上继续向东探索,并且动身后要跨过福斯河,而不是沿着此河前往珀斯(Perth)。接下来,她将从珀斯走到登凯尔德(Dunkeld),再到克里夫,最后去斯特灵。

萨娜的第二次旅行，一开始就不太顺利：她上错了船，结果到了法伊夫（Fife）的本泰兰（Burntisland）——位于福斯河对岸通往爱丁堡的那条路上，而不是乘船绕过法伊夫沿岸，然后溯泰河（Tay）而上，一路前往珀斯。从本泰兰前往珀斯时，她没有乘坐马车，而是选择步行，并且毫不在乎这趟旅程对她的体力要求既高又难以预料：

> 我从布兰提斯兰（Brantisland）走到了金罗斯（Kinross），距离为 14 英里；这条路很不错，有些地方绿树成荫，其他一些路段则光秃无趣。继续往前走，我看到了利文湖，以及曾经囚禁过玛丽女王（Queen Mary）的那座城堡；一连好几英里，都有利文湖的风光相随。过了丹姆黑德（Dam Head）的关卡之后，路就变得异常多石和崎岖起伏，约有 4 英里长，之后又变得非常平坦，两侧绿树成荫，直到艾恩（Ayrne）的布里格（Brig）这座美丽的村庄，其距金罗斯有 12 英里；在这里，我发现了一家非常舒适的小旅馆，里面的人都彬彬有礼、乐于助人。[7]

"艾恩的布里格"或称"布里哲夫恩"（Bridge of Earn），它是一座小镇，位于珀斯以南约 5 英里，而距本泰兰则有 26 英里——这就是萨娜在一天当中徒步行走的距离。行走期间的艰辛完全被她那句轻描淡写的"继续往前走"一笔带过了——她对这段徒步行走的描述，让读者在每 1 英里都只看到了一个词，再加上一个"运气"而已——然后，萨娜连同读者，便再次启程，一路前往珀斯。

第二天所写的日记也证明了她那种不管情况如何都要行走的决

心。在这篇日记中,她描述了自己从珀斯往北而行、到达小镇登凯尔德的那段旅程;萨娜指出,这段路程"据称只有 15.5 英里,但我认为它不少于 20 英格兰英里"。[8]可她丝毫没有计较,说"不幸的是,我在一块松动的石头上扭伤了脚踝,走路的时候又疼又费劲";她似乎很可能是带着这种扭伤走完了那 15 苏格兰英里路程中的一大部分。[9]她在爱丁堡所写的日记中,记载了自己的身体在法律事务造成的情绪压力之下迅速出现问题的情况;与之形成鲜明对比的是,这一次萨娜的身体却因体力上的辛劳而恢复了活力:让她再次轻松前行所需的不过是晚上睡个好觉、用上一点儿优质的苏格兰威士忌罢了——她是用威士忌"揉擦脚踝与膝盖……效果颇佳"。[10]唉,尽管这种做法如今不是治疗与行走有关疾病的推荐疗法,但萨娜实事求是的办法还是强化了她的日记中始终存在的那种轻描淡写的坚定感。假如她的日记是写给公众看的,那么,人们有可能免不了会怀疑她的描述纯属装腔作势;可这种事情在她的日记里可谓比比皆是,而她也极少对它们进行美化,因此我愿意相信,她确实如此勇敢:行走的时候,她能够让身体服从自己的意志。

　　从珀斯到登凯尔德的路上,萨娜越过了"高地边界断层"(Highland Boundary Fault);这是一种地质断层结构,标志着苏格兰低地与高地之间的过渡。这条断层横贯全国,从阿蓝岛(Isle of Arran)延伸到格拉斯哥西南部,再沿东北方向斜切至阿伯丁(Aberdeen)附近的斯通黑文(Stonehaven)。从珀斯往北,地形则从阿尔蒙谷(Almond valley)那种松软的低地,以及连绵起伏、绿意盎然的丘陵与土地肥沃的平原,变成了较为崎岖、陡峭的高地;就算是以徒步行走的速度来看,萨娜也觉得这种变化十分突兀。在一处台地顶上,绵延的低地在她身后展开,她朝着山下的泰河河谷而去,那里到处都是嶙峋的悬崖峭壁与树木丛生的岬角。脚下的岩石从"中央地带"(Central Belt)的沉积岩变成了高地上的火成变质岩,这一点十分明显;而对萨娜来说,这不止标志着风景出现了变化,遇到的人也出现了变化。她记载了自己在当天的行走中接触到的高地人情况,那种邂逅也受到了她是一个无人陪伴的女性这一身份的影响。当天,她走了25英里,从克里夫前往斯特灵,途中她与当地人进行了一次令人难忘的交谈。"天气曾(真)热,"其中一人说。"哦,确实很热,"斯托达特·哈兹里特心情愉快地回答道。

> 请问,您今天走了多远呢? 我从克里夫走过来的,等等,等等。哦,是啊! 那您一定很累了。您要区(去)那(哪)里呢? 去斯特灵。啊,那可愿(远)了:晚上您绝对到不了那里。哦,没事儿,我很能走路。3个星期前,我就走了170英里。上弟(帝)跑(保)佑! 您不是克里夫人吧?[11]

这一时期克里夫的女性平时在徒步行走方面究竟有过哪些了不起的壮举,如今还是一个谜,可听到这种明显属于有意恭维的话,萨娜当然觉得高兴。

　　偶尔,萨娜这个在苏格兰高地上独自行走的女性也会引起人们的注意,只不过那种注意往往是出于友善和热心——她写道,她能够在"普遍彬彬有礼和乐于助人"的人当中"走遍全国而不会受到骚扰或者冒犯"。[12]独自漫步之时,她既体验到了最大的快乐,而她的行走也最有意义。花了一天的时间探索了登凯尔德周围相当广阔的一片区域之后,她便往西行走,沿着布兰河(River Braan,她写成了"Brann")朝上游而去,然后越过了布兰谷(Glen Braan)与阿尔蒙谷(Glen Almond)之间那个荒凉偏僻的山隘。萨娜一个人独处群山深处,发现自己面对着一个"极其可怕、阴郁沉闷的高地",那里"比我遇到的任何地方都更加符合我以前对高地的印象,像一个由海拔极高、光秃而荒凉的山丘组成的无尽迷宫"。[13]她对那些"阴郁沉闷"和"可怕"之地的"荒凉"景象的描述,很符合当时人们的"壮美"观念;正因为如此,她的描述既不一定令人觉得惊讶,也不一定显得非常新颖。让萨娜的记述变得与众不同的,是风景和她穿越风景的方式之间那种关系的重要意义。离开阿尔蒙河朝厄恩河(River Earn)而去之后,

> 我还要接连不断地攀登其他山;这是一条走起来极其费劲的路,若不是在路上找到了山泉,我早就又累又热、筋疲力尽了;在山泉边,我躺下来休息了一会儿,洗了把脸,喝了点水解渴。一开始我还有点儿笨手笨脚,但很快便熟练起来,痛饮了一番,精神大振,不由得感激起上帝,因为是上帝让嶙峋的岩石之间有了山泉。与任何经书或者教堂相比,这些行走始终都让我变得虔敬、更加幸福,也更加真切地感受到了造物主的仁慈与关爱。造物主的关爱与仁慈,似乎在万物之中体现了出来。在这里,一切都似乎并不矛盾。[14]

虽然她再次写到了自己的身体极其不适,但在这篇日记中,她遭受的苦难得到了升华,变成了一种具有深刻的个人意义,甚至是宗教意义的体验。这些与传统的宗教磨砺考验相似的做法,或许并非巧合——正是攀越一座又一座山隘的艰辛,最终让萨娜与她的"造物主"

之间有了某种形式的交流。重要的是,她还通过身体与本能领悟了神性——正是漫步这种行为本身,正是日复一日、一英里又一英里的步行,才让萨娜变得"更加虔敬、更加幸福"。实际上,行走在这里变成了造物自身所用的手段——行走让萨娜变得"更加虔敬",但她并非被迫如此,而是在被塑造、被形成和被创造的意义上变得"更加虔敬"了。她并不是觉得自己更加虔诚,而是因为她以行者的身份存在于世间而确实更加虔诚了:对萨娜·斯托达特·哈兹里特来说,徒步行走对她体会自我与理解她在世间的位置至关重要。

她在第二次游历中所走的距离,与第一次一样令人印象深刻:

第一天,28 英里——5 月 31 日——星期五

第二天,25 英里——6 月 1 日——星期六

第三天,15 英里——6 月 2 日——星期日

第四天,21 英里——6 月 3 日——星期一

第五天,23 英里——6 月 4 日——星期二

即 5 天之内总计行走了 112 英里。[15]

日记中还记载了她对这次徒步远足的生理与情绪反应。从斯特灵返回爱丁堡后,萨娜曾称她"丝毫不觉得疲惫或者脚疼,而是对这场远足十分满意";在这段旅程中,她"走遍了全国,并未受到骚扰或者冒犯"。[16]

对萨娜·斯托达特·哈兹里特来说,行走构成了一种健全感、圆满感——以及在世间的归属感的基础。在其日记中,萨娜展示了行走如何让她深刻地感受到自己与上帝、与风景、与尘世及更广阔的天地万物之间紧密相连;徒步行走还促使她与途中邂逅的人,尤其是女性

进行真正意义上的交流。对她来说,行走也是一种充满着一系列知识意义、情感意义和创造性意义的行为。从某些方面来看,这也是一种反抗行为——反抗凄凉离婚强加于她的种种束缚,反抗强迫她来到那里的丈夫,反抗她被迫违心行事的无力感。不过,行走也关乎她的自信与自我认知:不管是在路上疲惫地行走了一天却无床可睡,还是无东西可吃,没有哪一种境遇是再往前行走一点儿解决不了的。

　　1822年6月5日返回爱丁堡之后,萨娜·斯托达特·哈兹里特就没有再去徒步行走了;但在该市逗留期间余下的大部分日子里,她却继续享受着城市漫步的乐趣。一个月之后,离婚官司结束了,但正式的裁决直到8月2日才公布。这桩难过的事情一结束,萨娜就准备回伦敦去了。"现在,我是斯托达特小姐了,"她在最后一篇日记里如此写道,"而我并没有觉得高兴……在我自己看来,我的处境与长期以来的处境几乎没什么两样。"[17]面对一种不确定和不可知的未来,她就像站在卡特琳湖与洛蒙湖之间那个危险隘口的时候一样勇敢。萨娜·斯托达特·哈兹里特很可能由于行走过日记里所载的"数百英里"而"磨坏了所有的鞋子",也很可能是被迫同意离婚导致这位独自行走的女性比以前所有旅程中都更加脆弱了,可她既没有耗尽身体的忍耐能力,也没有耗尽其思想在行走过程中汲取力量的能力。

　　徒步行走的时候,我会经常想到萨娜。我漫步于爱丁堡老城区(Old Town)一条条蜿蜒曲折的街巷之中的时候,我会想到萨娜的双脚是否也曾经过这里。我曾站在登凯尔德的高处,站在郁郁葱葱的泰河河谷与人迹稀少得多的荒原相接的地方,想象着她迈步前行、孤身进入群山之间的情景。然而,我发现自己离她和她为行走赋予的那种精神最近的地方,或许是在本洛蒙德山上。站在本洛蒙德山山顶,可以俯瞰卡特琳湖的壮丽景色,但其中最显著的还是下方错综复杂的荒原;此山似乎从荒原上突兀耸起,四周都为荒原环绕。那个地方的水和土似乎一样多。我站在山顶的堆石界标旁凝视着下方,想象着萨娜有可能在 1822 年那一天经过的地方。我是沿着一条已经被行者踩得极其宽阔的小路登上本洛蒙德山的,除非是在伸手不见五指的黑夜,否则我们就不可能看不到那条路;可萨娜却是在无人相助的情况下,凭借超常的力量与勇气,穿越了下方那片人迹罕至的土地。下山的时候,我没有走那条"观光"路线,而是选择了松鸡岭(Ptarmigan Ridge)——这条路更崎岖、更荒凉、更具挑战性,也稍微超过了我这个孤身行走的女性觉得舒适的程度。相比于萨娜·斯托达特·哈兹里特在苏格兰行走时表现出来的勇敢,这样做虽说不值一提,却很有意义。

注释:

1. 萨娜·斯托达特·哈兹里特,1822 年 5 月 17 日星期五的日记,见于《萨娜与威廉·哈兹里特夫妇的日记,1822—1831》,由威廉·哈勒姆·邦纳编纂,见于《布法罗大学论文集》,ⅩⅩⅣ/3(1959),第 208 页。

2. 斯托达特·哈兹里特,1822 年 5 月 19 日星期日的日记,见于《萨娜与威廉·哈兹里特夫妇的日记,1822—1831》,第 208 页。

3. 同上。

4. 斯托达特·哈兹里特,1822 年 5 月 20 日星期一的日记,见于《萨娜与威廉·哈兹里特夫妇的日记,1822—1831》,第 208 页。

5. 同上。

6. 斯托达特·哈兹里特,1822 年 5 月 24 日星期四的日记,见于《萨娜与威廉·哈兹里特夫妇的日记,1822—1831》,第 210 页。

7. 斯托达特·哈兹里特,1822 年 5 月 31 日星期五的日记,见于《萨娜与威廉·哈兹里特夫妇的日记,1822—1831》,第 213—214 页。

8. 斯托达特·哈兹里特,1822 年 6 月 1 日星期六的日记,见于《萨娜与威廉·哈兹里特夫妇的日记,1822—1831》,第 214 页。

9. 同上。

10. 斯托达特·哈兹里特,1822 年 6 月 2 日星期日的日记,见于《萨娜与威廉·哈兹里特夫妇的日记,1822—1831》,第 216 页。

11. 斯托达特·哈兹里特,1822 年 6 月 1 日星期六的日记,见于《萨娜与威廉·哈兹里特夫妇的日记,1822—1831》,第 215 页。

12. 同上,第 216 页。

13. 斯托达特·哈兹里特,1822 年 6 月 3 日星期一的日记,见于《萨娜与威廉·哈兹里特夫妇的日记,1822—1831》,第 219 页。

14. 同上,第 220 页。

15. 斯托达特·哈兹里特,1822 年 6 月 4 日星期二的日记,见于《萨娜与威廉·哈兹里特夫妇的日记,1822—1831》,第 221 页。

16. 斯托达特·哈兹里特,1822 年 6 月 6 日星期四的日记,见于《萨娜与威廉·哈兹里特夫妇的日记,1822—1831》,第 221 页。

17. 斯托达特·哈兹里特,1822 年 7 月 18 日星期四的日记,见于《萨娜与威廉·哈兹里特夫妇的日记,1822—1831》,第 251 页。

第五章
哈丽雅特·马蒂诺

有生以来第一次,我可以随心所欲地生活了;而且,我也喜欢住在这里。多年病痛缠身而无可奈何之后,我的生活如今(在这个季节)变成了一种热衷于漫游的生活。我像边民(Borderer)一样骑马,——像小贩一样行走,——像山地人一样攀爬,——有时会与善良、快乐的邻居一起远足,——有时又独自一人,整天待在山上。

哈丽雅特·马蒂诺写给拉尔夫·沃尔多·爱默生
(Ralph Waldo Emerson)的信,1845 年 7 月 2 日

哈丽雅特·马蒂诺出生于诺福克郡(Norfolk),是一位上帝一位论派(Unitarian)牧师和妻子所生的 8 个孩子中的老六;上帝一位论派教徒都是法国胡格诺派(Huguenot)难民的后裔。在长达 50 年的文学与学术生涯中,马蒂诺享誉国际,成了一位著名的社会学家、废奴主义者、小说家,以及为妇女和穷人争取权利的活动家。她还是一名职业记者和旅行作家,她记述自己游历美国、埃及和中东地区的作品曾经广受欢迎,并且担任过英国法律改革与社会政策方面的政府顾问。她的学术兴趣范围极其广泛,而她投入到这些兴趣的精力也极其充沛;辞世之前,她出版了35部作品,它们的主题包罗万象,从政治经济学到社会学方法论,再到"湖区"漫步指南,不一而足。在1845年夏季给她的密友即美国散文家拉尔夫·沃尔多·爱默生写上面这封信的时候,哈丽雅特·马蒂诺已有40岁出头,但从某种程度来看,她像是才活了几个月。过去的5年里,她患上了一种危险且无药可治的慢性疾病,故一直卧病于距纽卡斯尔(Newcastle)不远的沿海村庄泰恩茅斯(Tynemouth),直到前一年秋天,她才有所好转。尽管她在足不出户的那段时间里依然笔耕不辍,尽管海边的卧室里有一副望远镜,让她与外面的世界仍有所联系,但她渴望着阳光洒满全身的感觉,渴望着再次看到生机勃勃、绿意盎然的树木:从她卧病的位置,什么也看不到。患病之初,哈丽雅特一度想听天由命、得过且过;然而,可能是想要安慰那些心烦意乱的友人(她有许多朋友),她在这一时期也写过一些出人意料得愉快活泼的书信。她曾写信给导师威廉·约翰逊·福克斯(William Johnson Fox)说:

> 我的病属于内疾,且由来已久,但直到去年夏季我在威尼斯时才充分意识到。此病有可能久拖不愈,——一两年亦未可知,——且后果会很严重。我似乎也大有可能康复如初;并且一旦康复,就是彻底的康复:不过,此病实在太过凶险,让我没有什么信心去指望未来。与此同时,我在姐姐家过着一种十分宁静的居家生活,——看了很多书,工作与交谈也不少,且在做得到的时候写了点儿东西。[1]

虽然医生们对这种"内疾"提出了各种各样的诊断意见,但在 150 多年之前,世人还不可能弄清此病的确切性质;正是这种疾病导致她在文学声誉和权威都如日中天之时变得如此消沉。对病情迷惑不解的医生束手无策,只能用大量的鸦片来治疗哈丽雅特身体的疼痛,这导致她对鸦片的依赖性越来越大。最终,他们放弃了寻找疗法的所有希望,而哈丽雅特的生活也成了在一个房间里的床和沙发之间打转,并且一过就是数年。

1844 年 6 月 22 日,哈丽雅特开始尝试一种新的方法,即催眠术。这种疗法是用磁铁、挥舞的手势以及大量的表演技巧让患者进入一种"恍惚"状态,19 世纪 30 年代已在英国流行起来。尽管催眠术在医学界和科学界的名声往往不佳,但这种疗法曾在 19 世纪 40 年代不断地卷土重来,并且最终在接下来的数十年里受到了各个社会阶层的欢迎。随着医学继续发展,一系列方法与技术都被世人当成了可以接受的治疗方法,其中就包括催眠术。[2] 无论这种疗法在科学上的地位如何,哈丽雅特都体验到了立竿见影的效果;由于在一个只有几平方英尺的世界里禁锢了差不多 5 年,故在第一次"恍惚"后还不到 3 个月,哈丽雅特就称自己"如今只是身体虚弱——全然无病了——我不再服药,疼痛全无——天气晴好之时,每日行走 1 英里,并且会像最年轻、最强壮的人一样到岬角上去晒日光浴——病情是否会最终治愈,时间定会给出证明。"[3]

虽然我们有理由相信哈丽雅特的身体本就能够康复(在患病之初,她自己就是这样认为的),或者认为她是得益于一种强大的安慰剂效应,但在哈丽雅特本人看来,这种显然十分神奇的康复却完全应当归功于催眠术的力量。由于对催眠术的功效深信不疑,故她在余生里变成了一名催眠师和催眠术的倡导者,还破坏了不止一个家庭的关系。不管原因是什么,这种迅速康复最终都"改变了她的人生",标志着她的生活从卧床不起、体弱多病彻底转变,进入了一个长达 10 年、以"身体充满活力与精神健康"为特征的时期。[4]在最初的兴奋之中,哈丽雅特还决定彻底改变自己的环境:她从纽卡斯尔永久性地搬到了"湖区",在山冈之中建了一个属于自己的家;在那里,她将更能随心所欲地到自己想去的地方漫步了。

随着身体日益好转,徒步行走不但成了马蒂诺用于判断自己元气恢复状况的办法,也成了她庆祝一切都随着她的身体恢复强壮而复归如初的一种手段:对哈丽雅特来说,行走是一件非常奇妙的事情。10年之后,在其《自传》(*Autobiography*)一作中描述来到"湖区"之后的头几个星期里去一位友人家里做客的情形时,她曾回忆道:

> 一个寒冷的早晨,我与主人一起漫步前往沃特黑德(Waterhead)之时,我们都感叹说:"发生了多少奇妙的事情啊!"我们回想起了12 个月前的那一天;正如大家所想,当时我正卧床不起,在泰恩茅斯的病榻之上受尽了生命之苦;我们都想知道,假如当时有某位先知告诉我,说 12 个月后的那一天,我会跟一位素未谋面的主人一起漫步于暴风雪中,寻找住处,准备开始变成一个"湖区人",我又会说些什么呢![5]

通过行走,哈丽雅特完成了从病人到户外女性的蜕变;蜕变后的她,迈着"坚定和差不多有如男子一般的步伐",这与以前她在卧室里走动时那种病恹恹的步伐形成了鲜明的对比。因为此时经常晒太阳而变成了古铜色的身体,以及有着"健康的棕色"的脸庞,成了她的行走疗法效果显著的明证。[6]

自十几岁起,徒步行走就是哈丽雅特生活中不可或缺的一部分。她最早的一些书信表明,长期以来,行走既是她的一种习惯,也是她与兄弟姐妹们相处时一种非常重要的方式。哈丽雅特的学术成就也是在行走之中获得的,至少部分如此。在写给弟媳海伦(Helen)的信中,哈丽雅特说她非常喜欢与弟弟及弟弟的朋友们一起漫步。"你根本想象不到,"她如此写道,"我有多么喜欢姐弟一起进行的长途漫步;我想,假如听到我们之间偶尔出现的那种长久而深入的争论,你会觉得很有趣。"[7]1824 年,这对姐弟曾经徒步游历苏格兰,在 1 个月的时间里走了 500 英里,其间两人获得了充足的辩论机会。哈丽雅特写给海伦的信中,反映了他们这次旅行的目标与规模,但并未反映出全部情况:

> 见面之时,我们会谈一谈这些事情,但写信与交谈不同,所以在我们见面之前,我不会详述这趟美好之旅的所有细节。很少有人像我们这样饱览过苏格兰的精粹,因为很少有人像我们这样徒步穿越过那里最美丽的一些地区。我们可以随时停下脚步,尽情欣赏,想看多久就看多久;除了自己和彼此的快乐,我们无需顾及其他;的确,我们尽情享受了。说真的,海伦,我从来就没有想过,自己还有这样 1 个月的快乐时光;我若说这个月形成的记忆永远不会变得乏味,永远不会逊色于此时,也不算离谱。我最喜欢的是卡特琳湖,但无论是在这里还是在其他地方,我都不会试着去描述它给我的那种难以形容与难以想象之美的感受……除此以外,

我特别喜欢基利克兰基（Killiecrankie）、舍恩莫尔（Shenmore）、奥尔格谷（Glen Ogle）、特里瓦尔迪（Trivardy）、格伦凯珀尔（Glen Capel）、敬畏湖（Loch Awe）畔的群山、洛赫隆湖（Loch Long）、沿着洛蒙德湖西岸一路下行的步道，哦，还有从格拉斯哥前往因弗拉里，经过阿蓝岛与比特岛（Bute），沿着法恩特威代尔湖（Loch Fine Tweeddale）往北的那段美妙航程；法恩特威代尔湖像克莱德河上那些壮观的瀑布、玲珑剔透的瑞基斯（Reekies）、梅尔罗斯（Melrose）及科尔洛什（Kerloch）一样美丽。这是多么美妙的一次游历啊。前往罗斯林和霍桑登（Hawthorneden）那次令人愉快的远足，我们永远都不会忘记。[8]

在徒步游历期间，姐弟俩走遍了高地上面积广袤的珀斯郡与斯特灵郡，以及低地上的许多地方；但记录他们究竟走了多远的却是弟弟詹姆斯（James）。他曾在一个笔记本上写道，姐弟俩游历的范围：

北至布鲁尔（Bruar）瀑布，西至敬畏湖。我们乘坐汽轮，从伦敦前往爱丁堡，坐马车前往珀斯，再在那里背起背包，拿起提篮；此后，我们便以平均每天 15.25 英里的速度前行，直到行走了 530 英里才停下脚步。[9]

大多数前往苏格兰高地的游客，都在旅途当中的某个时候乘坐过马车，连威廉·华兹华斯与多萝西·华兹华斯兄妹也不例外；唯有马蒂诺姐弟是全程徒步，只在旅程刚开始和结束的时候坐过船。这是一种非凡的壮举，而哈丽雅特写给弟媳的书信则表明，此次经历给这位年轻的作家留下了永不磨灭和令其欣喜的印象;那 1 个月是极其"快乐的 1 个月",极其不同寻常,以至于时年 22 岁的哈丽雅特一度以为,她的一生当中再也不会有比当时更加快乐的时光了。

　　然而,即便是在徒步游历苏格兰那奇妙的 1 个月里,他们也曾担忧,徒步行走在某种程度上其实非常危险。两个月之前,就在哈丽雅特和弟弟抵达苏格兰之后不久,她曾写信给海伦,描述了他们在爱丁堡南部"快乐远足"一天的情况:

　　　　我们已经走遍了附近的很多地区,昨天詹姆斯和我就在罗斯林和霍桑登度过了愉快的一天。我们很早就吃过早餐,步行前往罗斯林,在无疑属于我见过的最美风景中信步闲逛了好几个小时,欣赏了那座精致的小教堂,回家的路上又相谈甚欢;到家时已是 8 点,但在步行了 17 英里之后,我们却一点儿也不累……明天我们要去金罗斯,看看利文湖,后天接着步行前往珀斯,大后天去敦提(Dundee),并从那里前往泰茅斯(Taymouth)、肯莫尔(Kenmore)、斯基林[Skillin,即基林(Killin)]等地,再去西部高地(Western Highlands)……我不知道一路上会发生什么,但若是每天都像昨天一样,就很难说我们会有些什么样的遭遇了。凯瑟琳转告过你关于行走时要小心的提醒,我们会牢记于心的。[10]

　　海伦的"提醒"涉及的是哈丽雅特的健康,而她也将把自己身体变差的原因归咎于这次游历。后来,哈丽雅特将她的苏格兰之旅说成是父亲对她和弟弟的一次"纵容",并且说她"如今十分肯定地认为,那次旅行加重了胃病"。她唯一感到奇怪的是,"情况竟然没有变得更糟"。[11] 即便是在那个时候，在写给弟媳的信中，她似乎也对长途跋涉的后果有所疑虑，因为哈丽雅特写道，她不太确定过后"我们会有些什么样的遭遇"。

长途行走有可能对女性的身体产生不利影响这一点，属于哈丽雅特所独有的一种担忧，而不是当时人们普遍持有的一种观点。然而，待到20年过去，她的身体完全康复之后，哈丽雅特却会听到别人用这些看法来跟她针锋相对。具有讽刺意味并且可悲的是，被视为不幸典型的人就是多萝西·华兹华斯，其家人希望她为自己的健康急剧恶化负上某种责任。在其《自传》中，哈丽雅特记载了她与威廉·华兹华斯之间的一次交谈，说威廉

> 非常善良，担心我会过度行走。他和华兹华斯夫人都一再对我说，要以他的妹妹为戒，说极端轻率地行走及由此带来的后果让他的妹妹先是体力渐衰，接着又变得神志不清了。华兹华斯夫人告诉我，华兹华斯小姐曾在一天之内走了40英里，并且不止一次，而是经常如此；若不是她的话很有权威性和值得信赖，我是不会相信的。我徒劳地向他们保证说，我既没有想过，也没有实施过这样的莽撞之举，说我极其珍惜自己康复的身体，不会因为任何一种自我放纵之举而去危及健康。他们固执地以为我一整天都在行走。有天下午，阿特金森先生(Mr. Atkinson)和我在莱德尔(Rydal)的路上遇到了他们夫妇。他们问我们去了哪里，我们则如实进行了回答。我记得，当时我们应该是越过拉夫里格台地走到了格拉斯哥，那可不是一段距离过远的漫步。"瞧瞧，瞧瞧！"华兹华斯一边说，一边把手搭到我的同伴的胳膊上。"小心哪！

小心哪！别让**她**带着您到处走。她会把全郡的半数绅士都害死的！"可无论是当时还是现在我都不记得，除了我在温德米尔(Windermere)寄宿的那家房东，威斯特摩兰郡还有哪位绅士陪我一起徒步行走过。[12]

这则轶事似乎代表了威廉·华兹华斯对坚强的女性行者所持的态度：他既会担心地提醒，又会公开表示钦佩，两种心态矛盾地交织在一起。多萝西·华兹华斯曾经是一个与威廉不相上下的行者，但此时已经无法出门；而多萝西原先的毅力也被家人视作导致她如今体弱多病的罪魁祸首了。威廉似乎很担心同样的命运会降临到哈丽雅特·马蒂诺的身上。

然而，哈丽雅特就是一种活生生的证据，证明这种没有根据的想法是错误的，因为行走给这位女性的身体带来了活力和力量。体会到了最初的康复迹象之后还不到 1 年，哈丽雅特便从"湖区"向许多男性写了大量的书信；在信中，她洋洋得意地夸耀自己的体质，说她让两位运气不好、一直陪她行走的绅士大吃苦头，而随着这些信件往来，那两位男士的表现也越来越糟糕了。比如说，在 1845 年 6 月 18 日写给理查·蒙克顿·米尔尼斯(Richard Monckton Milnes)的信中，哈丽雅特曾写道，"徒步行走于山路之上，格雷格先生(Mr Greg)与哈里·罗米利先生(Mr Harry Romilly)竟然跟不上我。他们的疲劳极限，我无法确定"（想必，只有**哈丽雅特**的"疲劳极限"才是一个谜团）；而在同一天写给威廉·约翰斯顿·福克斯(William Johnston Fox)的一封信里，她又写道："那两位先生恳求于我，不要让他们彻底累坏了。[13]在山路上，我把他们甩下了一大截。"[14]6 天之后，哈丽雅特又写信给亨利·克拉布·罗宾逊（Henry Crabb Robinson），部分目的就在于告诉他，"在山路上，格雷格先生与哈里·罗米利先生不得不求我脚下留情，因为他们完全跟不上我。"[15]格雷格先生与罗米利先生真是可怜啊。不过，就算马蒂诺让人脑海中浮现出两位男士在她的体力面前颓丧不已的有趣画面，这里也存在一种显著的性别逆转——这个女人，拥有了权力与控制权。两位男士"求"她"脚下留情"，她的体魄则让她能够随心所欲地对待他们——要么屈尊与他们同行，要么把他们甩在身后。哈丽雅特不但走得比这些男士快，而且她似乎已经让自己那变得非同寻常的身体产生了种种超乎常人之力的体能。

哈丽雅特对行走以及行走在保持或者损害其健康两个方面所起作用的态度经常反复，有时还会体现在同一篇文章中。尽管她的《自传》中经常声称行走是她出现健康问题的一个原因，但这部作品也记录了1845年哈丽雅特通过行走重回现实世界的情况。例如，对于1833年健康状况的一次恶化，她曾声称自己"确信这场重病始于两年之前的劳累与焦虑，以及在大雾和泥泞中的长时间行走"，可在记述1845年摆脱疾病困扰之后的那段时间时，她对自己能够再度行走的惊叹与兴奋之情，却又无法用言语来形容了。[16]1845年春季，就在身体开始康复的几个月之后，她曾前往诺丁汉（Nottingham）附近的伦顿（Lenton）度假；其间，哈丽雅特考察了特伦特河（Trent）畔的草地，那里"一年中有数个星期都是满地番红花，几乎把小草全都遮住了"[17]。在这个迷人的地方，她发现"自由漫步于鲜花盛开的花园中……是一种无以言表的快乐"，却又觉得"漫步数英里，到克里夫顿（Clifton）的森林或者到沃拉顿（Wollaton）去，在阳光明媚的田野里、凉爽的绿荫之下畅饮的滋味，除了康复的病人谁也想象不出"。[18]哈丽雅特把这种对自然景色的向往之情称为一种只有在这样的地方漫步才能止住的"饥渴";它太过强烈,以至于普通的健康之人无法理解。[19]在这部作品和其他作品中她还写道,疾病似乎已经让她对徒步行走带来的情感、生理和心智等力量都不可思议地敏感起来了。

更加让人困惑的是,哈丽雅特早期的作品还将行走、智力活动与身心健康联系了起来。在写给弟媳海伦的一封信里,哈丽雅特推荐过一种严格的工作日程,要海伦"阅读一个小时;接下来的一个小时里,应当对刚刚阅读的内容进行摘要;第三个小时阅读法文,每天上午以此类推,坚持一个月"。然后,她又告诫海伦说,要"在你的花园里**使劲**干活,多徒步行走;但不要为了见到朋友而行走,因为那样很容易变成**闲逛**。应该快走数英里,直到真的累了,并且早点就寝,你就会睡得很香"。[20]哈丽雅特显然并不喜欢无所事事和闲聊,所以在这里推荐了一种严格的日程安排,对身心两个方面都提出了苛刻的要求。她自己的惯常做法可能没有这么严格,至少她在走亲访友的时候就是这样。1827 年,她与弟弟罗伯特(Robert)逗留于达德利(Dudley)的时候,她曾写信给海伦说:

> 我很高兴自己来到了这里;这里正是适合我待的地方。只要愿意,我就可以从事平时的工作,若是想谈天说地,我也可以将工作抛开……我一直都在到处徒步漫游;最近每天都走 6 至 10 英里远。我惊讶地发现,这个国家竟然如此美丽;有一次,我走出氤氲的烟雾之后,竟然不知道如何回去了。简(Jane)虽然做得很好,眼下却还不是个行走能手;所以,我会独自先走上 6 或 8 英里,然后跟她一起在城堡的庭院里到处走一走。我认为,**目前**行

> 走这么多并不是浪费时间：行走于我有益，对我的写作有帮助，
> 这才是我的首要目标。没有什么事情比写作更能让我全神贯注
> 和受益无穷，而我也喜欢写作，除了写信。[21]

在这里，行走似乎非但对她的身体毫无危害，反倒成了一种增强身心
健康的重要方法。愉快的漫步与富有成效的写作之间也有一种明显
的相关性：在其中一项上投入时间，就会在另一项上获得回报。

　　1845 年哈丽雅特身体康复之后，由于她认为行走具有种种增进
健康的特性，便据此给自己制订了一种严格的养生之道，并在逐步加
以改善的过程中，以她能够行走的距离来衡量身体的进展情况。1844
年 10 月，她写信给友人亨利·克拉布·罗宾逊说：

> 自星期四中午以来，我就未曾碰过鸦片；以前的减量与稀释
> 都还是会让最终的彻底戒绝变得**极其**令人难受。度过几个寝食
> 难安的白天与疲惫不堪的夜晚，是不可避免的事情：但我叫人把
> 鸦片藏了起来，——以便不会受到诱惑……每种身体机能都很健
> 康，如今不过是身体虚弱而已——我们都认为，体虚本身也有可
> 能逐渐消失。一天之内，我就走了 2 英里多的路，——把这种锻
> 炼的时间延长到了数个小时，偶尔还会在岩石上晒晒太阳。[22]

　　到了那个月的月底，哈丽雅特已有 3 个星期没有服用鸦片，每天
行走"3 至 5 英里而不觉疲乏"；到了次年的 1 月，她开始"爬山"；而到
了夏初，她曾匆匆给一位芬威克小姐（Miss Fenwick）留了一张便条，
说"我很忙，——就要动身与特纳夫人（Mrs Turner）去进行一次为期

3 天的徒步旅行了"[23]。最终,她形成了一种清晨散步的习惯——无论天气如何——白天则不管什么时候,只要来了朋友与访客,她就会跟他们一起行走。1847 年,她曾带着抒情之美写信给 H. G. 阿特金森(H. G. Atkinson)说:

> 我总是天还没亮就会出门;天气晴好之晨,我会登上教堂后面的山冈,——沿着柯克斯通(Kirkstone)路,——走那条路我可以到达很高的地方,半路上看得见温德米尔到莱德尔之间的一切。天色欲晓,日出在即,琥珀色的云彩之中残月如钩,晨星闪烁,高悬于万斯费尔峰(Wansfell)之上,睹来令人神怡。在确实下着雨的清晨,我会行走至皮尔特桥(Pelter Bridge),然后回来。有的时候,我会绕过山谷的南端。除了其他益处,这种清晨漫步还有助于我在心中为工作做好准备(我会在 7 点半坐下来吃早餐)。这是一件**十分严肃**的事情。[24]

自其病倒与康复之前和之后以来,哈丽雅特的工作在很多方面都曾取决于徒步行走让其"心中"做好"准备"的能力;而在整个职业生涯中,她实际上还会变成一位专业的行者。

1832 年,时年 30 岁的哈丽雅特在文学上获得了第一次巨大的成功。那一年,她开始发表《图解政治经济学》(*Illustrations of Political Economy*);此作由多个故事组成,目的是让普通读者能够理解一些杰出政治理论家与经济学家的理论,其中就包括了亚当·斯密(Adam Smith)和托马斯·马尔萨斯(Thomas Malthus)的理论。在这部作品中,哈丽雅特提出了反对奴隶制度的第一个论点:在她看来,奴隶制不但是一种道德上的罪恶,也是一种经济上的愚行;她的余生都将为反对奴隶制及其堕落行径而斗争。在 1834—1836 年的那两年里,她游历了美国各地,目睹了南部种植园里的奴隶制度,体验了前殖民地各州的生活。回到英国后,她便根据这一时期的所见所闻发表了一部作品,即《美国的社会》(*Society in America*,1837)。随着这位社会学家的声望日增,哈丽雅特随后又出版了一部论述社会学方法论的专著,即《道德与礼仪观察》(*How to Observe Morals and Manners*,1838)。正是在这部作品中,哈丽雅特提出了自己关于如何正确做人的观点,因为我们不仅是人与社会的观察者,也是自然与文化的观察者。此作的核心就是哈丽雅特的下述论点:成为一位优秀的社会学家就意味着做一位优秀的人类观察者,且只有当观察者付出时间,到他们希望看到的地方去行走,才有可能做到这一点。在哈丽雅特看来,徒步行走的社会学家"能够接触到几乎每个阶层的人,了解他们对自身事务的看法。他们的机会多得不可估量"。[25] 行走是一种实证观察的手段,是一条获取外界知识、了解他人生活状况的途径。不过,她在此书中指出,徒步行走还具有打破社会壁垒或者文化壁垒的力量:她写道,在户外行走之时,人们不会再像在户内那样受到社会等级的严格约束。她的作品表明,行走与交谈之间也有联系,而行走的社会学家比其他任何人都更有优势,能够了解人们"对其自身事务的看法"。哈丽雅特认为,徒步行走就是人类的自然家园。

　　作为社会学家的一种方法论工具时,徒步行走的部分力量就在于,行走赋予了社会学家巨大的自由。哈丽雅特利用显而易见的亲身体会,相当详尽地阐述了漫步者所经历的智力自由和情感自由,或许还有精神自由:

徒步旅行者全然无忧无虑……此时,世间没有哪个人会像他那样自由。他的跋涉远近,通常由自己选择,——在任何一个文明地区都是如此。他可以随心所欲,想走就走,想停就停;若是慵懒加身,他可以在自己中意的任何地方流连一天,或者一个星期。他不会在没有好好欣赏一处美景的情况下匆匆而过……凡心中想去的地方,他几乎都能到达。对自己说"我要去那里",——"我要在那里休息休息",并且立即做到,这是一种无法形容的快乐。他可以到一条水流湍急的河中央的石头上坐一坐,一天当中想去多少次就去多少次。他可以循着水声去寻觅瀑布;其他旅人却会为马车车轮的辚辚之声所扰,听不到这种水声。他可以在任何一座森林中,找到任何一片引人入胜的林中空地。只要愿意,他可以在一棵古树下任何一片松软的苔藓之上坐下来……他可以在溪畔某个幽僻之处的桤木下吃东西,且不管食物质量如何,他总是吃得有滋有味。尽管"卧室"极其脏乱,他也睡得安稳;醒来之后看到背包,记起自己身在何处以及即将开始的一天,他的内心会因快乐而雀跃。就算是天气对徒步行走者的影响,似乎也没有它对其他旅人的影响那么大。徒步旅行的前提,就是拥有充裕的时间;如此一来,雨天旅人可以憩于村落之中,太阳过于毒辣之时,则可以在林中的树荫之下歇息。[26]

我们马上就能看出,徒步行走的重要性不仅在于拥有客观地进行观察的机会,还进一步延伸到了更具审美意义和令人印象深刻的领域。对于哈丽雅特这位严肃的社会学家而言,各个方面都很重要;她曾傲慢地对那些追求时尚、"想看照片"的游客不屑一顾。她敦促说,就让那些人"满足于一路上透过马车窗口去了解他们能够了解到的东西"吧,因为"若想看到美景或者人们,则凡有力量和勇气的人,都应当徒步行走"。[27]

1845 年,身体刚刚康复的马蒂诺抵达了"湖区",一心要让自己变成一个"湖区人",而不想仅仅做那些饱受诟病的观光客中的一员。[28]早在康复之初,她就深深爱上了这个地区;当时,她曾到沃特黑德做客,决意要"沐浴着夏日的阳光,在天气晴好的日子里翻山越岭,雨天则在俯瞰着湖泊(温德米尔湖)的窗边阅读与工作;雨中的湖泊,自有一番美丽"。[29]她很快就行动起来,在安布尔赛德附近买了地,并在1845—1846 年的那个冬天建了一座房子,起名为"圆丘"(The Knoll)。她将在这里度过余生,其间只会偶尔出去旅行。后来,哈丽雅特还回忆说:"若要描述当时感受最深的快乐,我很可能会提到自己在日落时分的漫步;在(那年冬天)为数不多的晴好日子里,我会漫步到山谷的那一边,眺望自家房子的建造进展。"[30]她开始遵循自己的建议,从这里出发去寻找"每一个阶层的人",了解"他们对自身事务的看法"了;这一次,她是一位行者,决意要完成一个新的认识论课题,即观察和了解"湖区"。她给自己定下的任务,就是"用一种彻底而有序的方式熟悉'湖区'",以便获得一种"真正的掌控"感,就像她掌握了其他智力活动领域里的知识,包括语言、政治经济学和历史在内。[31]不过,这样一项任务必然需要运用脑力与体力:哈丽雅特追寻的知识只能通过行走来获得,而通过双脚的行走与大脑的思考,她也将熟悉整个"湖区"。在其《自传》中,她回忆了自己是如何处理这个课题的:

现在既已康复,我便开始了解"湖区";在我的心灵之眼前,这个地区仍然属于一个"未知之地"(terra incognita),笼罩在一团团明亮的迷雾之中;到我买地期满一年的时候,(我便觉得)自己已经熟悉了所有的湖泊,只有两个除外,熟悉了几乎每一座山隘……在这种令人快乐的辛劳中,没有哪一次比我刚刚恢复健康后的那次漫步更加令人惬意;当时,"湖区"在我的探究之下渐次展开,直到它全然呈现于我的眼前,宛如一幅地图,宛如从山顶俯瞰,一览无余。[32]

哈丽雅特所用的语言,正是考察偏远地区的探险家和发现者所用的语言。她所用的语言,也是热衷于用科学与系统的方法进行绘制、测量和量化的制图师所用的语言。然而,它也是这位态度谦逊、渴望"了解'湖区'"的学生所用的语言;她并不是要了解"湖区"的地理或者历史,而是把"湖区"当成一个本身就值得深入研究和付出努力的课题。在最后的画面中,哈丽雅特站在山巅,俯瞰着她用身体绘制成图且在心中想象完整的那片土地时,她又成了一位探险家,有如济慈的诗作《初读查普曼所译荷马诗作有感》("On First Looking into Chapman's Homer")中那位"顽强的科尔特兹"(stout Cortez)。[33]

在这12个月里如此彻底地"了解'湖区'",是一桩非凡的体能壮举。那里有16种主要的水体、无数个山湖与较小的池沼、十几座主要的山隘以及近1 000英里的实体地域,故哈丽雅特说她除了两个湖,已经熟悉了所有湖泊以及所有的隘口时,似乎有些夸大其词,尤其是因为她是在事后这样说的。然而,她在那个时期所写的书信却表明,她曾在很短的时间内进行过大量的徒步行走。如1846年7月6日,她曾在"湖区"东北角距克拉姆莫克湖(Crummock Water)不远的"斯

凯尔山旅馆"(Scale Hill Inn)里写信给友人休·西摩·特雷门希雷
(Hugh Seymour Tremenheere)，为之前一封仓促而就、写得很糟糕的
信道歉；在那封信里，她向后者讲述了当时她远足时的一些故事：

> 请原谅，旅途中的墨水不好。我正跟来自伯明翰的侄子、侄
> 女一起进行一场为期 5 天的徒步之旅；写完这封信之后，我们就
> 要冒着飘泼大雨行走 12 英里，前往凯斯威克了；——这里既没有
> 马匹可骑，天气也不可能放晴。昨天之前，天气都相当不错；数天
> 以来，我们都饱览了美景。昨天我们欣然雇了一位向导，领着我
> 们穿过了布莱克丘陵(Blake Fell)，——从恩纳代尔湖(Ennerdale
> water)前往克拉姆莫克湖。我们动身之时还阳光明媚，——可不
> 久就看到雷雨从海上逐渐往上而来，大风骤起，先是迎面猛吹，接
> 着突然变成从背后刮来(将我吹翻在地)；然后，暴风雨便从我们
> 的头顶、四周袭来，同时我们看到，在遥远的下方，山谷与湖泊那
> 里却是风平浪静、阳光普照。不到 3 分钟，我们就全身湿透
> 了，——防水背包和其他东西也是如此。我们都很庆幸看到了这
> 样的景象，——我和两位年轻人都觉得很新鲜。他们活力十足、
> 精力充沛，是两位出色的旅行者。[34]

面对倾盆大雨，哈丽雅特表现得比一般的行者(也包括我在内)都
要更加镇定，她似乎很享受顶着如此恶劣的天气在偏僻的布莱克丘陵
上进行的这场冒险之旅。然而，就算这封信中流露出了一种兴奋之
情，但对于动身走进无情地让他们全身湿透的大雨当中的想法，哈丽
雅特似乎并没有那么倾心。不过，她的情绪不会低落太久，而背包也

不会潮湿太久：4天之后，她再次高高兴兴地写信告诉特雷门希雷说："星期一的晚上，我们还是愉快地漫步了一次；——走了17英里，没有觉得太累，并且在夜里回到了我们心爱的家中。"[35]还不止于此。仅仅在新家休息了一个晚上，哈丽雅特便再度跟她的（似乎不知疲惫的）侄子侄女出发了；两人陪着哈丽雅特行走时的境遇，似乎比不幸的罗米利与格雷格要好多了。即将再次离家远足之前，她曾写信给理查德·科布登（Richard Cobden），说：

> 现在，我打算马上背起行囊，跟来自伯明翰的侄子、侄女一起朝着柯克斯通山隘挺进，一路前往帕特代尔了。我们已经走遍了整个地区，——一连走了好多天，曾在山巅笼罩于雷电之下，在山谷中让本地人大感震惊。此后，我就无需说自己身体大好了。[36]

哈丽雅特说她走遍了"整个地区"，一点儿也不算夸张：在一个星期多一点儿的时间里，她便从西到东，走遍了"湖区"的许多地方——这段行程的直线距离约为30英里，可由于要辛辛苦苦地翻过山隘、越过湖泊，再加上恶劣的天气，故实际上要远得多。对哈丽雅特这种惊人的徒步行走感到"震惊"的不可能只有"山谷中的本地人"。

通过行走来了解"湖区"的渴望，显然属于哈丽雅特变成真正的"湖区人"这一过程中一个重要的组成部分：越过一座座高耸的山隘、绕着诸多广袤的水体而行，既有助于她在想象中和现实中将自己与新家紧密关联起来，也有助于巩固她的全面康复。不过，获取这些知识，也有益于其他一些更专业的目的。据其《自传》所言，她渴望了解这个地区，就是"因为撰写一本湖区完全指南这一任务而受到了恭维"；对她来说,这种恭维是"最令人满意的证据,证明我的邻居都相信我理解他们挚爱着的'湖区'"[37]。哈丽雅特确实撰写过一部《英国湖泊完全指南》(*Complete Guide to the English Lakes*,以下简称《完全指南》),此作出版于 1855 年;但自 1850 年起,她还在美国的《萨坦文艺联合杂志》(*Sartain's Union Magazine of Literature and Art*)上发表《安布尔赛德一年记》("A Year at Ambleside"),每月一篇。这两部作品获得成功的原因,都在于其中独特地结合了哈丽雅特的经验;它们不仅充分利用了马蒂诺通过山间行走所获的知识,而且广泛利用了她这位社会学领域里的观察者多年来不断完善的细节观察能力。从《完全指南》与《安布尔赛德一年记》中,我们也能清晰地看出作者自己的文学声誉以及她选择居住的那个地方与文学之间的联系——以及"湖区"——对读者产生吸引力的重要性。

作者本人的存在是上述两作的一大特色,这一点在《安布尔赛德一年记》的开头部分明确体现了出来:刚一开篇,哈丽雅特的生平马上就与作品描述的那个地方的各个方面交织起来了:

> 来到这里生活之后,我很快便得知,若是希望上午完成工作之后能够进行一次平平静静、可以冥思的漫步,最好是沿着布拉雪河(Brathay)河谷往上走,因为我在那里肯定不会碰到任何人。我可以在地势很高的教堂墓地眺望谷中无与伦比的景致,然后往下走,绕过拉夫里格山,靠在一扇大门上,或者坐在石南密布的石头上休息,3 个小时里都不太可能看到一个人。然而,假如我厌倦了思索,想要与人交流,那就最好是沿着另一条河谷即罗瑟河(Rotha)河谷往上走了;小镇安布尔赛德就坐落在那里,高耸的万

斯费尔峰俯瞰着它，四周则点缀着零星的民居。我完全可以肯定，在任何一个天气晴朗的冬日午后，从朋友家里行走约 5 英里到这个河谷中走一走的话，我们会碰到大多数熟人。[38]

　　让读者兴味盎然地欣赏哈丽雅特这位行者兼知识分子的日常习惯，会在读者与作者之间营造出一种强大的亲密感。哈丽雅特还使用了"我们""我们的"之类的代词，将读者纳入了这些行走当中，从而进一步强化了那种亲密感。读者不止是在阅读一位著名作家的行走过程，还是在那些行走中**被**那位作家带着一起漫步：从作品中对哈丽雅特个人喜好的描述来看，作品是以一种温和而又坚持不懈的语气——比如"嗯，我们沿着路，朝那座收费站走去""我们看到"或者"我们此时离开了大路"——紧紧地带着读者前行。[39]然而，这也不止是一种结伴同行。随着她开始在附近漫步行走，哈丽雅特不仅会向读者指出一路上的景色，还会指出她感兴趣的人，因此在一页的篇幅之内，不但提到了拉夫里格的一座座山冈、纳布斯卡尔和费尔菲尔德的马蹄铁形峰顶，还提到了"福克斯豪"（Fox How）——"人人都知道"那里有"阿诺德博士（Dr. Arnold）深爱的居所""勒·弗莱明夫人（Lady Le Fleming）显眼的黄色豪宅""华兹华斯的小屋"，以及"汉弗莱·戴维爵士（Sir Humphry Davy）的哥哥所建的灰色大宅"，同时描述了哈丽雅特家所在的位置：位于一个社会名士、知识分子精英和文学名人云集之地的中心。[40]

　　同样，哈丽雅特对其行走的描述也精心地与"湖区"的辉煌历史，尤其是近期的文学史联系了起来。在 3 月的日记里，她会带着读者一起登上拉夫里格峰，然后将注意力转向格拉斯米尔与安布尔赛德周围海拔更高的群山：

> 环绕四周的群山中有各种各样林木葱茏的峡谷，其间处处可见波光粼粼的瀑布，还有草坡，以及几座灰色的石屋，说明享有这种美景的是人类居民。往左（西北方）而去，伊斯代尔（Easedale）一览无遗、气势恢宏——诸峰的位置说明其间有一座庄严的山谷。正对面与格拉斯米尔湖一端平齐的地方，屹立着格拉斯米尔那座老式的小教堂，四周则被村庄环绕着。稍往右边，朝正北方而去，登上通往邓梅尔台地的那道长坡，就到了经过赫尔维林峰山脚、通往凯斯威克的那条大路（此时在我们看来，它不过是一条小径罢了）。远处的凯斯威克山脉隐约可见——有斯基道峰与马鞍峰；较近一点、突兀地从台地上隆起的，则是老赫尔维林峰。距我们稍近的那座白色房子，就是"天鹅旅馆"（Swan Inn），司各特到华兹华斯家来做客的时候，曾经每天都到那里去喝啤酒、与旅馆老板聊天；当时的司各特与华兹华斯都还很年轻，他们也是在那里遇见了骚塞，然后开始一起攀登赫尔维林峰。[41]

读者是与哈丽雅特一起在附近的群山中进行此种心灵之旅的，并且受到邀请，跟她站在一个描述得很精确的地方；从那里，他们可以看到山谷中所有的自然奇观与知识奇迹。哈丽雅特自己至少登上过一次赫尔维林峰，还攀登过斯基道峰和布伦卡思拉峰（Blencathra，也就是如今更广为人知的马鞍峰），而她对这座山峰以及深邃的伊斯代尔盆地的了如指掌，则是显而易见的。结果就是，她不但对这一地区进行了权威可靠的描述，还在沃尔特·司各特爵士、威廉·华兹华斯、罗伯特·骚塞等更早一代的行者兼作家和哈丽雅特自己之间建立了一种真实可感的联系：在文字上、想象中和诗意上，她都追随着这些人的脚步。

哈丽雅特并没有就此止步，而是带着读者跟她一起行走，踏上了日后将变成世人前往那座山谷中的文学圣地的徒步朝圣之旅：

> 接着继续前行——得快点儿——因为此时已经比我们原定的时间晚了一个小时——继续走，沿着那条蜿蜒的道路，经过圣奥斯瓦尔德（St Oswald's）水疗中心——继续走，穿过格拉斯米尔，从教堂塔楼下方走过，跨过那座桥，一直绕着湖走——经过华兹华斯结婚之前与妹妹生活的那座小屋——不断往上，跨过古罗马人修建的那条路，沿着岬角上方一条位置更高、距离更短、风景却更美的近路走——经过一个小小的山湖：往下来到莱德尔采石场，我们将在那里踏上驿路——经过哈特利·柯勒律治的湖边居所，此人会站在门廊上，用他特有的方式跟人打招呼，鞠躬时头几乎会触到地上，手里拿着帽子——走过那排高大的梧桐树，只是我们现在没有时间坐在树根上休息；经过莱德尔山（Rydal Mount）的山脚下——再次走过皮尔特桥，就到家了……我们已经行走了 10 英里。[42]

这段话中的一切全都源自哈丽雅特在当地的一次又一次徒步行走；从她了解哪条路才是下行至莱德尔的最"美丽的近路"，到她知道步伐必须大大加快才能及时到家，都可以体现出来：她就是这个地区的专家，极具权威性。她为读者提供的就是探究这个著名之地的特权——只有一个知识渊博且长期居住于此的人，才能够提供这样的特权。但《安布尔赛德一年记》中的这些日记里，也隐含着对哈丽雅特自己的探究；她经常提及和描述的家园变成了一座文学地标，就像华兹华斯早期的家或者哈特利·柯勒律治和他的鞠躬。

哈丽雅特出版《完全指南》一作的时候还会这样做；只不过，这一次她写进文学风景中的自己，不再是一个雄心勃勃地继承了威廉·华兹华斯、柯勒律治与骚塞等人遗产的人，而是成了他们的竞争对手。华兹华斯的《英格兰北部湖区指南》(*A Guide through the District of the Lakes in the North of England*)一作首次发表于 1810 年，原本是一部概述当地情况的书里附带的一篇随笔，但它在接下来的 40 年内数次重印，并且在此期间开始被称为《"湖区"完全指南》(*A Complete Guide to the Lake District*)；哈丽雅特为自己的作品选了一个几乎一模一样的书名，很可能是有意为之，目的就是借华兹华斯那部广受欢迎的作品受益。据文学评论家亚历克西斯·伊斯利(Alexis Easley)称：

> 华兹华斯与马蒂诺一样，似乎把出版一部指南性作品视为一种自我认可之举，旨在将一种地方意识与他自己身为作家的职业感关联起来。两位作家都希望通过种种自我表述的文学行为创造出对风景的文本表述，并且由此来确定自身及其写作生涯在英国这幅地图上的位置。[43]

哈丽雅特的《完全指南》一作，语气热心而善解人意，关注的是没有经验的行者最希望看到的东西，为他们提供了线路行程、交通提示以及需要携带的工具清单以及对该地区风景最美的偏僻角落的深入见解,还有在该地区徒步行走时的体力要求。在其开头部分,哈丽雅特描述了攀登到格拉斯米尔附近的伊斯代尔冰斗湖(Easedale Tarn)的过程,它是一段很长的上坡,沿着一条不太陡峭、从冰斗湖流淌而下的溪流前行;徒步者要到最后一刻,才看得到湖水:

> 最后,到他热得喘不过气来的时候,那个幽暗凉爽的僻静之地豁然开朗,可以看到伊斯代尔湖便坐落其中。或许,会有人站在湖畔的巨石边垂钓。或许,会有一位牧羊人躺在蕨草丛中。但更有可能的情况是,这个陌生人会发现自己完全是孑然一人。在自然景致当中,或许没有什么会比坐落于绝壁之下的冰斗湖更能给人一种沉静的印象了:这里的岩壁直插而下,几乎环绕着整个湖畔。一连数个小时,它们投下的深暗阴影都只是像日晷上的指针那样缓慢移动;而且它们移动的时候,并不会干扰到那种静寂感;——一条不安分的鱼儿或者一只苍蝇激起涟漪,进出的湖水在轻柔地流淌;一只公野鸭带着一窝雏鸭轻轻地划水前行,仿佛不敢划破平静如镜的湖面,以及一抹阳光或者移动的阴影在湖上投下倒影。[44]

读者被哈丽雅特带到了冰斗湖之畔,那是一个异常安宁与寂静的地方。然而,尽管可以汗流浃背、气喘吁吁地沿着她描述的那条小径来到湖边,但我们还须多次前来,才能像哈丽雅特本人那样安静而悄悄地生活于这个地方:由于经常漫步到这个地方来,她似乎已经融入了湖边的草丛之中了。

如果说读者是受到了"邀请"前来陪同哈丽雅特行走,那么,他们就将被"命令"登上"湖区"的那些群山。在专门描述"山中一日"（A Day on the Mountains）的一章里，她告诉读者说，在离开旧威斯特摩兰郡之前，"须在山中度过一日，独自一人更好"，因为"若是明白在距日常世界如此遥远的高山上度过一日是什么感受，他就会认识到独处是一件好事"。[45]读者还须带上一根"结实的棍子"、一个装食物的"背包"（哈丽雅特自己每次行走时，都会带上这种装备）、一份可以"告诉他看到了什么"的"地图"，以及一个"袖珍指南针，以防突然起雾"。[46]当然，还应带上她的《完全指南》：此书本身就是"文学行者所带工具的必要增补"，因为它会"指引和影响旅行者对自然环境的体验"。[47]摒弃了数条可能的行走线路，其中包括攀登"康尼斯顿老人峰"（Coniston Old Man，行走距离太远，"一日不够"）和拉夫里格峰（"不够威严"）之后，她选定了费尔菲尔德马蹄峰，认为那里是热爱登山的游客最完美的行走之地。[48]描述了攀登过程之后，哈丽雅特又大致说明了读者兼行者在地势更高之处可以看到些什么：

> 整趟远足中最美妙的地方，就在"绝境"（cul-de-sac）的中央；此地的北侧是巨大的峭壁，俯瞰着迪普代尔（Deepdale）和遥远的下方其他一些风景绝佳的幽暗深邃之处。这里可以听到从那些绝壁倾泻而下的激流之声，徒步漫游的人应当在此地休息一会儿。他将看到，北侧的风景与另一侧长长的绿色山坡对比鲜明，美丽程度无出其右；那道山坡一路往下，来到莱德尔贝克（Rydal Beck）的源头，然后继续下行，直到莱德尔森林（Rydal Woods）与莱德尔山（Rydal Mount）。此时，他所在之地的海拔有2 950英尺，而且肯定该吃饭了……

越往前走,他就越会对这次行走的距离感到惊讶;因为从下面仰望的话,这段距离似乎微不足道。[49]

费尔菲尔德马蹄峰究竟是否显得"微不足道",是一个观点问题——从格拉斯米尔出发的话,会是漫长的一天,而从谷底攀爬出来的地方也十分陡峭;不过,哈丽雅特描述行走过程中的绝佳美景和成功登上此种高度之后的喜悦时,无疑是根据她的亲身经历来说的。然而,她对走下山脊的描述,却带着难过与遗憾之情——似乎是从一个特殊的地方撤退,或许还是从一种特殊的存在状态中退却。在马蹄峰尽头的纳布斯卡尔,游客

须最后一次彻底环顾四周远近;因为此后他须沿着陡坡一路下行,将山脊之上的一切留在身后,与之作别了。时光飞逝,一日就像一个小时,转瞬已过。距离较近的湖面之上仍然洒满阳光,而最远的山峦上,紫红的晚霞正在绽放;西边山隘之间,一道道金光喷涌而出,说明夕阳就要西下。他必须赶快下山······被赶回家里,并且惊讶地······发现自己全身酸痛、疲惫不堪。然而,就算辛苦十倍,他也愿意度过这样的一天。[50]

这段文字中所用的现在时态,不但营造出了一种强大的即时感,还强调了须趁着最后一丝光亮赶紧下山的紧迫性。不过,她诗意地描述天色将晚时的山峦的作用却不止于此,她还"通过一位著名作家的镜头"邀请读者体会到了这个地区的"地形地貌";这位作家"对风景的诠释更加真实可靠",因为这种诠释源自她的反复行走与较长久的了

解。因此,来到"湖区"的游客能够获得一种比他们自己的理解"更加真切"的诠释,获得种种"没有媒介的体验和地方印象"。[51] 所以,他们在费尔菲尔德马蹄峰上行走的记忆将与哈丽雅特的描述交织起来,而读者的体验也会受到她的体验的影响。

费尔菲尔德马蹄峰之旅只是马蒂诺在其《完全指南》中涉及的一次徒步行走而已。对徒步攀登斯基道峰、布伦卡思拉峰、兰代尔双峰[连同下山前往伊斯代尔或者博罗代尔(Borrowdale)的可选路径]、"斯考费尔"(Scawfell)、肯特米尔环形路(Kentmere round)以及经由"卡奇德坎姆"[Catchdecam,即卡茨提坎姆(Catstycam)]这道山岭攀登赫尔维林峰的详细描述,证明了哈丽雅特对高地的热爱。她的文字有时会在对路线、地形的冷静描述和某种更具个人色彩的东西之间不经意地来回转换,也很明显地体现出了这种激情;比如,她对埃斯克豪斯(Esk Hause)山隘的描述就是如此,那里连接着位于"湖区"中心地带的埃斯克代尔(Eskdale)、博罗代尔、朗斯特拉思(Langstrath)、兰代尔和瓦斯代尔(Wasdale):

> 在兰代尔黑德(Langdale Head)沿罗塞特谷(Rosset Ghyll)而上,还有一条非常崎岖的小径,它位于峡谷左边,与右边的斯特克路(Stake road)相对……这条小路从埃克斯豪斯和斯普林克林湖(Sprinkling Tarn)畔通往斯提黑德山口(Sty Head Pass)。这真的是一条值得称道的山间步道。从埃克斯豪斯可以看到由3列景致组成的奇观……我们登上埃克斯豪斯之后,那3行景致形成的壮丽景象就十分引人注目了。往凯斯威克而去,空气比较混浊,恰好赋予眼前的远景一种如梦似幻的特点……在埃克斯代尔

那个方向,一切都清晰明亮、闪闪发光;同时,白色的雾气从兰代尔和博罗代尔的顶端不断向我们涌来,仿佛要让我们窒息似的;什么都看不见,只是间或有风吹过,露出山谷狭长蜿蜒的两侧,以及下方延绵的溪流与田野。正是这种千变万化,给这个山区带来了独特的魅力。[52]

前文中涵盖了作者与读者的"我们",到这里则变成了一个未知的"我们",其中并不包括读者。由于被排除在看到山坡之上这些光影与色彩变化且关系友好的"我们"之外,读者就只能怀着羡慕之情,去想象哈丽雅特描述那天徒步行走中看到的各种美景了。

在整个《完全指南》一作中,哈丽雅特写下的文字都证实了她那种行走经验来之不易,无论是详尽地描述如何通过一些重要的山隘,还是本能地与疲惫不堪的行者感同身受,都是如此——她描述说,斯提黑德湖是一个"清澈而泛着涟漪的小湖,登山者从谷中往上攀登而热得不行的时候,就会迅速下去,躺在湖岸上休息"。[53]我曾在一个烈日炎炎的6月发现,对于那些经由"廊路"(Corridor Route)从一条长坡走下斯科费尔峰、浑身燥热的人而言,湖水也很近便。自从在山顶看到了此湖,我便幻想着去湖中游泳;抵达那里之后,我在湖中游过两次,发现湖水清凉,比我想象中的更加宜人、更能令人精神大振。

1855年《湖泊完全指南》(A Complete Guide to the Lakes)的出版,标志着哈丽雅特行者兼作家的生活结束了。一年之前她曾承认,此时年过五旬的她身体大不如前了。在《完全指南》一书出版前不久写给一位友人的信里,她曾写道:

10月份，我与数位友人登上了柯克斯通山口（Kirkstone Pass）；我们看到，有一行人正在登山，——看上去就像奶酪尖上的虫子。——接着我想到了您，想到那个星期天您一定经历了一次极其可怕的攀登。就算您当场离世，我也不会感到惊讶。此山很合适攀登；但另一方面，攀登起来很费时间，——比您那天所用的时间要多得多。——

如今我不再登山了；我即将进入老年人之列，被人们称为"哈丽雅特·马蒂诺夫人"；我觉得，这个称呼对我来说极其相宜。[54]

哈丽雅特用她的防水背包换来了"夫人"这一尊称——当时这是对一些重要和有影响力的女性表示尊重的一种称呼，而不管她们结婚与否——这封信表明她的视角出现了根本性的转变。她不再想象登上什么"顶峰"，好让整个"湖区"一览无遗地呈现在她的心灵之眼前，也不再想象危险地攀上一座险峻的山峰，而是会再次回到卧室的窗边，看着那种无趣得多的景色。1855年，她被诊断出患了心脏病；她认为此病终将置其于死地，因此在"身体活力非凡的那个10年结束后……她就再也没有离开过安布尔赛德的家了"。她"确信自己随时都会死"，因此"听天由命，过着病人的生活"。[55]在回归足不出户的生活之后不久写给卡莱尔勋爵（Lord Carlisle）的一封信中，哈丽雅特进行过反思，并且告诉他：

您会发现，我们的山谷与以前一样美丽，只不过这里的居民出现了巨大的变化……10年的时间，可谓沧海桑田；但不知何故，生活似乎因所有的自然经历而变得更加丰富、更加庄严与惬意,无论我们说这些经历令人快乐还是令人悲伤,都是如此。生命的逐渐逝去,连同这一过程中的种种经历,则是其中最惬意的一个方面。[56]

这是面对极度焦虑与失望之时一种胸怀坦荡的思考,或许只有一个深知完全无法行走的滋味、曾经恢复了健康与活力的人,才能进行这样的反思。在身体显著康复的那个10年里,哈丽雅特在"湖区"的道路、小径与山坡上行走了数千英里,并且在徒步行走中找到了快乐与目标、慰藉与人生。虽然在她所处的那个时代,哈丽雅特就被公认为一个了不起的行者兼作家,能够与那些将这一地区铭刻在文学地图之上的湖畔诗人比肩,但重要的是,我们应当认识到,若是没有此人,我们携带的这幅行走历史的地图就是不完整的。

2008年2月,我第一次目睹"湖区"的山峦之时,还没有听说过哈丽雅特·马蒂诺这个人。当时,我一直在约克郡山谷中徒步行走,逐渐增强了体质,准备进行一些更具挑战性的户外行走,并且刚刚攀登过惠恩赛德峰(Whernside)。我原本以为自己了解群山,可事实证明,约克郡那些圆形的山丘跟我开车穿过"湖区"前往凯斯威克时碰到的一座座雄伟壮丽的山峦相比,根本就不值一提。我立即爱上了它们。当时,我是去凯斯威克参加一个关于湖畔诗人罗伯特·骚塞的研讨会;这场研讨会是我几个月前结识的一位朋友组织的。研讨会结束后,蒂姆(Tim)邀我跟他一起去爬山。出于无知,我便一口应承了下来;那时我可不知道,冬天登山既很困难,也很危险。

我们的目标是登上大盖博山(Great Gable)。头天晚上,我好奇地盯着地图,享受着口中说出坎布里亚郡(Cumbrian)各个地名时的那种感觉,对我们将经由"酸奶峡"(Sourmilk Gill)向上攀登这一点感到高兴。可到了第二天早上,看见从河边上山的那条路有多陡峭之后,我就没有那么高兴了。随着冬季攀登海拔近2 625英尺的山峰时的严酷现实逐渐显现,所有的浪漫情调也都烟消云散。我记得,当时是艰难地跋涉了好几个小时,蒂姆经常在远处等着,等着我气喘吁吁、慢慢腾腾地向他走去。到了大盖博山的山顶巨石后,蒂姆突然不见了,消失在前方一道无路可走的斜坡上,我突然感觉到了危险和恐惧。由于知道那里没有其他办法可以继续前行,我只得慢慢地往上攀爬;发现山顶比我担心的距离更近之后,我才松了一口气。然而,山顶结了冰,出奇滑。我们既没有带冰爪,也没有带冰镐——就算带了,我也不知道怎么使用。

下山的过程比我最后那段孤独的攀登更加吓人。我决定仰面躺着,后背贴着冰雪往下滑,把双腿当作刹车,胳膊用来应付紧急情况。我一度下行得很顺利,可突然之间,我的裤子便毫无预兆地钩到了一块石头上。我在旁边一处安全的地方站起身,查看了一下钩坏的地方。我用手摸了摸屁股,发现裤子破了,正在随风飘动,内裤也露了出来。没关系——反正我们爬了一整天也没有见到过别的人;当时,我们正沿着一条陡峭的、通往山口的碎石坡往下走,山口那里的风会小一些。我们继续前行,蒂姆走在前面;我尽量将自己的臀部朝后,以便保持一点点自尊。我一路保持得还算可以,直到我们下到山口的那一刻——然后,我们突然碰到了一群参加"爱丁堡公爵奖户外探险"

(Duke of Edinburgh expedition)的青少年。真是难堪啊，可没过多久，我就把尴尬抛到脑后了。蒂姆站在我身边，把四周的奇观一一指给我看：有"大尽头峰"(Great End)、斯科费尔山和斯科费尔峰，有沃斯特湖(Wastwater)，有博罗代尔。四面八方都有小路通往这个山口，它们的起点都神秘莫测，不由得令人神往。我站在那里，站在"湖区"群山的中心，臀部凉飕飕的，裸露在外，脑海里闪过了一个令人兴奋的念头：我可以去探索每一条小径，去窥视每一座山谷。若是早知道我那时的感受就是哈丽雅特·马蒂诺意识到自己刚刚强健起来的身体能够带她走遍万水千山时的感受，该有多奇妙啊？

注释：

1. 哈丽雅特·马蒂诺写给威廉·约翰逊·福克斯的信，1840年2月19日，见于《哈丽雅特·马蒂诺书信集》(*Collected Letters of Harriet Martineau*)，5卷，由黛博拉·安娜·洛根(Deborah Anna Logan)编纂(伦敦，2007)，第2卷，第44页。

2. 参见艾莉森·温特(Alison Winter)，《催眠：英国"维多利亚"时期的精神力量》(*Mesmerized: Powers of Mind in Victorian Britain*，剑桥，1998)；温特全面阐述了催眠术的历史。

3. 哈丽雅特·马蒂诺写给爱德华·莫克森(Edward Moxon)的信，1844年9月28日，见于《书信集》，第2卷，第333页。

4. 黛博拉·安娜·洛根，为《书信集》第2卷所写的"引言"，第viii页。

5. 哈丽雅特·马蒂诺，《自传》，2卷(马萨诸塞州波士顿，1877)，第1卷，第481—482页。

6. 麦克雷迪(Macready)写给哈丽雅特·马蒂诺的信，1846年3月25日，引于马蒂诺，《自传》，第2卷，第387页。

7. 哈丽雅特·马蒂诺写给海伦·伯恩·马蒂诺(Helen Bourn Martineau)的信，1821年6月28日，见于《书信集》，第1卷，第2页。

8. 哈丽雅特·马蒂诺写给海伦·伯恩·马蒂诺的信,1824 年 10 月 19 日,见于《书信集》,第 1 卷,第 26 页。

9. 詹姆斯·马蒂诺(James Martineau),《传记备忘录》(Biographical Memoranda),引于《书信集》,第 1 卷,第 28 页,脚注 1。

10. 哈丽雅特·马蒂诺写给海伦·伯恩·马蒂诺的信,1824 年 8 月 3 日,见于《书信集》,第 1 卷,第 24—25 页。

11. 马蒂诺,《自传》,第 1 卷,第 98 页。

12. 同上,第 507 页。

13. 哈丽雅特·马蒂诺写给理查·蒙克顿·米尔尼斯的信,1845 年 6 月 18 日,见于《书信集》,第 3 卷,第 13 页。

14. 同上,第 14 页。

15. 哈丽雅特·马蒂诺写给亨利·克拉布·罗宾逊的信,1845 年 6 月 24 日,见于《书信集》,第 3 卷,第 15 页。

16. 马蒂诺,《自传》,第 1 卷,第 132 页。

17. 同上,第 488 页。

18. 同上。

19. 同上。

20. 哈丽雅特·马蒂诺写给海伦·伯恩·马蒂诺的信,1825 年 5 月 12 日,见于《书信集》,第 1 卷,第 31 页。

21. 哈丽雅特·马蒂诺写给海伦·伯恩·马蒂诺的信,1827 年 4 月 9 日,见于《书信集》,第 1 卷,第 46 页。

22. 哈丽雅特·马蒂诺写给亨利·克拉布·罗宾逊的信,1844 年 10 月 6 日,见于《书信集》,第 2 卷,第 336 页。

23. 哈丽雅特·马蒂诺写给理查·蒙克顿·米尔尼斯的信,1844 年 10 月 27 日,见于《书信集》,第 2 卷,第 337 页;哈丽雅特·马蒂诺写给威廉·约翰逊·福克斯的信,1845 年 1 月 30 日,见于《书信集》,第 3 卷,第 2 页;哈丽雅特·马蒂诺写给芬威克小姐的信,1845 年夏初,见于《书信集》,第 3 卷,第 12 页。

24. 哈丽雅特·马蒂诺写给 H. G. 阿特金森的信,1847 年 11 月 7 日,见于马蒂诺,《自传》,第 1 卷,第 540 页。

25. 哈丽雅特·马蒂诺,《道德与礼仪观察》(纽约,1838),第 57 页。

26. 同上,第 54—55 页。

27. 同上,第 54 页。

28. 马蒂诺,《自传》,第 1 卷,第 482 页。

29. 同上,第 494 页。

30. 同上,第 503 页。

31. 同上,第 512 页。

32. 同上,第 513 页。

33. 约翰·济慈,《初读查普曼所译荷马诗作有感》,网址: www. poetryfoundation.org,2020 年 4 月 9 日访问。

34. 哈丽雅特·马蒂诺写给 H. S. 特雷曼海尔(H. S. Tremenheere)的信,1846 年 7 月 6 日,见于《书信集》,第 3 卷,第 64 页。

35. 哈丽雅特·马蒂诺写给 H. S. 特雷曼海尔的信,1846 年 7 月 10 日,见于《书信集》,第 3 卷,第 67 页。

36. 哈丽雅特·马蒂诺写给理查德·科布登的信,1846 年 7 月 12 日,见于《书信集》,第 3 卷,第 68 页。

37. 马蒂诺,《自传》,第 1 卷,第 513 页。

38. 哈丽雅特·马蒂诺,《安布尔赛德一年记》,1 月,见于芭芭拉·托德(Barbara Todd)的《哈丽雅特·马蒂诺在安布尔赛德及其所著的〈安布尔赛德一年记〉》[*Harriet Martineau at Ambleside*, *with* "*A Year at Ambleside*", *by Harriet Martineau*,卡莱尔(Carlisle),2002],第 47 页。

39. 同上,第 47—49 页。

40. 同上,第 49 页和第 50 页。

41. 同上,第 69—70 页。

42. 同上,第 70 页。

43. 亚历克西斯·伊斯利,《家庭中的文学女性:哈丽雅特·马蒂诺与"湖区"》("The Woman of Letters at Home: Harriet Martineau and the Lake District"),见于《"维多利亚"时期的文学与文化》(*Victorian Literature and Culture*),XXXIV/1(2006 年 3 月),第 305 页。

44. 哈丽雅特·马蒂诺,《英国湖泊完全指南》(*A Complete Guide to the*

English Lakes,温德米尔,1855),第 51 页。

45. 同上,第 57 页。

46. 同上。

47. 伊斯利,《文学女性》,第 302 页。

48. 马蒂诺,《完全指南》,第 58 页。

49. 同上,第 63—64 页。

50. 同上,第 64—65 页。

51. 伊斯利,《文学女性》,第 302 页。

52. 马蒂诺,《完全指南》,第 150—151 页。

53. 同上,第 153 页。

54. 哈丽雅特·马蒂诺写给艾伦先生(Mr Allen)的信,1854 年 12 月 16 日,见于《书信集》,第 3 卷,第 338—339 页。

55. 黛博拉·安娜·洛根,为《书信集》第 4 卷所写的"引言",第 vii 页。

56. 哈丽雅特·马蒂诺写给卡莱尔勋爵的信,1856 年 1 月 1 日,见于《书信集》,第 4 卷,第 1 页。

第六章
弗吉尼亚·伍尔夫

有一天，我在塔维斯托克广场（Tavistock Square）漫步之时，心中突然涌起一种显然属于无意识的巨大冲动，构思出了《到灯塔去》；我的作品有时就是这样构思出来的。一件事情突然变成另一件事情，纷至沓来。宛如管中吹出的泡泡，给人一种思绪与场景纷纷涌出脑海、飞速聚集的感觉，以至于漫步之时，我的嘴中似乎在不由自主地发出一个个音节。是什么吹出了这些"泡泡"？为什么会在那个时候吹出？我不知道。

弗吉尼亚·伍尔夫，《存在的瞬间》（*Moments of Being*）*

弗吉尼亚·伍尔夫漫步于布鲁姆斯伯里（Bloomsbury）的林荫广场上，变成了被动地宣泄一种栖居于其脚步节奏之中的伟大创造力的工具；因此，《到灯塔去》一作似乎是经由某种形式的"无意识写作"创作出来的。然而，让她文思泉涌的力量并非一种外在的精神，而是身

---

* 此作由伍尔夫生前从未出版的 20 多篇自传性长篇散文组成，首次出版于 1976 年。

体行走时那种轻柔的摇晃：思想由身体赋形，并且直接映射到了身体的各个部位。伍尔夫的脚步促使她的嘴中迸出了小说中的词句，所以这部作品是在步履中诞生的。

在伍尔夫的所有作品及其许多重大的经历中，行走都占有重要的地位。在人生的不同阶段，行走既给她带来过健康、缔造过友谊，是她的回忆和灵感之源，也是她创作许多极负盛名的小说过程中的关键。行走曾是她一种不同凡响的习惯，既是一种抗争之举，也可以说是一种顺从行为。伍尔夫没有将她在开阔空旷、偏僻荒凉之地的行走与她在城市人行道上的漫步区分开来，而是在作品中探究了各种徒步行走的作用。

打小起，行走就是伍尔夫生活中的一大特点，尤其是童年时代她在圣艾夫斯(St Ives)度假的时候；那时，她家在圣艾夫斯租了一座房子好几年。后来，30多岁的伍尔夫住在苏塞克斯郡(Sussex)时，也过着一种徒步行走的生活；多萝西·华兹华斯若是见了，定会大加赞赏。与华兹华斯一样，伍尔夫在行走的过程中也观察着大自然，积累了许多的知识。在一篇日记中，伍尔夫曾记载过她"前往萨斯伊兹(Southease)寄信……穿过开阔的丘陵回家。沿途又长出了大量蘑菇，但不能食用"的情形。[1] 这种徒步行走——将家中的必要之事与习惯、行走的欲望结合起来——曾是伍尔夫多个星期的日常生活中的核心。随着季节由夏入秋，行走时采摘本地蘑菇的做法也变成了认认真真地采摘黑莓。在此期间，天气变得越来越糟糕，可她还是继续行走，有时是孤身一人，有时也有人做伴，并且经常是沿着她熟悉的小路远距离行走。还有的时候，伍尔夫会突然决定要走一条新的路线，过后则在日记里对路况做出评价。虽然生活不易，她不能经常如此，但不管什么时候，只要做得到，伍尔夫就会让自己的生活植根于这种日常的徒步行走之中。对伍尔夫来说，行走就是她找到友谊、快乐与灵感的源泉。

节奏——整部作品中关键时刻的时间安排——对所有小说都很重要，但在伍尔夫的作品中，节奏既属于字面上的，也是身体上的：她的小说中的情节，往往都是这位作者边走边构思出来的。有时，小说的情节发展也受到了徒步行走的推动；比方说，达洛维夫人*的内心生活就是随着她在伦敦街头漫步而逐渐展开的。伍尔夫本人则在行走中寻觅人物角色与情境，宛如一名卓越的猎手，以每小时 3 英里的速度追赶着她的猎物，也就是"那些野兽，我们的同胞"。[2]伍尔夫寻觅故事与偶发事件、措辞方式和点子的习惯深深地融入了她的徒步行走之中，因此，就算在除了书信或日记就没有其他方法可以记录自己的经历之时，她的行走也依然激发出了许多奇异非凡的场景和出色迷人的意象。

这不但是伍尔夫很早就养成了的一种习惯，还将对她一生中的行走与写作方式产生重要的影响。1906 年，时年 24 岁的弗吉尼亚·斯蒂芬（Virginia Stephen）**跟自己深爱的姐姐即画家凡妮莎·贝尔（Vanessa Bell）住在诺福克郡的时候，她曾写道："妮莎***下午在画风车，我带着一份地图在乡间徒步流浪了好几英里，跳过沟渠、翻越围

---

　　* 达洛维夫人（Mrs Dalloway）伍尔夫同名小说中的女主人公，是英国上流社会的一位中年贵妇。小说描述了第一次世界大战时达洛维夫人在伦敦一天的生活细节，发表于 1925 年，是伍尔夫的代表作之一。

　　** 伍尔夫原名艾德琳·弗吉尼亚·斯蒂芬（Adeline Virginia Stephen），后因嫁给了伦纳德·伍尔夫（Leonard Woolf）而随其姓。

　　*** 尼莎（Nessa），"凡尼莎"的昵称。

墙、亵渎教堂，一路上每走一步都能想出美妙的故事来。"[3]凡妮莎那种安静的职业、默默描绘宁静风车的形象，与弗吉尼亚野外漫游的形象形成了鲜明的对比；这种差异不仅体现在伍尔夫的语言选择上，也体现在姐妹创作实践的差异上：凡妮莎用画笔描绘风车的时候，风车安静而耐心地屹立于一旁；可伍尔夫那些"美妙的故事"，却是在她那种没规没矩的行走中涌现出来的。伍尔夫把自己说成"流浪者"，实际上是把自己与漂泊、与游离于定居社会普通界限以外的生存状态关联起来——与两个世纪以前的伊丽莎白·卡特产生了共鸣。她对教堂的"亵渎"，加上毫无女性温柔地"跳过"和"翻越"人为障碍、自然障碍的举止，则进一步强化了这种任性粗野的印象。伍尔夫的创造力需要行动来激发——需要那种无法无天、不守法律的行动。她的野性倾向、她的行走和她的文学创作活动之间具有一种联系；这一点，伍尔夫本人也曾承认。那一年早些时候在约克郡，她曾写信给维奥莱特·狄金森（Violet Dickinson），说：

> 我的生活中有一种希腊式的简朴，非常美妙，可以直接制成一幅浅浮雕作品。您可以想见，我从不洗头，也不理发，而是喜欢迈着大步，行走于人烟稀少的荒原边上，高吟着品达*的颂歌，从一座峭壁跳到另一座峭壁，在有如严厉却又慈爱的父母一般拂过并抚摸着我的风中欢腾。那是一个勃朗特化了的斯蒂芬，几乎与真人一样美妙。[4]

---

* 品达（Pindar），即古希腊抒情诗人品达罗斯（Pindaros，约前522? —前438?），其作品对后世的欧洲文学产生了很大的影响。

这一描述的文学性,既具有艺术效果和令人莞尔,又很有见地;但值得注意的是,年轻的弗吉尼亚·斯蒂芬这位志存高远、独自行走于约克郡的吉格尔斯威克(Giggleswick)上方那些荒原之上的作家,竟然会把艾米莉·勃朗特(Emily Brontë)和她在崎岖荒原上所写的狂野爱情故事当成自己的榜样。

两年之后,伍尔夫创作她的第一部小说《远航》(*The Voyage Out*)之时所写的书信,就表明她对自己以前在信中描述过的那种创作野性的渴望和需要,与她必须安安静静地坐着将想法写下来之间出现了冲突;《远航》一作后来出版于 1915 年。她曾写信给自己的姐夫克莱夫·贝尔(Clive Bell),称:

> 对于将来,我想了很多,并且决定了我要写一本什么样的书——我将如何重新构思这部小说,如何体现出眼下无常易变的诸多东西,如何完善整体,以及如何塑造那些无限奇怪的东西。我会仔细观察夕阳之下的树林,并且用热切的目光凝视那些正在辛勤劳作的人,意在将他们与过去、未来割裂开来——我在漫步之时,心中始终充盈着这些兴奋之情,但我知道,明天我就得坐下来,面对那些毫无生气的陈词滥调了……我打算边走边想出一个方案来。[5]

对伍尔夫来说,没有行走的写作是呆滞、死气沉沉和"毫无生气"的。她觉得,只有把身体置于生命活力之中,她才能让所写的文字生动活泼,才能赋予所写的词句以生命。在行走过程中,伍尔夫还具有抽出时间,将人们与他们的"过去和未来割裂开来",用"凝视"将他们全部定格在那一刻的精神力量。这些令人兴奋的可能性与不得不"坐下来",却无力赋予死气沉沉的表达以生命而必然带来的厌倦之情形成了可悲的对比。无疑,唯一的解决办法就是去徒步行走。

结果表明,伍尔夫的一生都是如此,不过,后来她较好地平衡了让双脚与大脑之间能够产生创造性联系的行走冲动与她将身体在行走过程中形成的东西写下来的需要。这些冲动之间依然存在矛盾,但它日益变成了一种创造性的矛盾。她在 1918 年 11 月 3 日那天的日记里写道:"我一直都在思考管理小说场景的不同方法;想到了无穷无尽的可能性;在街头漫步时,我看到人生就是一块巨大而不透明的素材块,需要我用对应的语言表达出来。"[6]这样的徒步行走也带来过危险。夜间在伦敦漫步时,伍尔夫曾经"在黑暗中信步行走,来到查令十字街(Charing Cross),构思写作所用的词句与事件。我想,这样做会让一个人被别人杀害"。[7]我们很容易想象出伍尔夫心不在焉地在伦敦街头一边漫游一边构思的情景,就像威廉·华兹华斯沿着其"鸽子小屋"后面花园里那条小径一边散步一边做诗一样,只不过伍尔夫是在城市里漫步而已。

对伍尔夫来说,在伦敦车水马龙的街道上全神贯注于自己的创作是相当危险的一件事情;只不过,她觉得那是一种能够激发灵感的危险。1930 年 3 月 28 日,她曾写道:"我沿着牛津街(Oxford Street)一路前行。公共汽车络绎不绝。人们在打斗。相互把对方撞下人行道。有一些没戴帽子的老人;出了一场车祸,等等。"[8]那是一幅混乱与暴力交织的景象;充满冲击力的语句与标点符号相呼应,真实地反映了伍尔夫看到的那种好斗行为。尽管如此,她却声称:"独自在伦敦行走,是一种最妙的休息。"徒步行走既能让伍尔夫平静下来,也能激发她的灵感,而当她的精神状况变差,变得很容易受到那种不时发作、令人丧失思维的抑郁症的影响,使得她对自己的文学才能产生怀疑时,还能抚平这种令人痛苦的疑虑之情。要是运气好的话,穿着靴子的双脚就能让她战胜痛苦。1920 年,她在创作《雅各的房间》(*Jacob's Room*)的过程中开始感到焦虑不安的时候,就曾通过行走的意象与隐喻,努力去理解大脑的状况。当年的 10 月 25 日,她曾在日记里发问:"为何人生如此悲惨;就像深渊之上窄窄的一条人行道? 我往下看去,头晕目眩;我不知道,如何才到走到尽头?"[9]伍尔夫以地形为喻,想象着自己的精神健康状况:疯狂就是一个陡峭下落、令人迷失方向的深渊,只要靠近,就会导致内心的眩晕。然而,她仍然掌控着病情,仍然有希望:那条路可能很窄,但一位行者能够越过,就像行者可以越过一条狭窄的山间刃脊一样。那种地形确实令人恐惧,但她并不陌生——就算撇开深渊不说,人行道也属于现代世界、属于伦敦;虽然大脑会犹豫,会变得眩晕起来,双脚却会找到出路。无疑,这就是伍尔夫理解其内心世界的方法;两个星期后,她又写道:"我沿着这条窄窄的人行道又往前走了一段,没有掉下去。"[10]虽然她没有提到这一次此种心理上的人行道漫步跟她在伦敦人行道上的真正行走是不是同步实现的,但两者之间的联系——进入和跳出自我——在伍尔夫的作品中却始终表现得很明显。

这一点从两篇对比鲜明的日记就可以看出来:其中一篇写于 1921 年 8 月,当时伍尔夫正从又一次精神疾病发作中康复过来;另一篇则是她在灵感达到巅峰状态、创作出了《达洛维夫人》一作的时候,差不多是 3 年之后的同一天写的。前一篇日记中充斥着沮丧之情,因为当时她既无法工作,也无法行走:

　　没什么可记的;只有一阵难以忍受的烦躁,想要一个劲儿写
下去。我被锁在自己的磐石之上:什么都不能做:注定任由每
一种错误、怨恨、烦恼与困扰,再度抓挠撕扯着我的心。也就是
说,我不能漫步,也不能工作……我什么都愿意付出,只为能穿过
费莱(Firle)的森林,尘土飞扬、炎热难当,转头回家,全身的肌肉
都很疲惫,大脑则沉浸在芬芳的薰衣草中,极其清醒、冷静与水到
渠成,足以应对明天的任务。我将怎样注意到一切——描述之语
紧随而来,无比恰当,接着又走上了那条尘土飞扬的道路……如
此一来,我的故事就会自行开始呈现。[11]

　　伍尔夫就像是普罗米修斯(Prometheus)一样无助且"被锁住"了,
是一个受到了诸神惩罚的受害者,在秃鹰啄食其思想的时候什么都干
不了。她不得不静止不动、呆滞怠惰、毫无生气:若是没有行走,毫无
活力的就不仅仅是她所写的词句了。伍尔夫对其死气沉沉的自我与
徒步行走的自我所做的对比,形成了一种彻底的反差。前面几句流露
出的听天由命,连同所用的被动语态和无主动词,逐渐变成了一种紧
张的动作场景,其中充斥着带来了生机与活力的动词与副词。对行走
的这一描述将整个身体与写作、行走的目标结合起来了:肌肉的极度
疲劳,为大脑带来了一种有如"芬芳的薰衣草"的奇妙收获;随着身体
燥热起来,大脑却变得冷静了。行走由此变成了一种重要的安全机
制,让身体而非大脑留在了"尘土飞扬、炎热难当"之中。因此,它也是
一种将身体精力转化成智力领悟的手段:随着身体前行和双目所睹,
文字就会在一个无缝衔接、没有停顿的过程中形成。奇怪的是,最终
结果却又回归到了一种被动性:"故事"开始"自行呈现",不再受到任

何创作力量的影响了。就像伍尔夫描述她在徒步行走的过程中创作《到灯塔去》时的情况一样,其中也带有一丝无意识创作的意味。伍尔夫漫步时的大脑极易受到双脚行走的影响。

大脑的创造力与双脚运动之间的这种关联,在伍尔夫对她完成《达洛维夫人》一作的描述中体现得非常清晰:

> 我想,我可以直接写到那场盛大的派对,并且就此结束;忘掉塞普蒂默斯(Septimus),描写此人是一件非常紧张与棘手的事情,并且略过彼得·沃尔士(Peter Walsh)吃晚餐的场景,因为描写那个场景可能也有一定的困难。可我喜欢从一个灯火通明的房间走到另一个,因为在我看来,这样的房间就是我的大脑;灯火通明的房间;在田野间的行走,则是走廊。[12]

在这里,伍尔夫想象出了一种奇妙的心理地貌,以截然不同的乡村内容模糊了一座伦敦排屋的特征。伍尔夫心中的内部地形映射到了外部世界的地形之上,并且反之亦然;因此,如果没有一个行走于实体存在(或者进入实体存在)诸路线上的身体,伍尔夫大脑中那些灯火通明的房间就会变得与世隔绝、互不连通且无法进入。行走之时,伍尔夫既是走到了田野之上,也是走进了自己的内心之中。对伍尔夫来说,行走与写作极其紧密地交织在一起,因此她开始把创作小说视为一种行走形式了。在构思《雅各的房间》一作之初,她就对自己指出:"一个人只要开始写作,就会类似于一个业已见过乡村延绵之景的行者。"[13]在伍尔夫看来,若是没有行走的词汇来塑造和容纳她想象世界的方式,她就不可能写作。

伍尔夫的所有作品——她的日记、书信与小说——都把徒步行走
与思考关联起来了。离家一段时间之后，伍尔夫于 1909 年回到了圣
艾夫斯的家中，然后迅速安顿下来，进入了一种由行走、思考、阅读与
想象构成的生活节奏；这种节奏将成为她一生中大部分时间里的生活
模式，行走则在其中变身为"燃料"，维持着并激发了她所有的精神
活动：

> 晚餐之后是一段非常惬意的时光。一个人坐在炉火边，想着
> 自己当天下午在薄雾之中步履艰难地登上特雷斯岔口（Tress
> Cross），坐在山顶一块花岗岩墓碑上，环顾大地，任由雨滴打在皮
> 肤之上的情景，就会产生文思泉涌的感觉。您或许还记得，那里
> 的岩石宛如俯卧的骆驼，还有花岗岩柱子，两者之间则是一条平
> 坦的草皮路。想想这个，就是一件令人愉快的事情……我的生
> 活，近乎完美……这里安宁静谧，随时都可以走出家门，沿着一条
> 条色彩斑斓的长路来到悬崖边，下面就是大海，返回时经过一扇
> 扇亮着灯的窗户，回家喝茶、烤火、看书——然后，一个人就会思
> 绪万千，对世界和一个个瞬间有了概念，宛如空中的一只蜻
> 蜓——我的大脑之中，不停地想着这一切。[14]

伍尔夫的想象力给康沃尔郡 12 月份的一个阴雨连绵的日子带来
了异国情调和令人赞叹的色彩——骆驼与蜻蜓都是因为伍尔夫曾经
广为游历才想到的：岩石、思绪和时间都被赋予了奇怪的躯体来驻
留，让这些熟悉的东西变得怪异而如梦似幻，但同时也是物质的和切
实可感的。正是行走赋予了这些东西实体存在性。随后，伍尔夫的这

段散文还准确地反映了引起这些想象的运动与念头的先后次序：随着行者匆匆回去享受温暖、灯光与食物，逗号也越来越多，一个接着一个。接下来，认知开始，破折号就让作者和读者都能暂时停下来喘口气了。心灵的动力就是身体运动带来的活力。

行走还具有一种幻想之力：它不但让伍尔夫能够赋予岩石生命、凭空想象出形状并且让时间暂停，还赋予了她透视自己所认为的事物真相的本领。1918 年住在苏塞克斯郡的"阿希汉姆舍"（Asheham House）——从 1911 年到去世之前，她一直在该郡拥有一栋乡村住宅——的时候，伍尔夫经常到房子上方的丘陵去漫步。虽说冬季的薄雾可能让眼睛看到的东西变得模糊不清，但这种漫步在伍尔夫的内心开辟了新的远景：

> 我最喜欢阿希汉姆的一个方面，就是我曾在那里博览群书；散步回来，坐在炉边喝上一杯茶，然后看书，看书——聊一聊奥赛罗（Othello）——随便说点什么，是一件多么令人愉快的事情啊。看什么书似乎并不重要。不过，一个人的官能会变得极其澄明，以至于所读的篇章会摆脱其真正意义，仿佛被点亮了似的，呈现在一个人的眼前；我们会窥见全貌，确实不像我在伦敦经常出现的那种急促而阵发性的阅读。其时，树木光秃秃的，叶子都掉光了，耕过的土地一片褐色；昨天，丘陵在薄雾之中如山脉般延绵起伏，雾色轻盈难察，因为只有无生命的细微之处才会消失。[15]

在丘陵上，在书本中，"无生命的细微之处消失"揭示了"被点亮了"的书本与大地的"真正意义"。在这两种情况下，视觉都呈现得很完整，改变了眼前所见,以至于丘陵变成了山脉,"真相"则会变得澄明清晰。

在 1920 年 1 月 7 日所写的日记里,伍尔夫用印象派的手法描绘了丘陵地区,体现了那种清晰对其小说创作的重要性;当时,伍尔夫住在罗德梅尔(Rodmell)的"僧侣屋"(Monk's House):20 多年的时光中,那里都将是她的第二个家:

> 比如说,太阳出来了,树木及其上部的嫩枝都染上了火一般的色彩;树干却呈碧绿之色;连树皮也色彩明亮,如蜥蜴的皮肤一般不断变化。再如,阿希汉姆山上薄雾缭绕;长长的列车上,窗户上闪烁着阳光的斑点;烟雾在车厢上面往后飘扬,宛如耷拉着的兔子耳朵。白垩采石场闪耀着粉色的光芒;渍水的草地翠绿丰茂,一如 6 月,但细看上去,草茎短浅,却像角鲨之背,崎岖不平。但我可以继续一页又一页地记下自己看到的东西。每一天,或者说差不多每一天,我都走向一个不同的地点,然后带着许多相似的东西和奇迹回来。离家 5 分钟就到了开阔地带,极大地吸引着我去登上阿希汉姆;诚如我所言,无论走哪个方向,都会有所收获。[16]

徒步行走给伍尔夫提供了丰富的瞬间、人物与事件,让她收获满满,而她的日记常常像是一座文学实验室,让她能够在其中进行语言实验。伍尔夫在行走时观察到的一点一滴,都成了她形成自己那种独特小说风格的原材料:有些时候,她会把漫步途中搜集的宝贝带回家里;还有些时候,她搜集的却是美妙简洁、体现了所见所闻之精髓的描述。对于这两种搜集而言,行走都不可或缺。

伍尔夫无疑把她通过行走而想到的词句与念头,视为大地的某种产物:于是,写作就变成了一种收获语言与视觉奖赏的行为。早在1926年夏季住在苏塞克斯郡时,她就曾写道:

> 由于不打算在一个星期里都绞尽脑汁,所以我在此要写下这部世间最伟大的书籍的开篇几页。这部作品的内容全然由一个人的思想单独而完整地构成。能不能认为,一个人可以在它们变成"艺术作品"之前领会它们呢? 就是在脑海中浮现思想之时,热切而突然地捕捉它们——比如说,在徒步登上阿希汉姆山的时候。当然不能,因为语言的加工缓慢而具有欺骗性。[17]

伍尔夫认为,工作"榨干"了她的大脑,或者说让她的大脑里变得空空如也,而行走却会重新充实大脑:她把自己的大脑想象成了一个容器或者储存器,储存着她在漫步途中搜集到的丰富信息;接下来,她又会把这些信息提供给出版商和读者去搜集。1929年8月,伍尔夫曾写道:

> 此时,劳心费神且令人痛苦的书与文章都从我的脑海中消失了;我的大脑似乎得到了充实与扩展,实际上还变得轻松而平和了。我开始感到,自我们来到这里,经历了无尽的绞拧和榨取之后,此时我的大脑正在不知不觉中充实起来。因此,如今无意识的部分开始拓展;行走之时,我注意到了红红的玉米、蔚蓝的平原,以及无数叫不出名字的东西,因为我没有想着任何具体的事物。时不时地,随着某种想法、计划或者形象涌现出来,我觉得自

己的思想有了具体的形状,就像洒满阳光的云朵,可这些想法、计划或者形象会像云朵一样,在天际不断移动;我平静地等待着另一种想法、计划或者形象出现,或者什么也没有,至于究竟是哪种情况,并不要紧。[18]

伍尔夫对写作的概念化,具有绝对的肉体性——她是通过与身体有关的明喻和隐喻来理解整个写作过程的。书籍和文章"拉扯"着她的大脑,而她也记述说,自己能够**感到**大脑"扩展,实际上还变得轻松"了:即便是"平静",也被她视为一种生理感受。随着她的目光注视着光线或色彩的细节,伍尔夫的思想也发生了幻化,她**感到**思想变成了云朵(那一定是一种异乎寻常的感受!)。接下来,随着每种新想法"**涌现**"出来,思想似乎也会舒适而愉快地改变形状:伍尔夫脑海中的思想就像空中的对流气流一样,会凝聚成神奇的模样,瞬间进入感知,并且再次迅速消失。

这一过程的核心就是行走,而这种知识也成了伍尔夫在一生中获得深刻的幸福感的源泉。在1934年10月2日所写的日记中,她曾如此说道:

> 夏天就这样结束了……啊,漫步多么快乐!我的心里,还从未如此强烈地感受过这种快乐……恍恍惚惚,就像在游泳、在空中翱翔;感觉和想法有如潮水,纷至沓来;山丘、道路、色彩在缓慢而又明艳地变化:一切都融为一体,宛若一张极薄的纸,上面写满了完美而平和的幸福。的确,我经常在这张纸上绘出最亮丽的图画。[19]

行走让伍尔夫进入了一系列不断变化的状态之中——她陷入了"恍惚"，她在"游泳"，她"在空中翱翔"；这段文字，还提出了一种可能出现的幸福感，即她同时获得了上述一切感受。这些状态的魔力与强大的"漫步之乐"结合起来，就成了伍尔夫能够用于在脑海中创造出那张"极薄的纸"的原材料；她既在想象中，也真正将各种朦朦胧胧的、宛如云朵一般的想法铭记到了这张"纸"上。

弗吉尼亚·伍尔夫婚后生活中大部分时间，都是在苏塞克斯郡和伦敦两地度过的。她的作品表明，两地截然不同的环境对她来说同样必要：在伦敦生活太久，有导致"过度激发"的危险，可能会危及她的心理平衡；而在苏塞克斯郡生活太久，则有可能导致她产生孤独感。同样，两个地方还为伍尔夫提供了两种对比鲜明却又相辅相成的行走方式；她对这两种方式一视同仁，都很看重，因为它们用不同的方式为她打开了心灵的世界。在 1927 年 5 月 31 日所写的日记中，伍尔夫总结了自己喜欢漫步于伦敦的原因，称那座城市本身"永远吸引着我、激发着我，给了我戏剧、小说加诗歌，且除了迈步穿行于街巷之中，我无需费任何力气"。[20]与伍尔夫许多描述徒步行走的作品一样，她在这里也把自己想象成了一个被动的角色：创造力是那座城市"给"她的一种礼物。然而，这份"礼物"的大小却稍微有点儿惊人：伦敦赠予的并不是戏剧**或者**小说，而是"戏剧、小说加诗歌"。标点符号的缺失，强化了这种过多感，因为她让每种作品类型都紧随着上一种而来，其间并无停顿。但是，一位作家又该如何同时去应对这 3 种类型呢？所以，也许在伦敦漫步是一件需要谨慎为之的事情；若说漫步会给作家带来收获，那么城市漫步就有可能让那种收获供过于求。

虽然在伦敦街头漫步时必须小心，这种行走却给伍尔夫提供了她

步履不止
一部女性行走史

在乡间行走时无法获得的经历与心得：

> 伦敦魅力无穷。我走出家门，踏上一条黄褐色的"魔毯"，它
> 似乎毫不费力就会把我带到美景之中。夜晚非常美妙，各家各户
> 都是白色的门廊，还有宽阔宁静的街道。人们突然出现、突然消
> 失，一个个步履轻盈，像兔子一样有趣；我俯瞰南安普顿街
> （Southampton Row），那里湿漉漉的，有如海豹之背，或者在阳光
> 下呈红黄两色；看着公共汽车来来往往，听到了古老而又古怪的
> 风琴声。总有一天，我会写一写伦敦，写一写伦敦是如何毫不费
> 力地占据并且裹挟我们的个人生活一起前行的。一张张过往的
> 面孔，不但让我的心灵为之振作，还让它无法平静下来，就像我在
> 罗德梅尔的静寂之中一样。[21]

刚一离开家门，伍尔夫就被带入了一个有如《天方夜谭》（*Arabian
Nights*）一般的国度，其中充斥着魅力、魔毯、色彩与声音。然而，贯穿
这段描述始终的还是分散注意力的重要性与其中的乐趣。在苏塞克
斯郡的时候，伍尔夫描写过"道路……缓慢……的变化"的创造力，但
在伦敦，具有激发作用的却是各种事物——人们、物体、念头、思
想——在眼前"突然出现、突然消失"时的快速了。在这里，"心灵"无
法"平静"下来很重要，因为大脑与感官会被太多的信息弄得不堪重
负。尽管如此，也仍然有可能出现收获过剩的危险：如果心灵永远
"无法平静下来"，经历与想法又如何能够被作家转化成语言呢？如果
像伍尔夫的描述表明的那样，用工作"清空"大脑和用行走充实大脑之
间存在一种共生关系的话，那么，留在一个地方就会带来不断充实、充

实、充实的危险。

伍尔夫似乎已经在遵循自己"写一写伦敦"这句话的过程中,找到了一种巧妙的解决办法。这部作品是一部长篇随笔,也就是发表于1927年的《街头漫步》(Street Haunting)。在这部作品中,伍尔夫阐述了漫步于伦敦车水马龙的街道上给人带来创造力与想象力的诸多可能性。尽管她所描述的行走似乎清白得很(叙述者是为了买一支铅笔而离家外出),但其中也含有越规逾矩的迹象,因为不但社会规范受到了挑战,叙述者偶尔还会违反社会准则:

> 傍晚时分的黑暗与街灯,也让我们有了一种不负责任的放纵感。我们不再完全是自己。一个美好的傍晚,在4点至6点之间走出家门后,我们就甩掉了朋友们所熟悉的那个自我,变成了由众多无名漫游者组成的那支庞大的共和军中的一员;在自家孤独已久之后,有这些人相伴就是一件极其惬意的事情了。[22]

在伍尔夫的描述中,城市漫步是一种激进行为;经由这种行为,个人的责任甚至是身份都被消解了。事实上,自我是被"甩掉"的,就像丢弃一副外壳或者面具一样,然后被另一种共有的身份取代了。叙述者不再是一个个体,而是融入了这支"庞大的共和军";后者则是一个无名无姓但数量庞大的群体,其数量足以挑战现有的社会秩序。在这段描述中,伍尔夫采纳了一直为世人公认的一些观点,即行走不但很危险,其合法性也值得怀疑——一个有可能因为漫步于这片土地上、犯有"流浪罪"而被人带到地方治安官那里去的"流浪汉"(tramp),与一个拥有扰乱社会秩序之力的"漫游者"(tramper)之间,几乎没有什么区别。

然而，对伍尔夫来说，行走的真正力量却在于，它具有彻底改变自我的能力。她用一种令人惊讶的意象，说明了行走会如何打破那些个人可以表达自我的脆弱的社会结构。刚一离开家，走进那群"漫游者"之中："我们的灵魂为了容纳自己，为了让自己的模样与众不同，已经分泌出了一层有如贝壳的覆盖物，可如今这层覆盖物被打破，剩下的只有皱纹，粗糙无比，宛如牡蛎的感知中枢，宛如一只硕大的眼睛。"[23]行走再一次消解了个人的身份，直到留下的只是我们共同拥有的感知能力：那只"硕大的眼睛"可以属于任何人，同时也属于我们所有人。漫步于伦敦夜间的街头时，眼睛不再束缚于自我，只与行走的身体相连，故它能够构思出自己想要构思的任何东西，能够变成自己想要变成的任何东西。在这篇随笔中，伍尔夫还问，"真正的自我"是否"既不是这个，也不是那个，既不在这里，也不在那里，而是某种变幻莫测、飘忽不定的东西，只有顺从其意愿，任由它畅通无阻地走自己的路，我们才真正是自己"呢?[24]自我的本质，只能通过行走来理解：它不会感到"惊奇"（wonder），只会"漫游"（wander）：

> 一路穿越孤寂回家的时候，我们可以给自己讲述一个个故事，比如侏儒、盲人、梅菲尔（Mayfair）大厦中的派对，以及文具店里的那场争吵。对这样的生活，我们可以探究得深入一点儿，从而让自己产生一种错觉：我们并未受缚于一种思想，而是可以暂时假冒别人的身体和思想……可以离开个性的通衢大道，踏上荆棘与粗大的树干之下的小径，通往生活着那些野兽，也就是我们同胞的森林深处；还有什么会比这样做更加令我们感到欣喜和惊奇呢?[25]

在这里,别人的自我变成了可以行走的小径;可以说,这与伍尔夫描述的"行走于田野间的门廊"、前往个人内心中一个个灯火通明的"房间"很相似。地上的路人人可走,故在伍尔夫的想象中,通往"我们同胞"的小径也畅通无阻,人人可走。由于任何一个找得到路的人都可以踏上那些小径,所以我们能够接触到其他人的自我。

行走对伍尔夫不可或缺,这一点是毋庸置疑的:正是经由行走这种语言,她才开始理解自身思想的运作方式;她行走的自然世界是一种重要的模式,可以将她的内心世界融入其中,从而让她在两个世界里的体验都变得更加丰富。在精神状况不佳的时候,伍尔夫就是通过行走,随着肉体踏上那一条条著名的小径,让她再次熟悉了大脑中的心理地形而找到了出路,恢复了健康。身为作家的伍尔夫把自己视为一个勇敢的探索者,探索着一个无形的、把她的内心与别人的思想连接起来的道路网络;若是没有在这个自然世界里的终身行走,她就不可能绘制出一幅复杂、紧张而令人激动的心灵地图;而这幅心灵地图就是身为作家和一个人的伍尔夫努力想要实现的诸多成就的基础。

从大英图书馆(British Library)出来的时候天色已黑,但我还是想走一走,一路走回布鲁姆斯伯里的寓所去。尤斯顿路(Euston Road)上车水马龙,出租车和公共汽车响亮地鸣着喇叭,争相与卡车、货车抢行;因此,我快步走出"拥堵费"征收区(Congestion Charge zone),来到较为安静的街道上之后,不禁大大地松了一口气。虽然孤身一人,但我并不觉得危险。我经过了塔维斯托克广场(Tavistock Square),接着朝拉塞尔广场走去。我流连于此,享受着傍晚时分的温暖。我看到了一张长椅,便坐了一会儿;相对的黑暗与宁静舒缓了我在此城办事和埋头研究了一天的档案资料所带来的疲劳。后来,吃过东西之后,我便开始去探险了。我的心中并没有设定目的地。更准确地说,我是出于好奇才去漫步的。以前,我还从未到过伦敦的这一片;想到我是在伍尔夫边走边构思出其小说的地方漫步,我就激动不已。我在街上行走了数个小时,享受着观察别人却不被别人注意到的感觉。隐身于闹市之中,既让人觉得不可思议,也颠覆了我的认知。

注释:

1. 弗吉尼亚·伍尔夫,1917 年 8 月 8 日的日记,见于《弗吉尼亚·伍尔夫日记》,第 1 卷"1915—1919",由安妮·奥利维尔·贝尔编纂[哈蒙兹沃思(Harmondsworth),1979],第 41 页。

2. 弗吉尼亚·伍尔夫,《街头漫步:伦敦历险记》(*Street Haunting: A London Adventure*,1927,2012 年再版),第 21 页。

3. 弗吉尼亚·斯蒂芬写给维奥莱特·狄金森的信,1906 年 8 月 4 日,见于《心灵的飞翔:弗吉尼亚·伍尔夫书信集》,第 1 卷"1888—1912"(*The Flight of the Mind: The Letters of Virginia Woolf*, Volume One "1888 - 1912"),由奈杰尔·尼科尔森(Nigel Nicolson)和乔安妮·特拉赫特曼(Joanne Trachtmann)编纂(伦敦,1975),第 234 页。

4. 弗吉尼亚·斯蒂芬写给维奥莱特·狄金森的信,1906 年 4 月 16 日,见于《书信集》,第 221 页。

5. 弗吉尼亚·斯蒂芬写给克莱夫·贝尔的信,1908 年 8 月 19 日,见于《书信集》,第 356 页。

6. 伍尔夫,1918 年 11 月 3 日所写的日记,见于《弗吉尼亚·伍尔夫日记》,第 1 卷"1915—1919",第 214 页。

7. 同上,第 35 页。

8. 弗吉尼亚·伍尔夫,1930 年 3 月 28 日所写的日记,见于《弗吉尼亚·伍尔夫日记》,第 3 卷"1925—1930",由安妮·奥利维尔·贝尔与安德鲁·麦克尼利编纂(伦敦,1981),第 298 页。

9. 弗吉尼亚·伍尔夫,1920 年 10 月 25 日所写的日记,见于《弗吉尼亚·伍尔夫日记》,第 2 卷"1920—1924",由安妮·奥利维尔·贝尔与安德鲁·麦克尼利编纂(伦敦,1980),第 72 页。

10. 伍尔夫,1920 年 11 月 10 日所写的日记,见于《弗吉尼亚·伍尔夫日记》,第 2 卷"1920—1924",第 73 页。

11. 伍尔夫,1921 年 8 月 18 日所写的日记,见于《弗吉尼亚·伍尔夫日记》,第 2 卷"1920—1924",第 132—133 页。

12. 伍尔夫,1924 年 8 月 15 日所写的日记,见于《弗吉尼亚·伍尔夫日记》,第 2 卷"1920—1924",第 310 页。

13. 伍尔夫,1920 年 5 月 11 日所写的日记,见于《弗吉尼亚·伍尔夫日记》,第 2 卷"1920—1924",第 36 页。

14. 弗吉尼亚·斯蒂芬写给克莱夫·贝尔的信,1909 年 12 月 26 日,见于《书信集》,第 416 页。

15. 伍尔夫,1918 年 1 月 3 日所写的日记,见于《弗吉尼亚·伍尔夫日记》,第 1 卷"1915—1919",第 94—95 页。

16. 伍尔夫,1920 年 1 月 7 日所写的日记,见于《弗吉尼亚·伍尔夫日记》,第 2 卷"1920—1924",第 3—4 页。

17. 伍尔夫,1926 年 7 月 26 日之后所写的日记,见于《弗吉尼亚·伍尔夫日记》,第 3 卷"1925—1930",第 102 页。

18. 伍尔夫,1929 年 8 月 22 日所写的日记,见于《弗吉尼亚·伍尔夫日记》,第 3 卷"1925—1930",第 248 页。

19. 弗吉尼亚·伍尔夫,1934 年 10 月 2 日所写的日记,见于《弗吉尼亚·伍尔夫日记》,第 4 卷"1931—1935",由安妮·奥利维尔·贝尔与安德鲁·麦克尼利编纂(伦敦,1982),第 246 页。

20. 伍尔夫,1927 年 5 月 31 日所写的日记,见于《弗吉尼亚·伍尔夫日记》,第 3 卷"1925—1930",第 186 页。

21. 伍尔夫,1924 年 8 月 15 日所写的日记,见于《弗吉尼亚·伍尔夫日记》,第 2 卷"1920—1924",第 301 页。

22. 伍尔夫,《街头漫步》,第 5 页。

23. 同上,第 6—7 页。

24. 同上,第 14 页。

25. 同上,第 21 页。

第七章
娜恩·谢泼德

但攀登令人心生喜狂，

于成功之前，于终达顶峰之前，

数个小时都是如此。身后峡谷悠长，

石路陡峭，下有积雪之洞穴隐于一旁，

洞沿锐利，冰冷的河水在滚滚流淌。

此时此地，洼地之巅并无顶峰，

看不到蔚蓝而遥不可及的世界，

但这座灰色的高原上岩石密布，广袤而寂静，

有幽暗的湖泊，险峻难行的峭壁，还有积雪；

一座大山闭于其中，却自成一界，

广袤无际。心灵或亦如此，

艰辛劳碌，不见无限，

唯有一种巨大、黑暗而神秘的感觉

有其自身之恐惧，自身之荣耀与力量。

娜恩·谢泼德，《埃查尚谷之巅》（"Summit of Coire Etchachan"）

　　娜恩（或者"安娜"）·谢泼德是一位著作颇丰的行者与山地作家；在其自称为"游览"（traffic）的那几十年里，她深入了解了凯恩戈姆山脉的情况。与群山的亲密接触就是她的创作根基；她的 3 部小说、诗歌、随笔和书信，都是在多年的徒步行走过程中创作而成。娜恩以山为邻——她在阿伯丁附近生活了大半辈子，从家里的花园里就看得到群山——而群山也是她的避难所和暂时的解脱之地。有时，她是为了逃避在市里当讲师的工作：1931 年声名最为鼎盛的时候谢泼德接受过一次采访，其中就记载了她不管什么时候，只要做得到，就会躲到"远方山坡上的一位佃农家中，就连复活节的大雪亦不可阻"的情况。[1]但她偶尔也会逃往山间，以便摆脱写作，稍作休息。"我打算在冬天到来之前——就在下个周末——再次放下这部小说，到山上去度过愉快安宁的一个星期，"她曾写信告诉友人兼同行作家尼尔·冈恩（Neil Gunn）说，"这一次，我要去阿维莫尔（Aviemore）。我甚至有可能再写点儿诗，谁知道呢。无论如何，我都要看到凯恩戈姆山脉——还有悬崖峭壁——还有冰冷冰冷的积雪。"[2]在一个通常都不适合生存的地方，在那种地方的恶劣条件下，谢泼德找到了自己的家园。

　　尽管经常萌生"逃离"写作的冲动，但有那么一段时间，谢泼德还是著述极多的；她的 3 部小说都发表于 1928—1933 年那 5 年的狂热创作期间，而后的一年又出版了一部诗集，并且广受好评。接下来，她就无声无息了——至少在公众眼中如此。直到 40 年之后的 1977 年，到了谢泼德不久于人世之前，她才再次出版作品《活山》；此作其实早已完成，却被封藏了数十年，最终由阿伯丁大学出版社（Aberdeen University Press）出版。全作有 3 万单词，那种令人心醉神迷的美感让读者都深感折服；谢泼德的作品向读者阐明了一些长期以来都无人言及的真理。"我很高兴,您会站在克洛赫纳本(Clochnaben)上'俯瞰您的'群山——"小说家杰茜·凯森曾经写道;此人既是谢泼德的朋友,也是她的同道中人,喜欢到山间漫步。

> 我也明白,您并非**仅仅**是看——您还"**了解**"群山都踩在您"脚下"的那种"感觉"——雨点打在您脸上的"刺痛"——您会"呼吸"山间的气味——我**很清楚**这一点——因为我也能够把我的——整个生命——"融入"所爱之地——与——以前的自己——也完全——不同——而是一种幸福——。[3]

了解群山,只有通过直接体验和"关注"群山才能做到;对谢泼德来说,她的关注是如此的敏锐,以至于"生命"都"融入"了这些"所爱之地"。那种"关注"还通过她笔下灵动的语言,把"细致准确当成一种抒情形式,把关注当成挚爱,把严谨当成颂辞,用观点构成描述"的手法体现了出来。[4]

1977年《活山》出版后不久,她的友人且同为诗人的肯·莫里斯(Ken Morrice)欣喜若狂地写信给谢泼德。"(诚如大家所言,)您的作品确实很了不起,"他说,"如此敏锐的观察力与一种诗意地加以表达的天赋相得益彰,实属难得。它并不'温柔',而是极具感染力,有阳刚之美,生动形象,深有体会……阅读此作后感受颇深,如余音绕梁,久久不去。"[5]莫里斯对这部作品的优点所做的评价与凯森的观点异曲同工:两人都认为,《活山》一作——以及导致这部作品问世的经历——让人身临其境就是它大获成功的关键。他们都说得对。谢泼德的创作核心,就在于细致而微妙地阐述身体的运动、作者的内省以及在人

生当中创造意义的景致之间种种复杂的相互作用。不过,她要表达的
还不止于此。谢泼德的生命与她在凯恩戈姆山脉中的经历紧密相连,
故对她来说,大山是**有生命的**。谢泼德的作品并没有试图于景致之中
简单地汲取意义,并不带有直接拿来的隐含意味和片面性。相反,贯
穿谢泼德的诗歌与散文作品的,是一种强烈而又感受深刻的确定性,
即人类与群山在彼此之间和彼此之内不但**正在**而且可以共享意义;对
谢泼德而言,它们属于两种存在类型,可以通过交流、接近与共鸣而进
入其中的每一种存在。她把凯恩戈姆山脉中的群山称为自己前去"拜
访"的"朋友";在群山面前,她的想象力会像受到了"另一颗心灵"触动
似的,豁然开朗。[6]但是,我们不能把这种描述误认成简单的拟人。更
准确地说,谢泼德提供了一种迁移的可能性、一种人类与石山之间交
换某种本质之物的可能性——这是一种充满活力和赋予生命的"石
化"手法。对谢泼德来说,这样一种深刻的嬗变,只有通过漫步于山间
且与群山一起漫步才能实现:

> 如此信步而行,一个小时又一个小时,各种感官都被激发出
> 来;一个人行走时候,整个身体都会变得透明起来。但这并非比
> 喻,"**透明**"或者"**轻如空气**"形容得恰如其分。身体并不是因此而
> 变得可以忽略,而是变得至高无上了。肉体不会被湮灭,而是会
> 得到满足。一个人并不是没有了肉体,反而是拥有了一具本质上
> 的身体。
>
> 所以,此时就是身体被激发出了最大的潜能,并且受控于一
> 种极度的和谐,进而陷入了一种类似于恍惚的状态之中;我发现,
> 这种状态最接近于**存在**。我已经走出了身体,进入了大山之中。

我成了大山全部生命的体现,就像山间的星形虎耳草或白翅松鸡一样。[7]

在这几句话的描述里,行走的自我经历了一种彻底的嬗变,被一种近乎神秘的过程推动着,身体从"极度的和谐"更进一步,深入到了一种恍惚状态——字面上和精神上都是如此。双脚宛如一个极其平稳的钟摆,身体则像自己的催眠师;在谢波德的抑扬格诗作《我是》("I am")当中,"脚步放下和抬起的节拍"对应的描述是双脚发出的颂歌。[8]如此陷入出神的状态之后,行者便从有形升华到了无形。身体被抛在后面——尽管自我仍然完整——进入了"大山之中":关于身体消失在山坡之中的描述,可不只是呼应了"穿花衣的吹笛手"*那么简单。接下来,随着"我"的存在轻而易举地与卡恩戈姆山脉的上坡点缀着的"星形虎耳草"和出没的"松鸡"融为一体,失去了有形存在的"我"似乎会自由地漂浮起来,从一个无法识别的位置说话;因此,几乎没有什么迹象表明人类会在哪里结束,而山的世界又始于哪里。

这组"镜头"暗示出人与山之间可能存在一种异常亲密的关系,是一种多年来与这些山丘、洼地同处并生活于其中导致的亲密关系。谢波德终身都在卡恩戈姆山脉中行走,直到她最终"为年迈所苦"才作罢。[9]她是一位体格健壮、意志坚定且喜欢冒险的行者,与群山为伴并且漫步于热爱的山中时,她会变得极其快乐与兴奋。在谢波德看来,热爱群山有如"就餐时不断增长的食欲",它"像美酒与激情",会"将生

---

　　* 穿花衣的吹笛手(Pied Piper)——《格林童话》中的一个人物,被国王请来驱逐镇上的老鼠。但因国王食言未给报酬,他便吹笛把镇上的小孩都拐走了。这个词如今有了"诱骗者,善开空头支票的领导者"等寓意。

命"提升到"荣耀的程度"。[10] 忘情于群山的谢泼德变得**"异常兴奋"**（fey），因为人们可以看到她"安然行走于危险之地，带着快乐的放纵之情，据说那种放纵属于注定将死之人的标志"＊。[11] 虽然谢泼德承认，记起"我曾毫无畏惧之情、轻盈飞快地跑过的那些地方"时，她会"思之色变"，因为害怕和"恐惧"而"胆怯异常"，可无论何时，只要回到群山之中，"同样振奋的精神"又会"带着她一路往上"，让她"再度**异常兴奋**"起来。[12] 她与山脉的"恋情"开始时，谢泼德还是一个毫无经验的年轻人；她记录了热爱群山之情曾经不顾一切地推着她进入那些她几乎一无所知的山岳之中的情况：

> 6月里一个美好的上午，我与两位先生驱车前往"德里小舍"（Derry Lodge）；他们刚一到达，便决意要立刻返回布雷马（Braemar）去。就在那时，又有4个人开着一辆汽车前来，他们显然是要去本麦克杜伊山（Ben MacDhui）。我马上跟他们搭讪，问傍晚可不可以搭他们的车返回布雷马：我打算登上那座山，一路上偷偷地跟着他们，不让他们离开我的视线，但不加入他们当中。他们同意了我的请求，于是我转过身去跟原来的同伴道别。可等我再次转过身来，那些登山者已经不见了。我赶紧跟了上去，费力地穿过散乱地长在溪流沿岸的松树，却没有赶上他们，所以我加快了一点儿脚步。最后，我穿过了树林，可往前面那座光秃秃的峡谷看去，却一个人影也没有见到……谨慎之心告诉我应该等一等，因为我之前只爬过卡恩戈姆山脉中的一座山；我开始怀疑

＊ 前面用了"fey"一词，它指"（临死前的）异常兴奋"，相当于我们所说的"回光返照"，所以才有放纵是"注定将死之人的标志"一说。

自己是不是走得太快，已经远远地把那帮人落在了后面。可我等不及了。那天上午万里无云、天色蔚蓝，时值 6 月，而我又很年轻。没有什么能够让我停下脚步。我就像一股火苗掠过山冈，一阵风地朝上面跑去。埃查尚河从积雪底下涌出，山巅则有如美酒。我一次就看到了一千座顶峰，全都清澈而闪亮。[13]

从其强烈程度和简单性来看，谢泼德想要登上山峰的渴望是天性使然；但她很幸运，当在山巅的她突然遭遇大雾之后，情况没有变得更加糟糕：因为她那种青春之"火"原本是很容易被笼罩于山上那种阴冷潮湿的云雾扑灭的。

不过，尽管谢泼德在山间那种危险而大胆的行为具有至关重要的吸引力，这种远足却让她渴望着某种更有意义的东西。她发现，那种东西"位于山间"。但在凯恩戈姆山脉中，理解是双向的。"有种东西，"谢泼德写道，"在我和它之间移动"——也就是在行者与大山之间移动。那种"东西"并不明确，但对谢泼德而言，它意味着"地点与一个人之间可以相互交融，直到两者的性质都发生了变化"。[14]这种"相互交融"的介质仍然不明确；事实上，谢泼德"说不出这种运动究竟是什么，只能进行叙述"。[15]因此，行走、写作与理解必定是一回事——行走与写作都不是理解**的**手段，它们本身**就是**理解的两个方面；理解既是漫步行走，也是写作。仅凭身体或者智力，都不足以令人满意地阐明人类与山岳之间那种关系的本质。

努力登上山岳顶峰也还不够。谢泼德当然酷爱登上顶峰——她曾兴高采烈地描述第一次在卡恩戈姆山脉中登山和登上本麦克杜伊峰时的情景；此山的海拔是 4 200 英尺，既是卡恩戈姆山脉的最高峰，也是英国的第二高峰。但她并未就此止步，而是继续攀登了附近的其他大山。其中，有布雷里厄赫山（Braeriach）、肯多尔山（Cairn Toul）和绿湖峰（Sgor an Lochain Uaine），它们是莱里格鲁（Lairig Ghru）地堑另一侧相互紧邻且渐次下降的 3 座山峰；有卡恩戈姆峰，虽说此峰本身海拔超过了 4 000 英尺，但与旁边其他一些高耸的山峰相比却相形见绌，成了一座小山。这些山峰都值得一登；若是运气够好、天气晴朗的话，站在山顶可以看到从兰茂密友尔山（Lammermuirs）到亚弗力克谷（Glen Affric）、从本尼维斯山（Ben Nevis）到布莱克岛（Black Isle）的大片风光——笔者有幸登过此山，可以证明这一点。但是，吸引谢泼德来到群山之间的，并不是往上攀登的过程，而是从山上"费力下爬"的过程；即下到山间那些安静幽僻的深处，下到隐藏着溪流的山谷及溪流的藏身之所，下到那些"狂热地想要找回"谢泼德所谓"高度的滋味"的人视线的下方。[16] 因此，《活山》一作中几乎很少涉及山顶或者地点的高度；相反，书中却让人强烈地感受到了那些难以到达、鲜为人知之地的力量，它们只能凭借坚定的徒步行走才能到达。其中的一个地方就是埃文湖（Loch Avon）。谢泼德对此湖的详尽描述，有点儿像是库克船长或者蒙哥·帕克*的描述——两人都拥有探索未知水路的特许状——只不过，谢泼德的这种精确源自持久的热爱，而非科学的要求：

> 此湖位于约 2 300 英尺高的地方，但湖岸高耸，有 1 500 英尺高。事实上更高，因为凯恩戈姆和本麦克杜伊两山也可以说是此

---

* 库克船长（Captain Cook，1728—1779），英国冒险家和航海家。蒙哥·帕克（Mungo Park，1771—1806），英国探险家。

湖的湖岸。从这条长达 1.5 英里的岩石裂隙下端走出来不难,只是距离太远。我们可以沿着埃文河(Avon)而下,行走 10 英里,到达英克罗利(Inchrory),这一路上都像凯恩戈姆山脉中的其他地方一样偏僻而人迹罕至;或者经由一些很好走的分水岭,进入斯特拉斯内西(Strathnethy)或者格伦德里(Glen Derry),或者从拜纳克的巴恩斯(Barns of Bynack)下方前往凯普利奇湖(Caiplich Water)。但此湖的高处无路可走,除非沿着一条条从高处流下的小溪往上攀爬:只不过,在"庇护石"(Shelter Stone)的上方,群山之间有一个缺口通往埃查尚湖,从这里往上攀登的距离则较短。

这条裂隙的内端是直接在花岗岩上侵蚀而成。从下面往上望去,侵蚀岩石的溪流看上去就像一团团迸溅的水花,双手就能让把它们的力量消于无形。然而在悬崖顶上,我们却发现其中的一条小溪上有一些水潭,深得足以在其中洗澡。漫过这些宛如阴森堡垒的岩石之上的溪水陡然泻落时,不带有任何沉积物;事实上,这种陡然泻落对溪水似乎还有过滤和通气的作用,所以遥远下方的湖泊波光粼粼,极其清澈。我认为还从未有人探测过这个窄窄的湖泊。我却知道它有多深,尽管并不是以英尺为单位。[17]

在这里,谢泼德将地质学、地理学和制图学的语言结合起来,对分水岭、山谷、过滤和通气作用进行了描述。对地点之间的关系也进行了仔细的表述:距离与连接路线都被准确地列举了出来,以便读者清楚地了解到埃文湖附近各个峡谷之间是如何相互连通起来的。假如读者想要亲身到这些峡谷中去探究一番,那么,凭借谢泼德对穿过凯恩戈姆山脉腹地这片复杂地形的路线进行的准确描述,他们就可以去进行这样的探险了。如此一来,谢泼德的随笔就半是一份路线指南,半是一幅文字地图了;不过,科学术语尽管极其准确,却无法让读者真正了解这个地方。那种了解只能通过身体在景观中的有形运动而非仪器设备的运动来获得;只有人类的双脚,而非成组的仪器,才能真正测量出大山的尺度。谢泼德的详尽知识都是通过一次又一次行走、进出埃文湖及其所在的那个令人生畏的盆地获得的,来之不易;在衡量距离、深度、洼地和石头等方面,她的身体比任何一种经纬仪或者测深仪都要好得多,因为她的身体能够在岩石和湖水中筛选出意义来。

的确,制图员用铅垂线或声呐、激光或全球定位系统(GPS)绘制出来的地图,并不能像经历过和了解过群山的谢泼德那样描述它们。标准地图涉及的只有表面,很少认可山地景观有什么内在性。可在谢泼德看来,山间的洼地、洞穴、鲜为人知的角落与缝隙都对了解群山必不可少;执着于广度和高度是无知与没有经验的证明,是登山者并不成熟的表现:

> 我对山丘非常熟悉,从小就在迪塞德(Deeside)的群山与莫纳利亚山脉(Monadhliaths)上跑来跑去,卡恩戈姆山脉另一侧沿斯佩河(Spey)河畔延绵起伏的那些高地,是孩子的理想乐园;对当时的我而言,每次攀爬到终点似乎都意味着开辟了一种俯瞰世界的开阔视野;此时,就是一个荣耀的时刻。不过,当您费力地往上攀爬,感受到坡度变缓并且到达顶峰之后,却会发现眼前并无什么开阔之景,而是一处腹地;爬上埃查尚谷之后的情况,就是如此——正是这一点,才让我感到震惊。[18]

进入山中,谢泼德也就是进入了自己的内心,并且发现她在这样做的过程中,因被"禁锢"于"四面八方"那"一座座高耸延绵的大山"之中而激动不已。[19]

这种勇敢,我们不应当低估:谢泼德在描述埃文湖的时候明确指出,进入这些内部空间可能很困难,也很艰辛,只不过她对自己体能天赋的描述非常低调罢了。在攀登到像拜纳克的巴恩斯之类的地方时,她经常面临一种有可能很危险的体能挑战。拜纳克莫尔(Bynack More)位于卡恩戈姆山脉东侧的莱里格拉伊格(Lairig an Laoigh)上方,是一座高耸入云的山峰,上面的岩石顶峰引人入胜;莱里格拉伊格将北边的阿维莫尔与南边的布雷马连接了起来。但在顶峰以下330英尺的北坡上,过了一个小小的崖沿之后,就是山中那些隐秘的"巴恩斯"*了。其中最大的一处巨大而古怪,是一块"硕大的黑色立方体岩石,就像安妮女王的一座宅邸";可尽管那么大,从相距不到半英里远的山顶却看不到。谢泼德写道:"一个人可以沿着其内部有点儿像是楼梯的地方往上走,并且通过一个裂隙往外看,就像从窗户中往外看一样";这是通过我们熟悉的楼梯与窗户,令它们显得很亲切——并且使进入其中也显得不会难于走到一栋房子的二楼上去。[20]不过,进入"巴恩斯"内部其实不是一件容易的事情,完全不同于笔者以前爬家里的任何一座楼梯。

在描述如此热情十足地探究大山内部的隐秘空间时,谢泼德的作品中充满了对地点和自我的评价;这种情况在行走文学中并不常见。这些评价源自她对凯恩戈姆山脉的深入了解,而这种了解又是她多年

---

* 巴恩斯(Barns)本义指"谷仓,牲口棚,大而空旷的建筑",此处从音译。

以来徒步穿越了许多隘口、进入了许多复杂的山腹洼地,并且沿着其中的小溪、河流与湖泊行走时逐渐积累起来的。在谢泼德看来,凯恩戈姆山脉中的溪流具有一种特殊的力量,这或许是因为那些溪流经常是从她极其喜欢探究的幽暗隐秘之处涌出的,但也有可能是因为她差不多一生都住在迪河(Dee)之畔;那是一条气势十分恢宏的河流,发源于肯多尔山与布雷里厄赫山之间那座高原上的群山中。位于皇家迪塞德(Royal Deeside)东部边缘、就在阿伯丁与此河河口平原地区之外的卡尔茨(Cults)村,距迪河的发源地即那座海拔 4 000 英尺且大风肆虐、雨水冲刷过的山腰很远,但在谢泼德看来,两者之间有一种不可分割的密切关系,具有一种可以辨识与感知的共同特征。家住河畔的谢泼德与她喜欢前去的高地之间具有一种明显可见的联系——流经她家的河水、源自群山腹地的瀑布或者潭沼;无论是几个星期、几个月还是几年之前,反正都是发源于那里。

然而,尽管长久以来都与迪河比邻而居,但对谢泼德来说,只有"在它们的源头"看一看,只有一路追溯至它们的发源地,才能真正了解凯恩戈姆山脉中的溪河。然而,这种尝试并不是除了身处高海拔之地的危险就没有其他的风险了。在《活山》一作的开头,谢泼德就提醒说:"这趟探寻源头的旅程可不能掉以轻心。我们是行走在自然力量之中,而自然之力是不可控制的。接触像风和雪之类变幻莫测的自然力量,也会激发一个人内心的自然之力。"[21] 沿着凯恩戈姆山脉中的河流与小溪徒步行走时,不但会遭遇变化无常且有可能很危险的山区天气,还会遭遇内心那种同样多变、可能同样危险且我们不可能保护自己免遭影响的"恶劣天气"。谢泼德描述了她在布雷里厄赫那座宽大的穹形山顶俯瞰着的高原上行走时,邂逅了刚刚发源的迪河时的情

景；这次邂逅让大山延绵不断、不屈不挠的存在与人类行者不停漫步、
转瞬即逝的生存有了直接的联系：

> 我站在那片静寂之中后，开始意识到它并不是一种彻底的静
> 寂。传来了淙淙的水声。我循着声音走过去，但几乎马上就看不
> 到什么了：因为高原上也有洼地，而这一个洼地面积广袤，斜斜
> 地向下延伸到了一条巨大的内向裂缝，即加布峡（Garbh Coire）。
> 它就像一片宽阔的树叶，以溪流为脉；溪流汇聚于悬崖边缘并下
> 落，形成了一道落差达 500 英尺的瀑布。这就是迪河。令人惊讶
> 的是，在海拔 4 000 英尺的这里，迪河已经是一条大河。它流经
> 的那片巨大"树叶"光秃秃的，表面全是石头、砾石，偶尔还有沙
> 子，有些地方长有苔藓与小草。苔藓之间到处点缀着一些堆积起
> 来的白色石头。我朝它们走去，河水喷涌，强劲且水量丰富，纯净
> 清冷的山水汇成小溪涓涓流淌，落于岩石之上。这些小溪成了迪
> 河之源。这就是迪河。水是一种强大的白色物质，属于四大神秘
> 的元素之一，我们却能在此见到其源头。与所有的奥秘一样，水
> 竟然如此简单，因而令我感到害怕。它从岩石之中涌出，一路流
> 淌。它已经从岩石中涌出和一路流淌了无数岁月。它什么都没
> 干，完全没干什么，只是做它自己。[22]

在这里，谢泼德转用现在时态，从而增强了这条河永远存在的印
象：相比之下，人生不过如蜉蝣一现罢了。这是一个令人觉得不安的
地方，是原始"奥秘"的所在地。这里显然也是一个力量强大的地方。
在这里，谢泼德似乎是命名了那条河的存在，并且用直白的表达加以

确认,所用的方式或许跟《创世记》中亚当(Adam)为动物们命名的方式没有两样[23]。"这就是迪河,"她说,"这些小溪就是迪河之源。这就是那条河。"确实如此。但是,亚当以及此后的神话或民间传说中许多为事物命名的人都获得了支配他们所命名的事物的权力,可谢泼德却没有如此;面对河流不断"奔涌"象征着的时间的深邃,人类的努力其实都是白费。事实上,正是在承认自己无能为力的过程中,谢泼德才认识到了自己与这座大山之间的关系。由于无力理解"那奔涌不息的河水",无法"深入理解其力量",并且认识到任何一种试图阻遏河水的尝试都是一种"荒谬而徒劳的举动",故谢泼德设法做到了与其奥秘共存——从隐喻和真正意义上来看,都是如此。[24] 只要明白"没有水,人类就无法生存",明白"流水对这座山来说不可或缺,有如花粉对花朵不可或缺一样",就足够了。[25]

沿着凯恩戈姆山脉中的溪流行走,无论是在现实中还是在想象中漫步,都对谢泼德理解群山"不可或缺";她不但试图用徒步行走的方式探究其中的河流与小溪,还试图通过诗歌来加以探索。对谢泼德而言,诗歌是一种留作特殊用途的形式,而写作也有可能是肉体上的一种折磨:在一封写给尼尔·冈恩的信里,她曾解释自己之所以不愿写诗,是因为她经常"也会在随后的疲惫面前退缩。我的身体不是特别强壮,我讨厌写作吞噬我的活力的方式。那就是懦弱"。[26] 很难想象谢泼德会因此而身体虚弱;她那经常行走的身体轻盈而强健,只是她也非常清瘦——1948年,她的体重只有44公斤(合98磅)。[27] 诗歌似乎需要消耗她的身体往往无法提供的资源,诗歌会消耗她一定的精力。尽管谢泼德觉得诗歌正在"吞噬"她是一种令人不安的想法,但诗歌仍是理解她的自我以及她所居的世界本质时极其重要的途径:

　　诗歌对我意义重大——在我看来,保持最强烈的存在就是所有体验的核心;虽然我时不时地瞥见了那颗燃烧着的生命之心的某个方面——对其美丽、奇异与令人敬畏的力量有所领悟且常怀心中——可当我试图把这些东西付诸文字的时候,它们却总是让我词不达意。结果,这种领悟就会变得微不足道。[28]

谢泼德首次试图理解凯恩戈姆山脉中诸河"燃烧着的生命之心",试图表达群山中起着作用却不可思议、不可理解的自然力量的某种本质时,运用的就是诗歌。

《在凯恩戈姆山中》(*In the Cairngorms*)一作发表于 1934 年,其中的《山间小溪》("The Hill Burns")一诗带领读者踏上了一趟非凡而又令人不安的旅程,进入了仍然留存在高地上的时间深处:

> 毫无沉渣
>
> 清澈的溪流淌过我的故乡,
>
> 极其纯净,
>
> 如光一般透明
>
> 汇聚起来,自成一体,
>
> 清澈无色;
>
> 或者碧绿,
>
> 宛如明净的苍穹,
>
> 光聚于自身,
>
> 若绿色之羽翼,
>
> 挣脱夜幕降临的烦恼,

步履不止
一部女性行走史

在守卫大山的伟大天使

自身的光芒之中闪耀；

或如琥珀一般澄明

可能汩汩流淌自

天堂之树上的水晶树干，

它是生命的象征，

在上帝面前永恒生长。

这些纯净之水

从坚硬的岩石上跃起，

那是我幽暗而顽固的故乡

的花岗岩与片岩。

它们在荒凉的高地涌出，奔流在

环境恶劣、荒无人烟的土地上，

布雷里厄赫高原

即使是炎炎七月

也有阵阵狂风

带着大海狂怒时的隆隆之声冲进山谷；

埃查尚谷

陡峭险峻

而狭窄的隘路之下

碎裂的岩石隆隆作响

它们为冬季暴风雪所裂

不再在原本所处之地；

麦克杜伊的顶峰，

岩石不惧霜雪的悠久摧残，

被炫目的冰冷狂怒之云淋湿，

透过云层，雪原若隐若现，如来自永恒湮灭之世的幽灵，

遥远的下方，埃查尚谷幽暗的湖泊波光粼粼，

是一个深不可测的虚空之地。

这些山脉之外，

从深成岩肆无忌惮的折磨中，

从火焰、恐惧、黑暗与剧变中，

涌出清澈的溪流，

此为活水，

如某种存在的纯粹本质，

本身无形，

只有通过其运动，方可得见。[29]

　　这首诗在两个世界之间保持着平衡。第一个是一个纯洁而光明的世界，一个由基督教的上帝统治着并由其天使扈从监管着的伊甸园式的世界。这个世界很年轻：起码据厄舍尔大主教（Bishop Ussher）的计算来看，《圣经》的时间跨度只有 6 000 年，而水的清澈纯净则暗示着一个尚未被亚当与夏娃的原罪所玷污的世界。然而，第二个世界却很古老，是以暴力与"剧变"为特点和创造出来的。这个世界就是地狱般的世界，可能还是恶魔的世界：群山上的岩石正在饱受"折磨"，就像一个人在赎罪苦修时那样，大地则由"火"所锻造。山中的溪流是由这两个世界创造出来的。它们从布雷里厄赫高原上的"荒凉的高地"与"环境恶劣、荒无人烟的土地"上涌出并流淌着，宛如生命中没有

原罪污点的"本质"。因此,溪流既古老又崭新;但这种原本可能矛盾的现象,在诗中却经由谢泼德对其"存在"的描述而得到了解决:进行时态能够同时把过去与现在包含其中。

寒冬腊月之时,山间的溪湖会变得寂静无声,而谢泼德同样对这种情况感到敬畏。凯恩戈姆山脉中很多地方的海拔高度超过了4 000英尺,这里的气候在北半球的高纬度地区更常见,经常是狂风"呼啸"、雪崩"肆虐"。[30]其中的山隘一度都是冰雪覆盖的大路,而高山山坡以及许多东向的山谷之中也有可能终年积雪。身为行者,谢泼德发现了水与冰这两种"元素"和它们对风景各种虽然引人入胜,却又令人不安的影响;所以,她的作品从来不会美化这两种元素的力量,连表达自己深爱着它们塑造山坡的方式时也是如此。而且,谢泼德很清楚冰雪可能会对人体造成什么样的危害。在她年纪尚轻、开始熟悉这座大山的时候,曾经有4个人"在一场暴风雪中失踪",还有一个人则在"5月里"的一处积雪中滑倒,摔死了。[31]30年后,当谢泼德准备在1977年出版《活山》而回首往事的时候,她还描述了一个更加令人伤感的故事。在她年纪尚小的时候,山上的积雪之中曾经发生过许多悲剧——那段时间"在一座大山的生命中不值一提",但对她回想起来的一些人来说,却意味着一切:

> 人们发现了一个男子和一位姑娘,可已经过去了数月之久,为时已晚;他们大大偏离了所走的路,姑娘曾经在纷飞的大雪中跪在地上摸索着爬行,所以双手和膝盖都磨破了。我仍能看到她那张活生生的脸(她曾是我的一位学生),洋溢着理智、热切而快乐的神情。她原本应该活到老的。曾经有70个人带着狗、开着

一架直升机出去搜寻一位去孤身滑雪却没有回来的人,而到被人发现的时候,那人已经死了。还有一群学生,因为行动迟缓而没有找到他们本应在其中过夜的小屋。他们躲在一道雪墙的后面,可到了第二天早晨,尽管他们的女教师付出了英勇的努力,却只有她和一名男生活了下来。[32]

谢泼德尤其明显地对以前那位女学生的悲惨命运感到难过,因为她用现在时态,将一个人半生的时间里发生的这些悲剧带到了当下,令人难忘。但在其他地方,她对山中行走的风险持有的那种冷静而理性的态度,却抵消了这种情绪。谢泼德不愿对有人做出的决定导致了那么多人遭遇此种悲惨结局的做法进行评判;相反,她把这样的选择视作人们为了了解群山而进行的重要探求中不可或缺的一个部分。她曾写道,这样的危险"是认可我们在山上对自己负有个人责任之后,所有人都必须承担的风险;只有做到了这一点,我们才能开始去了解大山"。[33]

谢泼德认可了那种"个人责任"。她曾经不带任何较为宏伟的目标,于"隆冬时节从一条小溪漫步前往另一条小溪",度过了"整整一天",只是观察着"水的流动与冰霜的静止之间的变化"。[34]然而,在其他地方,不断漂移的积雪却意味着人们了解到的任何有关大山的情况都是暂时的,在短时间里有用,却很容易因风向变化而改变。尽管"阳光下的疏松积雪被风吹动时,看上去像是田野中泛起的麦浪",它也有可能"成团卷过,吹过来时看得见,但由细小的冰粒组成,由于太过微小,所以它们吹过之时,肉眼根本无从分辨"。[35]谢泼德了解山脉的模式不断变化着,这在她的诗作中体现得最明显;比如下面这首标题简

单的《雪》,就轻描淡写地道出了自然与人类两种作用因素的复杂性:

> 我不知道。我如何能够理解?
> 因为我曾蔑视爱的名字。
> 我的双眸清澈,头顶的苍穹明净;
> 漫长的大地轮廓,澄明一片;
> 应我的要求,群山竞傲。
> 太过漠然,何以喜悦,啊,喜悦已够
> 我已知白云与清风都转瞬即逝:
> 色彩明澈,大地风吹,棕褐一片。
>
> 而现在——而现在——我迷惑地发现,我的世界
> 一夜之间,面目全非
> (从未有梦,令我整晚蜷缩)
> 无声无息,没有宣言,没有喜悦
> 萦绕于心的预言出现,却无狂风大作。
> 但清晨的大地奇怪无比,模糊而白茫茫一片。[36]

　　谢泼德的诗作在"知"与"不知"之间保持着张力,尽管两者之间的差异就像大地的轮廓一样,被积雪"模糊"了。叙述者是一位经验丰富的山中常客,对群山了如指掌,足以欣赏到"晴云与清风都转瞬即逝",知道山区的天气很少会长久持续下去。然而此诗一开篇,最初简简单单的 4 个字就认定这种了解不可能实现,称"我不知道"。因此,"知道"与"清晰"并不是一回事;后者是贯穿于开篇诗节的一种理念,先是

指视觉的质量,然后指天气的质量,再指力量的特质:正是"清晰"保持着"漫长的大地轮廓",并且导致了一种视觉上的错觉,即在说话者的意志之下,一列列山岳"竞傲",向远方而去。但无论是视觉、清晰还是认知,都不足以让人理解雪的外观:雪突如其来地出现在此诗的第二节中,没有会让人可以理解其存在的任何预兆。下雪之后,一切都不再是原来的模样——大地不一样,风景不一样,说话的人自然也不一样了:由于对大地变得"奇怪"无比这一点极为震惊,所以说话者觉得一切都不可确知了。

对谢泼德来说,"知道"是通过痛苦而危险的身体经历获得的,来之不易:那些经历为她的工作增添了一丝新鲜感。有一次,在凯恩戈姆山脉东部原本应是初春时节的天气中,谢泼德自己出现了"判断失误":

> 4月下旬的那一天,先是天气不错,接着却突然刮起了暴风雪。雪下了整整一个晚上——就算第二天艳阳高照,地上也仍是厚厚的积雪。我们打算去本阿比德的杜布湖(Dubh Loch of Ben a'Bhuird),并不想登顶,所以我没有采取任何防冻防晒措施;我以为,凛冽的寒风和炙热的阳光都不会损及我的皮肤,而此前我也没有体验过雪地上的强光是个什么样子。过了一会儿,我便发现那刺眼的光线实在让人受不了;我竟然看到,雪地上出现了猩红的斑块;我开始感到恶心,全身开始发软了。同伴不愿留下我一个人坐在雪地里,而我也不愿扫他的兴,让他实现不了这次漫步的目标,即拍摄此湖在冬季宁静状态下的模样;于是,我只得挣扎着继续前行,用他的黑手帕遮住眼睛——那真是一种令人难受、

像蒙着眼罩被禁锢起来的经历。[37]

对这种因为下雪而不得不蒙上眼睛的描述,读起来让人觉得很不舒服,尤其是因为谢泼德还告诫自己说,"若是记得天气暖和的时候空中也有可能飘起雪花的情况",她的那种不适就"有可能(得以)避免":这是一种经历了痛苦之后才汲取到的教训。[38]然而,在谢泼德的作品中,真正的教训——比如在山间徒步行走——需要历尽辛苦才能汲取。若想真正了解群山,就只能通过双脚不懈前行,经历由此带来的身体上的痛苦。然而,假如没有经历这种痛苦,谢泼德就不可能写作。

在她对河流及山脉腹地进行的一次又一次探索中,谢泼德经常不走已有的道路,转而选择沿着那些没有路标、没有人类行走痕迹的路线前行。谢泼德曾在《活山》一作中如此写道:"在艰难的行走过程中,眼与脚开始变得协调起来,能让一个人清楚地意识到,下一步将落在哪里。"这种认知会变成一种直觉,以至于我们无需进行有意识的思索,双脚就会找准落脚的位置;谢泼德回忆说,有一次在跑下一片长满石南的山坡时,她的身体自然而然地避开了两条蝰蛇,让她"一想到自己的双脚跑得又快又稳,就既觉得有趣,又感到惊讶"。[39]

虽然谢泼德在这种"艰难的行走"中获得了极大的快乐,但沿着已有的小径前行,也对她了解群山、了解她在山中的位置发挥了重要的作用。罗伯特·麦克法兰曾撰文指出,小路"不但是穿越空间的途径,也是感受、存在与认知的途径"[40];丽贝卡·索尔尼特则称,小径是"对以前去过那里的人的一种记录,沿着它们前行,就是追随着那些不再在那里的人的脚步"[41]。这两种观点,似乎都在谢泼德于卡恩戈姆山脉的小径上发现的意义中有所体现:

　　高原之上,久久都没有任何动静。我已经走了一整天,却没有见到一个人。我没有听到任何一种有生命的声音。有一次,在一个僻静的洼地里,一块落石隆隆作响,说明有一群牡鹿正在经过。可在这里,既无动静,也无声音。人类似乎远在千年之外。

　　然而,当我环顾四周,却发现了人类存在的许多细节,不禁深有触动。人类的存在,体现在一座座堆石界标之上,它们标出了顶峰,标出了道路,标出了一个人死去的地点,或者一条河流的发源之地。人类的存在,体现在一条条道路本身上;连巨砾与岩石之上,也可以看到人类不断通行的迹象,比如在莱里格鲁的顶端,已经风化和长满苔藓的棕灰色石头上的那条小径,就闪耀着新生岩石一般的红色。人类的存在,体现在越过溪流的垫脚石上,体现在低处峡谷中的一座座桥梁上。[42]

　　谢泼德孤身一人,却又有无数人陪伴着;那些人曾经从她居高临下地看到的一条条道路上走过,而在经过那里很久之后,他们在岩石上留下的痕迹依然看得见。这是一种挥之不去的感觉,但也是一种友善的感觉;这片土地上到处散布着如今或许已经死去的人留下的有形痕迹,而那些痕迹就是人们生活与经历的证据。因此,谢泼德的孤独并非彻底的孤独;凡有道路的地方,我们就不可能与其他人完全隔绝,因为那些道路不仅连接着各个地方,也将人们联系了起来;它们不但跨越了空间,而且跨越了时间。

　　道路也可以将不同的体验领域连接起来。谢泼德描述了这样一种情况:一个下雪的日子里,她在路上行走时发现,“陪伴”自己的不是人类留下的脚印,而是兽类与禽类在雪停之后的数个小时里留下的踪迹。这些踪迹的存在将整个空间从一个"空的世界"变成了一个熙熙攘攘、人类与动物舒适而友好地共存于其中的世界。[43]那天上午,谢泼德看到了"一只野兔蹦蹦跳跳、一只野兔小跑着、一只狐狸拖着毛茸茸的大尾巴、脚爪粗壮的松鸡、爪子纤细的鸻鸟、马鹿与牝鹿"留下的痕迹。[44]这些动物都跟她一样,既是道路的开辟者,也在沿着道路前行;因此,谢泼德的作品中带有一种共情感,使得人类的经历接近于动物的经历,并且反之亦然。这就是"结伴"行走中一个重要的方面。对谢泼德来说,"完美的山间同伴,就是像您觉得自己与大山融为了一体时那样,其本体暂时融入了群山本体之中的人";如此一来,动物与人类、生物与岩石之间的差异就不再重要了。[45]

1940 年,很可能就是在她开始创作《活山》之前不久,娜恩·谢泼德曾写信给尼尔·冈恩,探讨了后者最新的两部小说,即前一年出版的《空中的野鹅》(*Wild Geese Overhead*)和刚刚问世的《重见光明》(*Second Sight*)。[46]两部小说她都很欣赏,但尤其喜欢后一部:

> 不是因为主题,或者出于对此作可能产生之影响的考量;而是因为您以不可思议的方式,进入了我的呼吸、生活、所见与领悟之中。领悟万物——在山上行走,看到光的变化、薄雾、幽暗、觉知、利用整个身体来对灵魂加以指引——是的,那是一个人拥有且明白其他人也拥有的一种隐秘生活。但真正让我害怕的,还是能够在文字当中和经由文字来分享这种生活。文字不应当具有这样的力量。它会消解一个人的存在。读到那些相当于表达了我自己的内容时,我就不再是自己,而是一种超越了自身的生命中的一部分了……您可以记录本性的运动,并根据它们本身将其

转化成文字。在我看来,那是一种极高而罕见的天赋。[47]

对于冈恩这种能够将属于人类生存核心的"本性的运动"进行"分享"、阐述我们每个人内心"隐秘生活"的能力,谢泼德曾深感敬畏。但在《活山》一作中,她将呈现出可与他的成就相媲美的能力。在这部作品中,她将成功地通过自己所写的散文,"分享"她对真正了解一个地方、在行走中让这种认知深入自己的内心以及"发现大山的本质"意味着什么等方面的理解。[48]这样的认知是一种天赋,而《活山》则在一定程度上认可了山间行走给谢泼德带来的一切;其中最珍贵的一个方面,就是"一种极其纯粹的感官生活,除了自身的影响,就完全没有受到任何领悟模式的影响",如此一来,个人最终才能够邂逅谢泼德所称的"完整之山"。[49]

或许,谢泼德作品中最了不起的一种天赋,就在于她概括说明了我们正在经历、感受和行走的自我,是如何成为我们洞悉世界和人类生存的种种内在奥秘的途径的;她认为:"一个人对土壤、海拔、天气以及植物和昆虫的生命组织之间复杂的相互作用了解得越深入……这种奥秘就会变得越神秘。"[50]谢泼德终其一生都在追寻奥秘,后来年老体衰了也是如此。虽然因为身体衰弱而不能外出,只能囿于班科里(Banchory)的养老院里,但谢泼德的心灵却在继续漫游,她于"平凡的世界"中找到的魔力,在生命的最后几个月里给她带来了欢乐。[51]即便到了临终之际,她也仍然坚持活得"有始有终"。杰茜·凯森曾问她相不相信有来生,谢泼德回答道:"我希望对那些一生贫乏的人来说,的确有来生。"然而,在她自己看来,她的人生却过得"极其精彩,极其充实"。[52]她的人生差不多全在阿伯丁郡(Aberdeenshire)的群山之间度过,她也是在看得到那些终生益友的地方溘然长逝的。

　　时值 10 月的凯恩戈姆山脉上,一场白霜让草木一夜之间全都覆上了一层光滑的冰雪,将初露的晨曦散射得到处都是。那些速度较快的人穿着靴子、背着包站在那里,双手夹在腋窝里,或者上下蹦跳,其他人则笨手笨脚地系着鞋带,冻木了的手指在冰冷的空气中很不灵活。终于准备停当之后,我们便迈着麻利的步伐动身了,因为寒冷已经让我们都急不可耐地要走动起来了。头顶的天空一片湛蓝,颜色像空气一样明艳。我们打算行走到"德里小舍",再从那里登上德里卡恩戈姆(Derry Cairngorm)和贝恩姆赫德霍因(Beinn Mheadhoin);后者也就是所谓的"中山",其盖尔语(Gaelic)名称说明此山位于凯恩戈姆山脉的中央,只不过,那个名称掩盖了此山极其陡峭险峻的情况。埃查尚湖隐藏在这两座山峰之间,湖水深邃,坐落于埃查尚谷这个狭小的盆地里,四周则为英国海拔最高的一些山峰俯瞰着。如果说有一个地方可以看作凯恩戈姆山脉的心脏,那就非埃查尚谷莫属了,通往四面八方的路线都经过那里。不过,即便是在那个美妙的秋日,清冷的阳光洒满那里,它也是一颗荒芜的心脏,到处都是灰色的岩石;没有被冰雪冻裂的地方,都受到了流水的侵蚀。我们赶紧逃离了那里,往上走去,渴望着一种变得更开阔、更浅显、不会迫使我们去深入观察地球内部或者自己内心的视野。

　　80 年前的一个夏天,娜恩·谢泼德站在同一个地方的时候,她的反应却有天壤之别。我们都害怕面对大山的内部,害怕觉得与世隔绝,或许甚至害怕被这个地方掩埋;谢泼德却在这个幽闭的空间里找到了一种既具有启发性又让人觉得慰藉的舒适感。这座山一度变成了一座堡垒,用"一道道高耸如墙的山"形成的"参天壁垒",围住了那座湖、那片风景和那个女人。也许,我要是有她的文字安慰自己的话,可能就有勇气去享受那个地方并不复杂的无情了;不过,我要到一年之后才会结识她,所以我当时很害怕。

再次行走于凯恩戈姆山脉的群山之中时,我的心中就有谢泼德为伴了,而我的背包里,也装着她的作品。那天是我35岁的生日,我决定攀登拜纳克莫尔。对谢泼德而言,这里像埃查尚谷一样,也是一个内在之地,是她发现自己能够由此进入凯恩戈姆山脉那颗冰冷的自然元素心脏的一个地方。到达山顶之后,我朝拜纳克的巴恩斯走去,渴望着看到她描述过的那座"石屋",渴望着像她那样走上"楼梯",看一看"窗户"外面:我想,我会暂时拥有一座宏伟的石屋,并且可以假装自己是山之领主。可我看到的却是一块高高突起的黑色岩石,四边和曲线都很光滑,就像孩子画出的一朵云,显得很不真实,只有北侧有几道长满苔藓的浅缝。植被那种令人震惊而生机盎然的绿色,与下面石头的黯淡光泽形成了一种令人愉快的对比,但这种色彩只在有水的情况下才有可能出现:若是试图去攀爬这些裂隙,就有可能在圆溜溜的石头上滑倒,会带来致命的后果。在晴朗无云的那一天,巴恩斯里只有一条裂缝是干燥的:那是一条巨大的裂缝,从南面看去,它似乎是把那块巨石差不多一分为二了。不过,即便是这条裂缝,在我看来也很危险——尽管我可以往上爬,但对于自己再爬下来的本领,我却没有那么自信了。我不如谢泼德勇敢,所以只得在外面欣赏一下巴恩斯,只得尽量在返回拜纳克莫尔顶峰界标的路上,从"惊人的景色"中获得慰藉了;对这些情况所知不多的"新手"和"夸夸其谈的人",只能如此。

徒步在拜纳克莫尔峰上行走过之后的这些年里,我一直都在试图理解大山深处那种曾经让娜恩·谢泼德如此激动并将她吸引前去的魅力,可结果却是望尘莫及。相反,我似乎只能将就着看一看群山的表面:巨石、石南、雪道、羊胡子草、碎石、山顶的堆石界标、石英岩散射出来的阳光、大山高度的"滋味"。不过,这样就已足够。

注释:

1. 辛西雅(Cynthia),《苏格兰的女性作家》("Scots Women Writers"),见于《苏格兰人报》(*The Scotsman*),1931 年 11 月 14 日。

2. 娜恩·谢泼德写给尼尔·冈恩的信,1931 年 9 月 15 日,国家图书馆服务发展教育项目(NLS DEP)209 号,19 区第 7 文件夹(Box 19 Folder 7)。

3. 杰茜·凯森写给娜恩·谢泼德的信,1980 年 7 月 18 日,国家图书馆服务手稿(NLS MS)27438 号。

4. 罗伯特·麦克法兰,为娜恩·谢泼德所著的《活山》(1977)所写的"引言"(爱丁堡,2011),第 xiii 页。

5. 肯·莫里斯写给娜恩·谢泼德的信,1977 年 12 月 26 日,国家图书馆服务手稿 27438 号。

6. 谢泼德,《活山》,第 15 页。

7. 同上,第 106 页。

8. 麦克法兰,为《活山》所写的"引言",第 xxxiii 页。

9. 同上,第 xxxi 页。

10. 谢泼德,《活山》,第 6 页。

11. 同上。

12. 同上,第 6—7 页。

13. 同上,第 78—79 页。

14. 同上,第 8 页。

15. 同上。

16. 同上,第 9 页。

17. 同上,第 11—12 页。

18. 同上,第 16 页。

19. 同上。

20. 同上。

21. 同上,第 4 页。

22. 同上,第 22—23 页。

23. 参见《圣经·创世记》2∶19—23。

24. 谢泼德,《活山》,第 27 页和第 28 页。

25. 同上,第 26 页和第 29 页。

26. 娜恩·谢泼德写给尼尔·冈恩的信,1931 年 4 月 2 日,国家图书馆服务发展教育项目 209 号,19 区第 7 文件夹。

27. 娜恩·谢泼德写给尼尔·冈恩的信,1948 年 2 月 24 日,国家图书馆服务发展教育项目 209 号,19 区第 7 文件夹。

28. 谢泼德写给尼尔·冈恩的信,1931 年 4 月 2 日,国家图书馆服务发展教育项目 209 号,19 区第 7 文件夹。

29. 娜恩·谢泼德,《山间小溪》(The Hill Burns),国家图书馆服务发展教育项目 209 号,19 区第 7 文件夹。

30. 罗伯特·麦克法兰,《古道》(伦敦,2012),第 192 页。

31. 谢泼德,《活山》,第 37—38 页。

32. 谢泼德,《活山》的"前言",第 xli,xlii 页。

33. 谢泼德,《活山》,第 40 页。

34. 同上,第 29 页。

35. 同上,第 33 页。

36. 娜恩·谢泼德,《雪》("Snow"),见于《在凯恩戈姆山中》(1934)(剑桥,2014),第 43 页。

37. 谢泼德,《活山》,第 35 页。

38. 同上,第 36 页。

39. 同上,第 13 页。

40. 麦克法兰,《古道》,第 24 页。

41. 丽贝卡·索尔尼特,《漫游癖：行走的历史》(伦敦,2002),第 72 页。

42. 谢泼德,《活山》,第 76 页。

43. 同上,第 30 页。

44. 同上,第 30—31 页。

45. 同上,第 14 页。

46. 麦克法兰在为这部作品所撰的引言中写道,尽管"关于撰写此作的准确情况……很难得知",但此作"主要是在第二次世界大战的最后几年里写就的"。参见麦克法兰,为《活山》所写的"引言",第 xii 页。

47. 娜恩·谢泼德写给尼尔·冈恩的信,1940 年 5 月 14 日,国家图书馆服务发展教育项目 209 号,19 区第 7 文件夹。

48. 谢泼德,《活山》,第 108 页。

49. 同上,第 105 页。

50. 同上,第 59 页。

51. 娜恩·谢泼德写给芭芭拉·巴尔莫(Barbara Balmer)的信,引于麦克法兰,为《活山》所写的"引言",第 xxxii 页。

52. 娜恩·谢泼德写给杰茜·凯森的信,引于罗伯特·麦克法兰,为娜恩·谢泼德的《在凯恩戈姆山中》所写的"序",第 xvi 页。

第八章
阿娜伊斯·宁

昨天我开始思考自己的写作——生活似乎并不充实,幻想与创作的大门已经关闭。我曾经时不时地写点儿东西。今天早上醒来时,我觉得自己认真、清醒、坚定而严肃。整个上午,我都在撰写那部关于父亲的书。午饭后沿着塞纳河(Seine)散了散步;来到这条河边,我觉得很是快乐。处理了一些杂事。对咖啡馆、各种迷人之物以及生活中的一切喧嚣、嘈杂与色彩都视而不见;它们激发了世人诸多的渴求,却什么问题也没有回答。就像一种热病、一种毒瘾。香榭丽舍(Champs-Elysées)大街让我觉得心潮澎湃。男人们在等待着。男人们的眼睛。男人们尾随而来。可我很严肃、伤感、孤僻,一边行走,一边在写着我的书。

阿娜伊斯·宁,1935 年 10 月 30 日的日记

日记作家、散文家兼小说家阿娜伊斯·宁一生的大部分时间,都在她生活的那些城市里的街头行走,并且在行走的过程中进行创作。宁在 1903 年出生于法国,父母分别是西班牙裔和古巴—丹麦裔音乐

家;为了促进父亲的音乐事业,宁的童年过得并不安稳,经常随父母穿梭于哈瓦那(Havana)和欧洲的无数城市之间。然而,在她11岁那年父亲遗弃了家人之后,宁便跟着母亲和兄弟姐妹一起搬到了纽约,然后在那里长大成年。正是在这里,宁不但习得了英语,还首次开始了徒步漫游——后来,英语也成了这位作家觉得最得心应手的一门语言。纽约的大街小巷给宁这样富有想象力的姑娘带来了很多的东西;她在青少年时期就培养出了敏锐的观察力,并且渴望着运用这种观察力。她曾描述了16岁那一年与同学弗朗西丝(Frances)一起漫步时的情景:

> 我们先是从第112街走到了第77街……我们走得很快,每天的那个时候,百老汇大街上(Broadway)都没有多少人。6点左右,我们出了剧院,再次走上了百老汇大街……这一次,百老汇大街上就人头攒动,形形色色的人都有了。我想要描述的,正是那种情况。[1]

纽约,连同其中熙熙攘攘、摩肩接踵的人群与拥挤的街道,是一位成长中的作家理想的训练场所;对这种作家而言,他们最感兴趣的就是人们,就是窥探城市为人们提供的生活。行走在大街小巷上的宁,很小就察觉到了人们日常生活的丰富性、多样性和陌生性,并且毫不费力地在短时间内接触到了这些方面。在1919年3月30日的日记中,她就尝试着描绘了自己遇到的一群衣着时髦、正在散步的女性,只不过那时她在日记里首先用的是图画,而不是文字来进行描述:那篇日记中有几幅观察细致的女性服装素描图,画在身材苗条、绘出了一部分的人体上。发现图片不足以涵盖和表达出所见事物的精髓之后，宁便在这些画作之后加上了文字描述，并在其中呈现出了一定程度的玩世不恭；在年纪如此之小的一个人身上，这一点似乎令人惊讶，但也给她对场景的评价带来了一种让人会心一笑的幽默感：

> 我们看到，所有女士都迈着细碎的步子。她们的模样几乎全都像彩绘的洋娃娃。每位女士的身边都有几名男子，他们的神态看上去都极其做作。她们穿得越华丽，就越能获得异性的关注；后者都会停下脚步来欣赏她们。有些男子在街角闲逛，站在那里看着人来人往。接着，等到一位"女士"走过，他们就会尾随而去。这一切都非常好笑，同时也显得非常愚蠢。[2]

这一整段情节都有赖于宁对各种类型的行走与各种类型的注视之间复杂的相互作用进行的细致观察。只有语言才能表达出两者之间那种关系的运作机制——宁那种静态的素描，是无法记录下这些社交互动所依赖的动作的。那些衣着时髦的"女士们"，都是在通过她们做作而无效的行走——因为她们不可能用"细碎的步子"走得很远——为自己的温柔和性感做宣传。与此同时，男人们则是通过在街角徘徊、尾随身边经过的女性来表现他们的阳刚之气与男性特征。但在这一切之下，却隐藏着宁自己的行走，以及宁自己的观察。正是通过行走，她才能观察到这些男女的情况；但她显然是一种不同的行者：上述场景的观察者在行走的同时，一直保留着自我，不会为男性对她们虎视眈眈的行为所影响。这一点将是宁的徒步行走与写作的一大特点——她很少有过什么冒险感。相反，她的作品采用了一种超然的观察模式;宁用自信而公正的视角,见证了美国和欧洲车水马龙的大街小巷上各种各样、纷繁杂乱的生活。

在纽约长大成人之后,宁于1924年年末搬到了巴黎,当时她26岁,刚刚结婚成家;正是在巴黎,宁开始真正磨砺她的那种观察性写作。宁也迅速而强烈地爱上了这座城市。来到巴黎仅仅6个月之后,宁的文学素养就已开始取决于她与这座城市及其诸多氛围之间的关系了;这些氛围经常反映或者影响她自身的情绪。随着宁不分日夜地在街道上漫游,这种关系也得到了发展和维持。城市的创造力是激发她撰写日记的动力:

> 极度的兴奋之情再度开始。各种想法都在刺激着我,而根据惯常的顺序,其中最重要的就是写作的渴望。于是,我便再次按照我在巴黎的生活节奏开始工作。

> 我现在确信,巴黎的这种生活就是一直让我感到兴奋的源头。为什么呢?我不知道。在其光鲜表面之下的深处,我强烈地感受到了这种生活的种种不纯之处。快9点钟了……我听到了街头巷尾的嘈杂之声,心中充盈着一种宁静的快乐……我走到窗前,打开百叶窗,俯身于铁制的栏杆上,探头去看天气如何。若是天气晴朗,我就会情不自禁地走出家门。耶拿大道(Avenue d'Iéna)宽敞、干净而有贵族气派,我在婆娑柔美的树影之下走向埃托利(Étoile)。我站在街角深吸了一口气,因为空中弥漫着花架上鲜花的浓郁芳香……

> 巴黎就像一座巨大的花园,色彩斑斓,因喷泉和鲜花而充满欢乐的气氛,因各种纪念物而绚丽夺目。站在香榭丽舍大街的尽

头,看到满街栗树花开,闪光的车影起起伏伏,白茫茫一片宽敞的时候,我觉得自己仿佛是在啃咬一个乌托邦式的水果,那是一种可口和富有光泽、香气浓郁和鲜艳生动的东西。[3]

这种描写中带有的感性,可能会让读者觉得不知所措,尤其是最后一句话,几乎充斥着宁试图表达巴黎生活的物质性时所用的很多"和"字形成的累积性力量。在这里,每一种感官都参与了进来,只不过嗅觉与触觉尤为重要——巴黎变得像一颗李子,成熟而多汁,作者则似乎从这座城市里"吸收"了身心两个方面的养分。但是,宁把空间进行概念化的方式也很重要,她对深度如何与色彩相互作用,从而勾画出城市实体边界的描述,尤其富有洞察力。多次与这座城市进行身体接触,导致了所有的这些身体感知,它们的累积效应将把宁带入那种"极度兴奋"的创作状态;在那种状态下,她就能够写作了。

宁将在巴黎或者该市附近生活差不多 16 年之久,并且会经常漫步于其中的林荫大道,流连于其中的咖啡馆,徜徉于蒙帕纳斯区(Montparnasse)她最喜欢的书店与沿塞纳河精心挑选的漫步路线之间,或者徒步穿行于城中的一座座公园和一条条大街。她在这座城市里漫步,风雨无阻、不分昼夜,既陶醉于冬季猛烈的暴风雪,就是"那种击打着脸庞"的暴风雪,也沉迷于巴黎炎热的夏季。[4] 她经常独自漫步,但有时会与情人们一起闲逛,尤其是亨利·米勒(Henry Miller),偶尔还会与她的丈夫一起散步。然而,随着第二次世界大战爆发,宁不得不逃离法国返回纽约;这件事曾经让她深感遗憾。尽管是迫不得已,但离开巴黎却有如一种丧亲之痛,让宁伤心了好多年:战争结束之后又过了几年,她才跟当时遗弃在巴黎的家具重逢;可由于不忍直视,宁便毫不犹豫地把那些家具全部卖掉了。

在巴黎以及在行走生涯中称为"家乡"的许多其他城市里生活的时候,宁都撰写了详细的日记,记录了自己在城市空间中的行走、感受以及生活情况。到 1966 年时,她的日记已经达到了 150 卷,把"布鲁克林(Brooklyn)一座银行金库里的两个五屉文件柜"装得满满当当——到因罹患癌症而去世之前,她还会接着写上 11 年的日记。[5]宁有时会在 1 年之中撰写 10 万字的日记,故她的日记几乎可以说异常多产。[6]除了其他一些方面,宁的日记中还记录了徒步行走对其生活的重要性:从行走是一种管理其情绪健康的机制及其发挥的作用,到行走在其写作中扮演的角色,再到行走参与了她表达和体验性行为的方式,不一而足。对宁来说,城市漫步提供了创意、暂时的解脱、幻想、快乐与慰藉。她在 1935 年曾写道:"难过的时候,偶尔我会用徒步行走来消除我的悲伤。我会一直走到筋疲力尽。我会让自己大饱眼福。我会看一看每一个商店橱窗。圣奥诺尔街(Rue Saint-Honoré)、博埃蒂街(rue de la Boétie)、里沃利街(rue de Rivoli)、香榭丽舍大街、旺多姆广场(Place Vendôme)、维克多·雨果大街(avenue Victor-Hugo)。"[7]日后将因日记而蜚声国际的阿娜伊斯·宁,就是通过城市漫步成了一名作家;她在日记里呈现了街道的特点,可这些特征却是通过她的双脚了解到的。

毫无疑问,城市漫步对宁这位作家的成长极其重要,对她理解自我也很重要。阅读宁的日记的读者可能会发现,随着岁月流逝,宁对细节的敏锐、在行走中跟邂逅的人物与地点产生共鸣的方式,都让这位作家和女性不断增强自信。例如,1934 年 4 月 27 日,她到伦敦去跟作家丽贝卡·韦斯特(Rebecca West)见面时,宁曾写道:"我发现自己正在大街上漫步……被房屋、窗户、门廊、一名擦鞋童的脸、一个妓女、沉闷的雨、'摄政宫'(Regents Palace)内一场盛大的晚宴以及菲茨罗伊酒馆(Fitzroy's Tavern)深深地迷住了。"[8]这位观察者的目光不加选择,在所有事物中搜寻有趣的主题而不管地位高低。在接下来的几天里,宁陶醉于创意丰富的伦敦街道,并在第二个星期的日记中记下了她如何"快乐地漫步于街上,思索着新书"的情景,因为行走让她可以"认识很多的人",可以"拥有一幅现实的地图",它比任何一幅市政街道平面图都更加可靠、更加重要。[9]宁不是带着一幅地图行走,而是为了创造一幅地图而去漫步;这幅地图中描绘的并不是地理上的世俗之物,而是人们生活经历中的种种形而上的奇迹,是对人们生活的一瞥。

大多数记载城市漫步历史的作品中,都忽视了女性可以用宁在日记里记载的方式去体验街道这一点,或者甚至根本就没有女性对漫步街头的记述。相反,这些书籍集中描述的都是男性城市漫游者;这是一种标志性的人物形象,由 19 世纪的法国作家所塑造,其中就包括了奥诺雷·德·巴尔扎克(Honoré de Balzac)和夏尔·波德莱尔(Charles Baudelaire)。后者曾在 1863 年为巴黎的《费加罗报》(Figaro)撰写的一篇随笔当中,描绘了"漫游者"(flâneur)这种男性闲逛者的情况:

> 他离不开芸芸众生,恰似鸟儿离不开空气,鱼儿离不开水。

他的激情和他的职业，就是与众生融为一体。对十足的漫游者来说，对这个充满热情的看客来说，在众生之中、在来来去去之中、在无常与无限之中安家，是一种莫大的快乐。离开了家，却又觉得自己处处是家；看到了世界，位于世界的中心，却又一直隐身于世界之外——这些不偏不倚的本性，言语顶多只能拙劣地加以阐述。这位看客贵如王公，却处处为自己的隐姓埋名而高兴。这位热爱生活的人把整个世界都视为其家人，就像风流成性者会与他找到、即将找到或者找不到的所有美丽女人建立家庭，或者像绘画热爱者生活在画布上绘制的一个由梦幻组成的魔法社会里一样。所以，这个热爱普世生活的人走进芸芸众生，仿佛人群就是一座巨大的蓄电库。或者，我们可以把他比作一面镜子，它像众生本身一样广袤；或者比作一个被赋予了意识的万花筒，它不但会对众生的每一种运动做出响应，还会再现生活的多样性，以及所有生活要素那种忽隐忽现的优雅。[10]

从所用的比喻到代词来看，波德莱尔的这段描述带有强烈的男性色彩。然而，其中对漫游者情况的勾勒，与宁这位街头女行者记录的以及她在巴黎和伦敦种种极具震撼力的经历之间，实际上具有明显的相似之处。宁在人群之中也是"如鱼得水"，尤其是在她能够一直超脱于尘世俗务的情况下；只不过她像波德莱尔一样，也意识到了既存在，又不存在于城市街道的喧嚣之中的固有矛盾。无疑，感受到城市漫步的那种"电力"并非男性独有的体验：宁的散文中也充满着这种感受。宁也并非一个特例——19世纪和20世纪的其他许多女性，也曾经常在欧洲和美国的大街小巷里漫游，并在街头找到了自由与人生目标。

尽管如此,世间也很少有人承认女性是参与了城市文化的"漫游者",甚或承认她们是"女漫游者",只有一两个例外。比如说,劳伦·艾尔金(Lauren Elkin)在 2016 年出版的《女漫游者》(*Flâneuse*)一作中曾感叹说,人们阅读的全都是描述男性在城市里行走的作品,所以"关于19 世纪的街景是个什么模样,我们最容易找到的资料全都源自男性,而他们却是用自己的方式看待城市的"。[11]一小部分人的经历,竟然构成了我们理解人类与城市之间、城市中的人类之间各种相互作用的典型。我们看待城市行者的观点,一直以来且如今仍然完全源自男性的记述;就算宁、简·里斯(Jean Rhys)、乔治·桑(George Sand)、凯特·肖邦(Kate Chopin)、弗吉尼亚·伍尔夫之类的女性以及其他许多女性曾经同样积极地利用她们的城市行走经历来进行创作,也是如此。

　　城市或城市行走研究中没有女性经历的现象,在一定程度上是世人对女性在社会上可以干什么——或者社会允许她们干什么——的臆断导致的。大多数描述城市漫步的作品都认为,城市行走对女性来说极其危险,因为人们觉得这种女性有可能遭到性侵犯;并且,原本体面的女性在街道上行走时,还有可能被人们误作妓女,至少过去就是如此——因为妓女正是典型的"街头行者"。[12]然而,这样的主观臆断往往纯属谬论,目的不过是永远延续那些过时的性别成见而已。例如,丽贝卡·索尔尼特就指出说:"混迹街头的男性只是平民主义者,而街头的女性却像夜女郎一样,成了出卖色相的人。"[13]而在劳伦·艾尔金看来,尽管"我们可以谈论社会习俗与束缚"可能对女性在城市中的行走有所影响,"我们却不能将女性曾经在城市中行走的事实排除在外"。相反,艾尔金坚称:"我们必须努力去理解城市行走对她们的意义。"[14]这样做,就是要承认女性在城市空间里的存在,要去理解既是行者又是女性的她们体验城市街道的方式。

在宁看来,城市是一个复杂的地方,其中当然有可能出现性暴力;但对她来说,这种可能性远不如她在城市里获得了性与创作两个方面的自我表达机会那么重要:宁的日记勾勒出的街头行者与街头危险之间以及女性行者与城市之间的关系,截然不同于大多数描述城市女性的作品中认可的那些关系。比如说,本章开篇引用了宁的一段日记,其中的几个短句都由两个词构成,它们承认街上有男性——"男人们在等待着。男人们的眼睛。男人们尾随而来"——这无疑显得威胁感十足,尤其是因为其中只描绘了这些男人的眼睛与行为;他们的眼睛里没有意识,没有可以识别的个体,没有可以理解的内心世界,也不存在那种可以对自身行为负责的人品。不过,尽管宁承认了男性的存在,他们的目光和行为却无法深入到**她的**内心世界,因为她的内心关注的不是他们,而是自己"一边行走",一边"写"书的动作。无论这些男人看上去有可能带来什么样的危险,或者无论人们认为他们会带来什么样的危险,宁的体验都不会受到威胁。

宁之所以自信十足,关键就在于她敏锐地意识到了自己的性别力量与性欲,并且在 20 世纪 20 年代末期以后的日记中明确而详细地阐述了这种意识。1923 年,宁嫁给了休·"雨果"·吉勒(Hugh "Hugo" Guiler);此人出生于美国,父母是苏格兰人,宁在纽约遇上并嫁给了他。尽管宁经常写到,嫁给雨果是她情感生活中一个不可或缺的组成部分,说他是"一座避难所,一个温柔、隐秘而安全的藏身之地",可她也在日记里承认,她发现夫妻之间的性生活并不能满足她的性需要;她曾写道,雨果"在其他各个方面都很敏感,唯独对这个方面完全是感觉迟钝"。[15]不久之后,宁便开始了一系列婚外的性冒险,包括纵欲、尝试同性恋，以及同时与多达 5 个男人保持婚外情：在 20 世纪 30 年代的一段时间里，她与 3 个男人保持着稳定的性爱关系，即吉勒、亨利·米勒和安东尼·阿尔托（Antonin Artaud）；他们个个都以为，宁只是跟他一个人生活和上床。宁在日记中记载了数十次，甚至是数百次外遇，从而大致说明她对自己的性魅力与性兴奋有一种明显持久的敏感性。宁的性欲以不同的方式决定了宁在城市里漫游的方式与目的，并对她这位作家的创作产生了深远的影响。宁享受着性爱，陶醉于自己吸引男性与女性的本领，而在另一桩付出了较多精力的韵事——与冈萨洛·莫雷（Gonzalo Moré）的婚外情——期间，她还在日记里写道，由于两人的这种关系，

> 经由所有感官，我感受到了自己在街道之上看到的身体与面孔产生的共鸣；此时的我十分敏感，对每一片树叶、每一朵云彩、每一阵大风、周围的每一双眼睛都敞开了心扉……变得更加轻盈、更加纯洁，无依无靠地行走着，就像 6 月漫步时不戴帽子、未穿内衣和袜子，一贫如洗地行走着，以便更好地感受现实、靠近现实，以便少受到束缚、少受到保护，以便得到净化。16

在这种极度兴奋的状态下漫步于巴黎的街头，似乎在宁的内心让她与邂逅的一切事物之间都产生了一种近乎高潮的联系，而不管她碰到的是一个人的"身体"还是一片"树叶"。这些感受会因为她身上只穿着部分衣服而得到增强；几乎未穿内衣，即宁描述的那种"一贫如洗地行走着"的状态，则让她能够获得更多的感受或者"共鸣"。一方面，徒步行走能够让人类与自然的关系变得更加亲近的观念，是崇尚浪漫

主义的行者兼作家都很熟悉的一种比喻；但另一方面，在这里，这种亲近还带有一种近似于泛性论的感官快感，她从这种环境中获得了明显的生理愉悦。由此可见，那样的环境中不可能容纳任何一种具有性威胁性的东西，或者任何一个有可能带来性威胁的人物。在这位作家、城市及其街头漫步之间令人陶醉的感官关系中，这种坚定的性自信让宁处于强有力的地位。

宁的自制力是在她意识到了自己的性吸引力（以及她了解到如何去利用这种性吸引力）的过程中培养起来的。在其人生早期，她的日记对她作为一个有性之人的生存方式持怀疑态度，而在城市之中漫步时，她也比较害怕男性。十几岁时，宁曾好几次在日记中记述她害怕在纽约漫步时邂逅的那些男性的情况。她曾写道，16 岁那年她与朋友弗朗西丝在中央公园（Central Park）附近愉快地散步时，她们遇到了"许多拿着书的年轻小伙子，他们无疑都是学生"。在那次漫步余下的时间里，"每当我们遇上他们"，年轻的宁都会"垂下"双眼，"因为我习惯如此"。[17] 10 年之后的 1929 年，宁记述了另一场更加具有威胁性的邂逅；只不过，她在文学才能上的进步让这次经历变得更加复杂了：

> 当我孤身一人，因为天气寒冷而快速行走在巴黎这些阴郁的街道上，走过一座座灰暗朦胧的房屋时，我的目光自然而然地投向了灯火，投向了一盏盏简陋的人造灯火，它们照亮了药店、接热水的男孩、牙刷，在肥皂上摇曳着；无休无止地在米其林（Michelin）轮胎上旋转；有如燃烧着的红色火焰，从地铁站幽暗的楼梯一泻而下；在《巴黎评论》（Revue de Paris）上雀跃不已；在人造珠宝上闪烁着白色。一切都笼罩在黑暗中，我跟着灯光走。

我用挑剔的眼光,看了看商店的橱窗。一个年轻小伙子挡住了我;一张神情恼怒、因无足轻重地活着而感到恼怒的脸庞,那是一张英俊的脸庞,却过早地布满皱纹,眼睛则好像看透了一切。他微微一笑,仿佛带着一种具有羞辱性和对其魅力深信不疑的清醒神态鞭打着你。"您太漂亮了,可不能一个人乱走。"(Tu est trop jolie pour te promener seule)我决定走到街道对面去。我迅速往左右两边看了看,然后往前迈了一步。可一辆原本已经停下的出租车突然倒车,差点儿撞到我。那位年轻人及时把我拉了回去,此时他却既没有微笑,也没有说话。我再次迅速地穿过街道,径直往前走,没有再看商店。[18]

　　这段描述从记录巴黎的街头生活,以及观察者喋喋不休地诉说她被亮光所吸引的情况开始。夜晚的灯光让一些平常之物都变得怪异起来:轮胎从黑色的橡胶变成了燃烧着的红色火焰,往下朝地铁站泻落,而地铁站本身却变成了一个有点儿像是地狱的地方。其中所用的现在时态,不仅能让读者觉得到他们好像是跟着观察者一起穿行于光怪陆离的城市奇观之中,而且在叙述者碰到那名"神情恼怒的男人"时,我们也肯定会觉得受到了威胁。这样的效果就是,当男人在"没有说话"且没有微笑的情况下把观察者从出租车边拉开时,给人的感觉就像是一种侵犯——既强劲有力、带有胁迫性,又丝毫没有人情味。在这场无声而暧昧的邂逅中,宁营造出了一种危险感——那名男人的冒昧令人心生不安,他的意图也无从判断——不过,其中也带有一种叙述的距离感。观察者至少有时间看到那辆出租车暂时"已经停下",而事件也是按照决定、行动和结果的顺序依次发展。虽然这种情况在上文的前半部分说得通,因为当时观察者正在步行经过线性地呈现出来的街道,可后半部分有多个角色参与,故这种简单的情节发展就不那么站得住脚了。宁为这个孤独的女行者营造了一个性别上和身体上都很脆弱,故而令人不安的瞬间;只不过,这是一个被她强行赋予了叙事顺序的瞬间:文学性的描述与现实经验尴尬地并列其中,令人分不出真实与叙事、威胁与创作中的遭遇之间的界限了。

对宁来说,性体验、性自信与其文学风格的形成之间有着重要的联系,而这些方面全都与她在城市中的漫步方式紧密相关。在 1934 年写于伦敦的日记里,她曾写道:"只有男性的戒备才会折去我的双翼,因为我觉得自己很容易受到影响,可我并不想要平淡无奇的冒险。也许,我完全就是一个懦夫。虽然想象力泛滥,我却无法顺从路人的关注。"[19] 在这里,"折去"观察者"双翼"的,其实并不是性方面的威胁,而是对她自己性欲的认知。这个女性并不是被动地为那些注视着她的男性所追逐的猎物;事实上,她是一个同样具有性欲的人,会对她寻求的身体接触类型做出明确的选择。认可男性的存在并不是要让她自己变成他们性冲动的受害者,而是要成为她自身性冲动的受害者:若是前者,这种邂逅就会成为一次"平淡无奇的冒险",而不是一次在性方面令人兴奋或者满意的冒险了。在宁的作品中,这一点就是她评判自己邂逅男性时的基本标准:应该带来愉悦,而非危险。然而,宁最需要的其实还是"独处",因为独处才是"真正的自我表达。在独自漫步数个小时的过程中,我会接纳自我,我会接纳真正的自己。我不再指责自己,也不会任由他人来指责我。日记只是描述我对奥秘的顺从,而不再是为了解释"。[20] 宁在性与文学两个方面的自我都独立于他人的评判或愿望,是在城市的街道之上自由形成的。

正是在巴黎街头的漫步，才让宁决定"接纳自我"，并且决意反抗别人对她的评判：徒步行走为宁如何看待自己、为宁希望别人如何看待她开辟了种种新的可能性。行走还让宁理解了身为作家的她想要实现的目标。徒步行走的时候，她开始明白，自己希望的是"描述"她的存在"奥秘"，而不是对这种奥秘做出任何解释；实现这一目标的最佳途径就是她所写的日记。随着身为作家和女性的她逐渐成熟起来，宁也开始日益认识到她的行为、她的行走方式及她是谁之间那个复杂联系网络的情况。

这种日益增强的认知带来的成果之一，就是一个故事《迷宫》（"The Labyrinth"）；它是短篇小说集《玻璃钟下》（*Under a Glass Bell*）中的一篇，1944 年由宁自己经营的那家出版社出版印行。多年来，宁都因为自己未能引起文学界的关注而感到沮丧，但她的这部小说集出版之后，最终在评论界和商业上都获得了成功：第一版不到 3 个星期就告售罄了。[21] 她成功地把"生活与艺术、事实与想象"结合起来了[22]，读者们都被她那些"半是短篇小说、半是梦境"的故事深深地迷住了。[23]《迷宫》一作把宁在 11 岁开始写日记的那个时刻作为起点；从这个带有传记色彩的事实出发，宁创作了一个超现实主义（Surrealist）风格的童话故事：这是一个成长故事，背景则设定在一种无形和无法确定之物被呈现出来的环境下。文字与感受都以有形的形式呈现，叙述者用双脚在纸张上书写时，就像用笔去书写一样容易。故事一开始，叙述者就像爱丽丝[*]一样，进入了一个不受物理法则约束的梦境世界：

---

[*] 爱丽丝（Alice）是英国作家刘易斯·卡罗尔（Lewis Carroll，1832—1898）创作的著名儿童文学作品《爱丽丝梦游仙境》（*Alice's Adventures in Wonderland*）中的主人公，是一位小姑娘。作品描述了她追逐一只揣着怀表和会说话的兔子时不慎掉入兔子洞，并由此进入了一个神奇的国度，经历了一系列奇幻冒险的故事。

　　11岁那年,我走进了日记中的那座迷宫。我把日记放在一个小篮子里,带着它爬上一座西班牙式花园中一级级发霉的台阶,来到了纽约一幢房子的后院里,看到了整整齐齐地装在盒子里的街道。我在深绿色的阴影下一路走着,沿着我必须记住的图案前行。我想要记住,过后好能够原路返回。我一边走着,一边希望把所有东西都看上两遍,目的是下次可以找到路,再回到它们中间。[24]

在这个地方,隐喻变成了现实,想象与事实之间的区别不再存在了。在这里,行走既是一种身体行为,也是一种比喻手法,在不同的时期分别代表了写作、生活与体验。行走同时具有记忆和地图的功能,并且变成了一个容器,能够容纳穿越这个特殊领域所必需的一切思想与知识。在这种环境里,开始和结束之间的界限并不明确,连迷宫的边界也不明晰;只有通过徒步行走,叙述者才能了解这个地方。行走既是一种隐喻,同时也是一个过程。

　　随着叙述者穿越这个仙境一般的地方,文字本身开始扭曲,在抽象与具体之间转换,从意义的能指*转到了叙述者能够行走的有形表面上。突然之间,这些表面变得垂直而非水平起来,叙述者发现自己"走上了一条文字的楼梯",接着又意识到,实际上她根本没有行走,只是反复踩踏着"怜悯"(pity)一词[25]。"我走在'怜悯'这个词上,'怜悯''怜悯''怜悯''怜悯''怜悯',"她说道,可"由于这是同一个词,根本就没有移动,所以我的双脚也没有移动"。[26]宁提醒我们说,交流是一种身体动作,需要运动(包括嘴的运动、舌头的运动和双脚的运动)才能

---

　　* 能指(signifier),语言学上的一种概念。意为语言文字的声音、形象。

成功进行。情感和经历也呈现出可靠的形态，变成了叙述者穿行的那座迷宫。文字变成了一台"自动扶梯"，带着叙述者前行，直到她发现"我正行走在自己的叛逆之上，石头在脚下纷纷爆裂"。悲哀与伤心变成了障碍，导致叙述者的双脚在宛如"河岸上湿滑的淤泥"的"积泪之上"打滑；然后，障碍越来越高，最终变成迷宫本身的墙壁，真实可触，让人觉得有如噩梦："我触摸着那一堵堵水晶墙壁，上面有泛着白沫的缝隙，它们是吸收隐秘悲伤的白色海绵，嵌在一圈植物骨架的花边里。叶、皮和肉都被吸干了汁液，而汁液又被那些裂缝所吸收，汇集起来，流过由种种胎死腹中的欲望形成的河床。"[27]随着叙述者正在穿越"通道、壕沟、跳板"的过程中努力寻找立足之处，水的意象继续存在，直到她发现自己"悬浮在大地与海洋、大地与星辰之间"。[28]影子、脚印与回声全都"留在"这个奇怪的中间地带，三者都是令人心碎地表明人类曾经短暂存在的临时性标志：行者不过是在世间路过而已。[29]

随着叙述者走进一座由"有一间间乳白小室的蜂巢"组成的"白色城市"——那是一座坟墓一般的蜂巢——其中的"街道就像旧貂皮的碎片"，故事也达到了高潮。[30]城中的房屋由掺杂着"阳光、麝香与白色棉花"的灰浆黏合建成，苍白的奢侈品与象牙、貂皮很是相配。只不过，这座城市实际上既不是用象牙或貂皮建成，也不是用麝香与棉花建成，而是用纸建成的。叙述者默默凝视着这座城市的各种结构，却"被纸张展开的声音惊醒了"：

　　我的双脚正踩在纸上。它们就是我的日记里的街道，上面夹杂着一道道黑色的音符。蜿蜒的墙壁上没有门，只有一种种毫无结果的欲望。我迷失在忏悔的迷宫里，迷失在我的种种伪装之

> 中,只有在日记里我的行为才会显露出真正面目……我的脚碰到
> 了那些复杂精细的花朵上的叶子,它们都已皱缩枯萎,是以乐器
> 之弦为脉的纸花。[31]

能够"显露"出日记中所含行为的,并不是握笔疾书的手,而是行走于那
些既属于文本又属于现实生活,既是纸又是眼泪的"街道"上的双脚。要
绘制出这幅由梦境与想象构成的内心图景,只能依靠徒步行走来实现。

　　宁的"迷宫"既是内在的,又是外在的,既是她的,又是整个人类
的;而探索这座"迷宫"既需要现实的行走,也需要想象中的行走。有
时,她觉得自己"像一个逃离"她努力通过写作去理解的"人类迷宫之
谜的漂泊者",但坚信"外部世界如此美丽,因此我愿意留在外面,不分
昼夜,做一个无家可归的流浪者与朝圣者"。[32]一位情人陪伴自己的
时候,宁尤其喜爱这种"流浪"。两人会行走在城市的街道上——通常
都是在晚上,但无疑并非始终如此——宁曾描述过她在这种时候觉得
极度兴奋的感受,以及用一种给她带来深刻快乐感的方式专注地存在
于当下的感受。例如,有一天与亨利·米勒一起漫步时,她曾描述说:

> 星期六非常奇妙。我有件琐事要办,亨利开始习惯性地跟着
> 我,直到休回来才会作罢。我们像两个南方人、像两个康复中的
> 病人一样在城里漫游;他说,这样非常亲密、非常温柔、非常感
> 伤……在其他任何地方,我都找不到这种魔力,找不到这样美好
> 而完美的当下。我们在一起的时候,瞬间也会变成永恒。[33]

　　宁渴望着与情人同行时带来的"魔力",但其中最特别的,还是与

一位新情人一起徒步漫游时带来的那种"魔力"。即便是想象一下这种情形，也会让宁陶醉其中。到了 1935 年，厌倦了亨利·米勒之后，她便开始物色一个与之不同的情人了。在日记中，她曾写道："我爱上了穿着红色的俄式连衣裙和白色外套走在修拉庄园大街（Villa Seurat）上，爱上了这个世界，爱上了那个迎面而来、走在路上、愿意与我同行的人。"[34]

1936 年夏，宁决定让秘鲁画家兼共产主义者冈萨洛·莫雷当她的最新一任情人，而两人恋情的发展轨迹，也受到了城市漫步的直接影响。在他们开始这段婚外情的时候，宁曾写道：

> 夜晚穿行于街道之中，相互亲吻、嗅闻……我被他英俊黝黑的脸庞、他的热烈与他的诗意深深迷住了。他在我们行走之时、在我们接吻的间隙营造出了一种纯洁的激情，并且他利用否认巧妙而倔强地强化了这种激情。他可不会相信我的感受。
>
> 我们漫无目的地穿行于这座丑陋的城市之中。我们会在午夜时分并肩坐在河边……我们沉醉于接吻之中，跟跄着在大街小巷里穿行。[35]

尽管宁与她生命中的许多男人一起行走过，但与莫雷一起行走似乎对她具有一种特殊的意义。在她这一时期所写的日记里，充满了对各种徒步漫游经历的描述；在漫游时，她探索和享受着自己对莫雷的感情，同时开始将它们与她对巴黎的理解叠加起来，使之相互产生了影响。莫雷和宁曾经徒步穿过城市边缘一些"居住着拾荒者和吉卜赛人的村庄"，它们是一座座"布满简陋棚屋的小村庄"，容纳着"这座城市所有的残羹剩饭、零碎之物、破衣烂衫、破旧管道……垃圾",其中既有无生命之物,也有人类。[36] 两人经常行走很远的距离,以至于宁的双脚开始疼痛起来,结果却还是让她觉得高兴。[37] 两人相恋 6 个月之后的一天上午,宁曾描述说,她醒来时觉得全身"精力十足、勇气充盈"。她写道,为这种感受的力量所驱使,"我拿起日记,走到了街上。我和冈萨洛一起制订了计划。我陷入了幻想之中"。她一边走,一边沉思,认定"采取行动的时刻已经到来,男人会先意识到。我必须赶上他们"。[38] 与莫雷一起在城中漫步还助长了一种新的创作活力,它不但是新情人的新鲜感带来的,也是她此时正在探究的、巴黎的不同区域带来的。这些区域有时与宁以前常去的那些高雅的林荫大道相去甚远,可行走在偶尔污秽不堪的地方,比如"穿过市场、妓院、屠宰场、肉铺、科学实验室、医院、蒙帕纳斯区"时产生的兴奋感,却给她带来了巨大的创造力,以至于宁觉得自己能够"随着逐渐展开的梦想行走,迷失在自己的迷宫之中"。[39]

作为莫雷的情人漫步于巴黎,为宁概念化和理解这座城市的方式增添了一个重要的新要素。除了发现巴黎那些暴力多发与破旧废弃的角落对她的文学创作来说是一种力量强大的催化剂,她还开始根据自己在那里建立的人际关系去看待这座城市了。到了此时,宁已经在巴黎生活了 10 多年,且一直处在她后来所称的一张巨大的关系"蜘蛛网"中;这张网络不但源自她自己的多段婚外情,也源自她那位身为银行家兼画家的丈夫的职业活动、她自己的家人与他们的社交圈子,以及她自己那个纯属精神友谊的熟人网络。[40] 这些不同的社交领域,在宁记忆中的巴黎争夺空间,使得这座想象之城中的街道变得令人不适地拥挤不堪了。她与莫雷相恋一年之后,宁曾写道:

我和冈萨洛往回走,穿过博伊斯(Bois)树林,经过苏切特大道(le boulevard Suchet),我曾在那里第一次造访(奥托·)兰克(Otto Rank,此人是她的理疗师兼前情人),经过了苏切特大道上的电影公司。7点钟的时候,我们在帕西(Passy)地铁站分了手。7点钟,休与贺拉斯[贺拉斯·吉恰尔蒂(Horace Guicciardi),此人是休的一位律师朋友]正骑着自行车穿过博伊斯树林,而我则沿着帕西街往回走,来到了布兰维利耶街(rue Boulainvillier)上的那家小餐馆;以前亨利和我住在马罗尼埃街(rue des Marronniers)的时候,经常到那家馆子吃饭。[41]

宁的日记中记录了一连串的虚惊和同时经历的生活,描绘了一个永远都有情人居住的城市,其中既有真实存在的情人,也有记忆中的情人,因此其中的每个空间都被占据了:她的生活或者经历之间几乎没有什么空间了,而在某个时刻,其中一些生活或经历会彼此相撞似乎也成了必然之事。尽管在如此满当的一座城市里——以及一种如此充实的记忆中——有着各种危险与压力,但宁这位行者在巴黎的经历却明显变得丰富多彩了,因为其中的每一条街道、每一家咖啡馆都反复叠加着她的记忆与爱情。

这些记忆将伴随着宁度过第二次世界大战以及她流亡美国的那些年。到她与同样逃到了纽约的莫雷之间的恋情快要结束的时候,宁就能够将一种更加快乐的过去叠加到一种不太确定的现在之上,并从中获得慰藉了:

冈萨洛和我仍然一起在街上漫步……我们仍然一起坐在咖

啡馆里喝咖啡,我们仍然为找不到地方做爱而感到失望,仍然不得不满足于一边偷偷摸摸地亲吻爱抚,一边担心着休可能前来;但我们不是走在当前的街道上,而是走在过去的街道上,是以前那种激情的再现,是此种激情的本性再现;那是一种曾经共享的激情,一抹带来持久影响的火焰。我们不是坐在今天的咖啡馆里,而是坐在巴黎那些咖啡馆的延伸处。[42]

宁开始把巴黎的街道想象成容纳她对自己爱过之人的回忆的地方,因此行走变成了一种记忆形式,就像一个世纪之前的多萝西·华兹华斯一样。

身为行者,宁能够以种种惊人的方式改变自己生活的世界:她能够将城市重新想象成一系列相互关联的生活,它们既塑造了他们一起走过的街道,也被那些街道所塑造;这种本领是她在巴黎与纽约两座城市里漫步时磨炼出来的。她还可以把行走想象成在一个世界里用身体进行的一种铭刻,其中以书页为径;在那个世界里,我们可以触及和保存曾经有过的所有思想。宁在徒步行走过程中创作的日记与小说,将具体的形式赋予了这些不可能存在的世界,让其他人也能够进入那些陌生之地。普通的有形世界的法则并不适用于身为行者兼作家的宁。相反,她能够"在空间中像液体一样流畅地穿越所有的墙壁、所有的门户",逃往一个只有她的双脚并且在想象力的协助之下才知道如何能找到的地方。[43]

接触到阿娜伊斯·宁的时候,我正住在波士顿。看了一份语焉不详、关于其城市漫游的参考资料之后,我便到哈佛大学的怀德纳图书馆(Widener Library)去搜寻她的资料,在书架上把她撰写的作品一本又一本地找出来。那天,我手中拿着宁的作品徒步行走了 2 英里,从哈佛广场回到了自己的公寓;她的想象力究竟怎样植根于她在纽约与巴黎的徒步行走之中,这一点让我感到很好奇。我还从来没有享受过在陌生的、我只能猜测其生活的人群中漫步的乐趣。对我来说,城市经常让我害怕遭到袭击;而在美国,城市还会让我担心自己因为喜欢行走而被大家当成怪人。然而,波士顿对于新手"漫游者"来说,却是一座理想的城市;该市不仅鼓励游客通过徒步行走来体验,连当地人也会避免在波士顿那种地狱一般的道路上驾车出行。

因此,在接下来的那几个星期里,我便整天在城中漫游,不分昼夜,心中也觉得很安全。我曾在拂晓时分沿着波士顿那座著名的港口漫步,站在那里远眺大西洋,想象自己的家就在地平线上。我曾在波士顿公园里来去,观察形形色色的骗子。我曾踏上那条连接着波士顿历史遗址的"自由之路"(Freedom Trail),随兴而行,在人群当中来来回回。看到街上有那么多的人、有那么多的女性,我觉得很高兴。我同他们当中的一些人曾相互一瞥,跟其他一些人还点过头、致过意。这些交流的片刻似乎是对一种共同目标的某种认可。我们都是街头行者,这些就是供我们漫步的街道。

注释:

1. 阿娜伊斯·宁,1919 年 3 月 30 日所写的日记,见于《朱顶雀:阿娜伊斯·宁早期的日记,1914—1920》(加利福尼亚州圣地亚哥,1978),第 213 页。
2. 同上。

3. 阿娜伊斯·宁,1925 年 5 月 6 日所写的日记,见于《阿娜伊斯·宁早期的日记》,第 3 卷"1923—1927"(马萨诸塞州波士顿,1983),第 142 页。

4. 宁,1925 年 2 月 27 日所写的日记,见于《阿娜伊斯·宁早期的日记》,第 3 卷"1923—1927"(马萨诸塞州波士顿,1983),第 111 页。

5. 鲁珀特·波尔(Rupert Pole),为阿娜伊斯·宁的《阿娜伊斯·宁的日记》(*The Journals of Anaïs Nin*),第 6 卷"1955—1966"所写的"引言"(伦敦,1977),第 xi 页。

6. 迪尔德丽·拜尔(Deirdre Bair),《阿娜伊斯·宁传》(*Anaïs Nin: A Biography*,纽约,1995),第 110 页。

7. 阿娜伊斯·宁,1935 年 9 月 18 日所写的日记,见于《火:来自"爱的日记":阿娜伊斯·宁未删节的日记,1934—1937》(*Fire: From "A Journal of Love": The Unexpurgated Diary of Anaïs Nin, 1934-1937*,加利福尼亚州圣地亚哥、纽约与伦敦,1995),第 147 页。

8. 阿娜伊斯·宁,1934 年 4 月 27 日所写的日记,见于《乱伦:未删节的日记,1932—1934》[*Incest: Unexpurgated Diary 1932-1934*,伦敦与伊利诺伊州芝加哥(Chicago, IL),1992],第 325 页。

9. 宁,1934 年 5 月 4 日所写的日记,见于《乱伦》,第 327 页。

10. 夏尔·波德莱尔,《现代生活的画家及其他散文》(*The Painter of Modern Life and Other Essays*,伦敦,1995),第 9 页。

11. 劳伦·艾尔金,《女漫游者:巴黎、纽约、东京、威尼斯与伦敦的城市女行者》(*Flâneuse: Women Walk the City in Paris, New York, Tokyo, Venice and London*,伦敦,2016),第 9 页。

12. 例如,请参见马修·博蒙特(Matthew Beaumont)的《夜行:伦敦的夜行史》(*Nightwalking: A Nocturnal History of London*,伦敦,2015)。

13. 丽贝卡·索尔尼特,《漫游癖:行走的历史》(伦敦,2002),第 176 页。

14. 艾尔金,《女漫游者》,第 11 页。

15. 引于拜尔,《阿娜伊斯·宁传》,第 65 页。

16. 宁,1936 年 7 月 23 日所写的日记,见于《火》,第 266 页。

17. 宁,1919 年 4 月 1 日所写的日记,见于《朱顶雀:阿娜伊斯·宁早期的日记,1914—1920》,第 214 页。

18. 宁,1929 年 1 月 9 日所写的日记,见于《朱顶雀:阿娜伊斯·宁早期的日记》,第 4 卷:《1927—1931》(加利福尼亚州圣地亚哥,1985),第 151 页。

19. 宁,1934 年 4 月 27 日所写的日记,见于《乱伦》,第 325 页。

20. 同上,第 196 页。

21. 参见伊丽莎白·波德尼克(Elizabeth Podniek)为燕子出版社(Swallow Press)版的《玻璃钟下》所写的"引言"[佐治亚州雅典(Athens,GA),2014],第 ix 页。

22. 同上,第 x 页。

23. 参见爱德蒙·威尔逊(Edmund Wilson)在《纽约客》(New Yorker)上的评论,引于宁的《阿娜伊斯·宁早期的日记》,第 3 卷"1923—1927",第 10 页。

24. 阿娜伊斯·宁,《迷宫》,见于《玻璃钟下》,第 45 页。

25. 同上,第 46 页。

26. 同上。

27. 同上。

28. 同上,第 47 页。

29. 同上。

30. 同上,第 47 页和第 48 页。

31. 同上。

32. 阿娜伊斯·宁,《阿娜伊斯·宁的日记》(Diary of Anaïs Nin),第 5 卷"1947—1955",由冈瑟·斯图尔曼(Gunther Stuhlmann)编纂(纽约与伦敦,1974),第 51 页。

33. 宁,1933 年 5 月 27 日所写的日记,见于《乱伦》,第 175—176 页。

34. 宁,1935 年 7 月 24 日所写的日记,见于《火》,第 115 页。

35. 宁,1936 年 7 月 5 日所写的日记,见于《火》,第 250—251 页。

36. 宁,1936 年 9 月 11 日所写的日记,见于《火》,第 296 页。

37. 宁,1936 年 8 月 23 日所写的日记,见于《火》,第 289 页。

38. 宁,1936 年 12 月 18 日所写的日记,见于《火》,第 350—351 页。

39. 宁,1937 年 1 月 3 日所写的日记,见于《火》,第 370 页。

40. 阿娜伊斯·宁,1937 年 6 月 16 日所写的日记,见于《靠近月亮:来自爱的日记:阿娜伊斯·宁未删节的日记》(伦敦,1996),第 40 页。

41. 宁,1937 年 5 月 1 日所写的日记,见于《靠近月亮》,第 29 页。

42. 阿娜伊斯·宁,1946 年 1 月 29 日所写的日记,见于《海市蜃楼:阿娜伊斯·宁未删节的日记,1939—1947》[*Mirages: The Unexpurgated Diaries of Anaïs Nin*,*1939 - 1947*,俄亥俄州雅典(Athens,OH),2013],第 336 页。

43. 宁,1938 年 2 月 8 日所写的日记,见于《靠近月亮》,第 211 页。

第九章
谢丽尔·斯特雷德

在 10 年之前对自己的想象中,我曾确信此时的我应该已经出版了自己的第一本书。我已经创作了几部短篇小说,并且认真尝试过创作一部长篇小说,但距出本书还远得很。在过去喧嚣混乱的一年里,写作一度似乎永远离我而去了,可当我远足之时,我却感觉到那部小说又回到了我的身边;把它的声音塞进了我脑海中的歌曲片段与押韵的广告词之间。那天上午,就在老车站(Old Station)……我决定开始了。

谢丽尔·斯特雷德,《走出荒野》(*Wild*)

"太平洋山脊步道"(PCT)是北美洲行走起来最困难的步道之一。这条步道从墨西哥边境向北延伸到了加拿大,全长 2 650 英里,沿着把美国西海岸与干旱内陆地区分隔开来的各种山脉一路绵延,其最高点的海拔超过了 13 000 英尺。那些想在一个适行时段里走完全程的人听到的建议是要留出足足 5 个月的时间,并且精心安排好时间,避开内华达山脉(Sierra Nevada)在晚冬时节最严重的降雪,同时在山间另一个冬季降临之前到达北方。试图"全程远足"——沿着步道长途跋涉其大部分,或者徒步走完全程的做法——涉及的后勤补给问题令人生畏。这条步道远离大型定居点,而远足者也不可能带着所有的食品、衣物、水和所需的其他装备。取而代之的是,他们必须将补给包裹邮寄给自己,放到步道附近的邮局或者杂货店里,在行走途中去取。即使如此,也很少有人能在每个适行时段走完整个步道。不过,到目前为止,成功走完全程的人当中,约有三分之一都是女性。

1995 年,26 岁的谢丽尔·斯特雷德在婚姻破裂、母亲去世和染上毒瘾之后,孤身一人出发,踏上了徒步行走太平洋山脊步道一部分的征程。在 3 个月的时间里,她走了 1 100 英里,穿越了步道中的两段,并在 2012 年出版的回忆录《走出荒野》中描述了这段旅程。2014 年,由瑞茜·威瑟斯彭(Reese Witherspoon)主演的同名电影上映。以前没有过远距离行走经验的斯特雷德之所以决定独自到太平洋山脊步道上远足,是因为她碰巧看到了一部导游手册:

> 我决定沿着那条路线行走——或者,至少在大约 100 天的时间内尽力行走得远一点。当时我与丈夫分了居,独自住在[明尼苏达州(Minnesota)]明尼阿波利斯(Minneapolis)的一座单房公寓里,当一名女服务员,那是我一辈子当中最情绪低落、最心乱如麻的时候。每一天,我都觉得自己像是站在一口深井之中,从底下抬头往上看。但也就是从那口深井开始,我逐渐变成了一名孤身一人的荒野行者。为什么不可以呢?[1]

斯特雷德这种幼稚的乐观心态完全用错了地方,并且有可能激怒任何一个有经验、明白远距离跋涉困难重重的行者。但斯特雷德这种高调的根本原因并非自负，而是一种拼命想要找到一种让她感到自信的身份的心态。据她自己描述，她"业已经历了太多"，从"贤淑之妻"变成了"淫妇"，从"掌上明珠"变成了"一位心怀大志的作家，从一份毫无意义的工作跳到另一份毫无意义的工作，同时极其危险地染上了毒瘾，与许多的男人上过床"，因此在踏上旅程之初，她便立志要成为"一个独自在荒野之中行走1 100英里的女性"。[2]这样的人理应让人觉得佩服而非谴责，理应受到颂扬而非受人怜悯。这样的人甚至可以对自己感到欣慰。

斯特雷德很快便发现，要想获得这一身份，就只有忍受痛苦、拼命与绝望这一条途径。由于斯特雷德对太平洋山脊步道上的严酷条件毫无准备，因此，几乎从出发的那一刻起，她的身体就吃了不少的苦头。然而，随着她越走越远，无知导致的这种痛苦却变成了一种涤罪形式：斯特雷德会一直走到双脚流血，以此来折磨自己，用受苦来消除她对自己和他人做过的所有可耻之事。经历了在太平洋山脊步道上徒步行走之后，斯特雷德开始相信自己可以改变了。

从一开始，她在加利福尼亚南部的莫哈维(Mojave)沙漠附近动身时，斯特雷德的这次远足显然就不会是一种田园牧歌式的漫步——将会与多萝西·华兹华斯、弗吉尼亚·伍尔夫的行走毫无相似之处，当然也会与娜恩·谢泼德的行走毫无相似之处。最为相近的就是伊丽莎白·卡特，以及她对乡间漫游的热爱之情了；可就算是那种行走，也远远比不上斯特雷德即将开始的远足：这次远足既会极其残酷，也会让她变得有如野兽。发现自己孤身一人站在一家脏兮兮的汽车旅馆的停车场里，除了远足要带的东西之外什么也没带时，她"突然觉得无依无靠,没有原本所想的那样兴奋了",因为在此前那6个月的规划期里,她根本没有想到开始时会是如此荒凉孤寂的情景。[3]斯特雷德回忆说,几天之后,在踏上太平洋山脊步道的最初阶段,"我原本以为,旅途中的每一天我都会为宣泄悲伤和恢复快乐而流泪。相反,我却只是在呻吟,并且不是因为心痛而呻吟,是因为我的脚疼、背疼,而臀部上那些没有愈合的伤口也是如此疼"。[4]其中的许多伤口都是因为斯特雷德没有经验,购买的装备不合适;尽管有人"强烈建议"她进行一次"试跑",可她在踏上太平洋山脊步道之前,却没有测试过那些装备。[5]相反,到了踏上旅程的第一天上午,斯特雷德才头一次收拾她的行囊,往背包里塞了一堆既令人筋疲力尽,坦率地说还令人觉得费解的装备。

斯特雷德描述说,她努力将自己所称的"堆积如山的东西挤、塞、填入背包里的每一处可用空间,直到再也装不下什么为止"。[6]她原本打算用5根弹力绳"将食品袋、帐篷、防水布、衣物袋和轻便椅系在"背包外面,可这个计划失败了,因为她意识到还有很多东西需要放进包里:凉鞋、相机、杯子、蜡烛灯笼、铲子、钥匙串、温度计。[7]除此之外,斯特雷德还要带上"两个容积为32盎司(合950毫升)的塑料水壶和一个能够装2.6加仑(合1升)水的水袋",因为太平洋山脊步道上几乎找不到淡水。[8]据斯特雷德估算,光是所带的水就重达11公斤(合24.5磅)——对任何人来说这种重量都让人受不了,更何况一个在炎热难当、尘土飞扬而起伏延绵的太平洋山脊步道上徒步行走的远足新手了。

终于把一切都收拾好之后,斯特雷德便准备出发了:

我戴上手表,用太阳镜自带的粉色胶带把它挂在脖子上,戴上帽子,看了看我的背包。背包又大又紧实,既有点儿可爱,又一声不吭,令人生畏。它自有生命力;与它为伴,我就完全不觉得孤独了。背包立起来后,高度到了我的腰上。我抓起背包,弯腰想把它背起来。

可背包纹丝不动。[9]

在电影《走出荒野》中,这一幕逗得观众都哈哈大笑起来:在一个巨大的、完全背不起来的背包面前,身材娇小的瑞茜·威瑟斯彭显得非常矮小,滑稽得很——至少,她把自己绑到倒在地上的背包上,然后拼命地把沉重无比的背包竖起来之前,场面非常滑稽。然而,不管那个场景呈现了什么样的幽默感,这种幽默感很快都会变得荡然无存,因为我们看到,斯特雷德并没有重新思考或者重新打包,而是背起了这个背包,弯着腰,毅然带着它踏上了太平洋山脊步道。斯特雷德没有重整行装(或者,扔掉一堆东西更好),而是拉紧了臀部的带子,拼命想要通过重新分配肩上承受的重量来让那个包背起来轻松一点儿。背包让她觉得“相当不舒服”,可由于她对带着装备远足是个什么样子一无所知,所以斯特雷德想当然地认为“背包客的感受就是如此”。[10]

然而,在斯特雷德的整个叙述中,身体上承受的苦痛却具有一种超越了滑稽可笑或者悲惨不幸的重要性;尽管行走距离越来越远,这种苦痛却只是稍微减轻了一点儿。事实上,有时这种苦痛还发挥着一种特殊的保护作用。踏上旅程之初,这种苦痛会让斯特雷德不再感到害怕:不再害怕未知的生物,不再害怕自己做过的一切,不再害怕孤身一人独处荒野,不再害怕自己是一个独自行走在荒野中的女人。后来,她又发现,随着自己日渐习惯了肉体上的苦痛,她在情感方面也变

得日益坚韧起来。踏上这段旅程一个星期左右之后,斯特雷德如此写道:

> 我开始想到,没有在步道上天天地想着自己生活中的悲伤,也许是件好事;由于被迫将注意力集中在我的身体苦痛之上,所以我的一些情感痛苦也许会逐渐消失。到第二周结束的时候,我便意识到,自开始远足以来,我竟然没有掉过一滴眼泪。[11]

这种磨炼并未让她丧失感受情感痛苦或者悲伤的能力。更准确地说,是那些感受的程度被强烈的身体不适减弱了。斯特雷德对母亲去世的悲伤之情并未消除,反而因为身体上的苦痛得到了升华,从一种令人无法承受的痛失亲人感变成了某种近乎认命的感觉。就这样,当斯特雷德穿过野花丛中,想起曾经在野外度过的童年时光时,她如此写道:"我极其真切地感受到了母亲的存在,以至于我觉得她当时就在那儿。"在这条步道上,斯特雷德找到了与逝者为伴的感觉,而不再是被业已失去的人抛弃了的感觉。[12]

身体体验,就是斯特雷德记述她行走于太平洋山脊步道上那段时光时的核心:她说,在不停跋涉的时候,自己心中能够做到的,就是"毫无意义地循环"播放某种古怪的"混音电台"的广告曲。[13]因此,除了身体上的感受,她几乎没有什么可以记录的。然而,拥有女性的身体就意味着,斯特雷德的经历不同于大多数发表过关于人类行走经历作品的人,尽管这些经历与真正行走过的人的许多经历之间其实并无什么区别。正如斯特雷德明确指出的那样,尽管一位女性独自行走在太平洋山脊步道的现象并不常见,但也有很多女性确实这样干过;我们应当记住,男性单独在这条步道上行走的现象也不常见。同样身为"全程徒步者"的格雷格(Greg),曾在加利福尼亚那段步道上超过了她;此人强调了斯特雷德的独特性,告诉她说,自他从靠近墨西哥边境的步道南端动身以来,"您是迄今为止我在这里碰到的唯一独自行走的女性,也是我在登记册上见到的唯一"。[14] 在位于肯尼迪梅多斯(Kennedy Meadows)的第一个补给点,柜台后面的女士把包裹递给斯特雷德时,曾说那是她收到的唯一"上面写着女孩子名字"的包裹。[15]斯特雷德在这里碰到了 6 个也到肯尼迪梅多斯来收包裹的男性,于是,她不得不第一次开始考虑自己这位女性行者身份的意义。被其中一位男性说成"森林里唯一的姑娘"之后,斯特雷德才开始意识到,她是"孤身与一帮男人在一起"。她的反应就是"尽可能地与我遇到的男人打成一片,从而让他们消除性别观念";她觉得,这样做是"不得已"而为之。[16]然而,对斯特雷德而言,她并没有将这一点视为对其身体的一种威胁,而是对其身份认同感构成的一种威胁——她认为,自己是一个特殊的女性。

起初,斯特雷德似乎必须通过变成"那些家伙中的一员"来否定自己,从而不那么显得具有女性特征。然而,后来斯特雷德的思想发生了重大转变。为了在步道上行走时有安全感,斯特雷德并不是非得把自己变成一名男性,而是需要接受自己是一个不同类型的女性。斯特雷德并没有被迫"拥有"一个较为男性化的身份,而是因为此时她已经变身为行者,故她不能再接受以前那种有如披在身上的衣服一般的各种女性身份了。她剩下来的只有一个单一的身份,也是一个首次"向整个世界"展露其"肮脏面庞"的身份。就是一位"独自行走于荒野之中"的女性的身份——正是斯特雷德自己希望变成的那种身份。

随着斯特雷德沿着太平洋山脊步道越走越远,这个荒野女性的身份——坚定、顽强而坚毅——也变得更加深切了。而且,这不仅仅是一种内心的转变,也是一种铭刻进了她的身体之中的转变。3个星期之后,由于季节反常地下起了晚雪,斯特雷德决定绕过内华达山脉,便住进了一家汽车旅馆。两个星期来第一次站到镜子前面之后,斯特雷德被自己的模样吓了一大跳:

> 我的模样不那么像一个在过去3周里一直背着背包在荒野之中行走的女人,而是更像一个遭受了暴力和古怪罪行侵害的女人。我的胳膊和双腿、后背和臀部上都是各种颜色的瘀伤,黄的黑的都有,好像我被人用棍子抽打过一样。我的臀部和肩膀上布满水泡和疹子,而被背包磨破了皮肤的地方则有红肿的伤痕和黑色的疮痂。在瘀伤、伤口和尘垢之下,我看得见一条条凸起的新肌肉,而在前不久还很柔软的部位,肌肉也都变得紧实起来了。[17]

这个孤身女行者身体上所遭受的暴力,完全是她自己造成的,是她在步道上的行走造成的。正因为如此,这种暴力才令她感到兴奋,而没有让她觉得可怕;斯特雷德的叙述中流露出了一种自豪感,因为她不但遭受了这种暴力,还忍受了这种暴力——甚至在这种磨炼之下茁壮成长起来了。从瘀伤和痂疤之下,以一种特别残酷的蜕变形式诞生了一具肌肉发达、强壮而活力十足的身体。而且,那种转变此时并没有结束。又走了数英里,就在越过州界进入俄勒冈(Oregon)之后,在步道上跋涉已久的斯特雷德再次见到了镜中的自己。她又瘦了一些,"头发的颜色也比我打小以来更淡";只不过,她的身体已经全然不像一个小姑娘,有着"百分之百都是肌肉的臀部与大腿"了。[18]斯特雷德身体上的变化是步道那种"炙烤疗法"造成的,它们清除了她身上所有无关紧要的东西,直到最后留下来的都是经过了净化的本质力量。[19]

这些变化极具根本性,大大改变了斯特雷德身体的内部样貌,以至于她不再觉得熟悉了:

> 下午3点左右,我的体内涌起了一种熟悉的感觉。我意识到例假要来了。这是我走上步道以来,第一次来例假。我几乎不记得自己还会来例假了。自开始徒步远足以来,我认识自己身体的新方式已经让原来的方式变得迟钝起来……内心最细微的反应都被明显的痛楚掩盖了;我总是感到脚疼,肩膀和后背上部的肌肉紧绷着,火辣辣地灼痛不已,以至于我每个小时不得不停下来好几次,做一系列的动作,以便让疼痛缓解片刻。[20]

例假即将到来的生理征兆,也许与她在过去的生活当中例假将至时的迹象相同;但由于在太平洋山脊步道上徒步行走对身体的要求很苛刻,故斯特雷德对这种曾经熟悉的经历的理解也发生了变化。她的例假被降级成了一种"内心的细微反应";相比于她在这条步道上行走导致肌肉撕裂时令人尖叫的疼痛,例假带来的绞痛与腹部不适就显得微不足道了。此时,栖居于一个"唯一需要考虑的事情"就是"身体最难克服的是什么"的身体之中,斯特雷德重新体验到了自己的内心世界。[21]

她的描述也迫使读者去理解一种不同的内在视角——女性的具身视角。倘若仅仅阅读男性撰写的行走作品,那么,在我们理解行走的意义时,这些问题就算重要,也一定极少具有什么重要性。不过,月经及其相关的感受——腹部绞痛、情绪变化、精力水平改变以及一次接连几天不断流血的生理感觉——对于许许多多认为徒步行走很重要的女性来说，一定是她们以前经常感受到的，且日后还会如此。斯特雷德的行走体验常常受到她对自己是一位具身女性的理解的影响；尽管在路上碰到的人显然都看出了她的体力日渐增强，但对此留下了最深刻印象的还是她在路上邂逅的女性。就像多萝西·华兹华斯与萨娜·哈钦森在苏格兰走进一户只有悲伤的女人在场的人家时一样，斯特雷德这位女行者也能够获得男性行者无法获得的种种体会，并将它们表达出来。

后来，斯特雷德不得不再一次离开步道，这次是下着雪、前进缓慢、补给也不足等结合起来导致的；一个陌生女人克莉丝汀（Christine）给了她一些吃的，还让她洗了个澡，因为斯特雷德是一位孤身女性，而克莉丝汀对她的勇敢深感钦佩。克莉丝汀是一位母亲，有两个十几岁的女儿，她在斯特雷德身上看到了自己希望女儿们去培养的那些品质。"她们要是能像您这样做，我会很欣慰的，"她对斯特雷德说，"她们要是能像您这样勇敢和强壮就好了。"[22]那两位姑娘后来开车把斯特雷德送回了步道，她们同样对斯特雷德钦佩不已。有女性为伴时，斯特雷德会想到自己的母亲，她说此刻"极其真切地"感受到了母亲的存在，以至于感动到几乎无法呼吸，这或许并不是巧合。[23]

几天过后，在贝尔登镇（Belden Town），斯特雷德遇到了特瑞娜（Trina）与史黛西（Stacy），她们俩刚在太平洋山脊步道上行走了两三天。虽然斯特雷德在步道上遇到过许多男性，并跟其中的许多人都交上了朋友，可她还是如此写道："我终于在步道上碰到了女性！我们匆匆忙忙地交流生活中一些重要的细节时，我简直是如释重负。"[24]斯特雷德描述说,她立即对两名女性产生了一种友爱之情,这与她碰到男性行者时的情况形成了鲜明的对比;只不过,对于碰到她们之后她为什么会感到"如释重负",斯特雷德并未说明,至少是没有做出直接解释。不久之后,她又写道,她"一整天都享受着有这些女性陪伴的滋味,庆幸能跟她们交谈,因为动身踏上太平洋山脊步道以来,我就很少这样了"。[25]身为女性且身处女性当中的斯特雷德能够享受到一种情谊,而那种情谊不同于她这位行者以前所知的任何友谊。她之所以产生"如释重负"的感觉,很可能是因为这一次陪伴她的人的身体经历、内心生活都与她十分相似。

然而,尽管斯特雷德在女性的陪伴和身体的蜕变之中获得了力量与友谊,但其经历带有的女性色彩曾经属于一种明显的劣势。尽管人们普遍认为,女性若是独自外出,就很容易受到性侵害——斯特雷德在其记述中很早就阐述过这种观点——但在本书描述过的其他女性当中,却没有一个留下她们遭到过男性明显的身体威胁的记述。所以,斯特雷德对她在俄勒冈州杰斐逊山荒原(Mount Jefferson Wilderness)上遇到两位男性的描述,就比较让人震惊了,因为无论是从她自身的经历来看——男性远足者对男性都很友善——还是从更广泛的角度来看,这种情况都极其罕见。那次偶遇开始时并无大碍,两位猎人来到了斯特雷德准备宿营的一片空地上,向她讨水喝。斯特雷德此时已是一位经验丰富的林中女性,便教那两名男子如何使用她的净水器,可他们粗心大意,一下子就把净水器弄坏了。从这时起,威胁感便迅速开始上升;斯特雷德发现,其中一名男子"公然对我的身材评头论足",让她觉得很不舒服。[26]接着,那两名男子开始抨击让斯特雷德变得强壮与坚韧起来的一切,声称不信"像你这样的姑娘会孤身跑到这上面来。要我说的话,你长得太漂亮,不适合一个人到这里来",并且抽象地讨论起斯特雷德通过行走而变得强壮起来的女性身体,仿佛在讨论一件东西似的:"'她的身材真好,不是吗?'棕色头发的那个男人说。'很健康,曲线很柔和。正是我喜欢的类型。'"[27]

这时,她骗那两个男人说她不会继续往前走了。那两名男子朝着相反的方向走去;斯特雷德不禁大大地松了一口气,而她的读者也大感宽慰。随着她飙升的肾上腺素逐渐平复下来,"紧锁的喉咙开始松开",她便安慰自己说:"尽管他们很讨厌,有性别歧视观念,并且毁掉了我的净水器,可他们没有伤害我。"[28]她把营帐支好,换了衣服;可就在此时,其中一名男子又回来了。斯特雷德在步道上遇到过危险的野兽——很早的时候,她遇到过一只黑熊,后来还遇到过一条响尾蛇——可此时却是她第一次描述自己不得不去对付一个虎视眈眈、有可能袭击她的人。被那名男子"吓坏了"的斯特雷德觉得,她仿佛是"遇到了一只美洲狮,尽管违背本能,可我还是记得不要跑。既不能让我的迅速行动刺激到他,不能用我的愤怒去激怒他,也不能让我的恐惧刺激他"。[29]在斯特雷德看来,一路上碰到的所有野生动物、所有荒野,都不如此刻这个男人危险。他看到了斯特雷德脱衣服,而随着他继续进行性骚扰,她所获得的一切——她逐渐增强的内在和外在力量——都有可能化为乌有。她描述说,自己的脑海中听到了"一声巨响",那是她震惊地"意识到我在太平洋山脊步道上远足时,始终都有可能出现这种情况。无论以前我有多么坚强、强壮或者勇敢,无论以前我开始对独处感到有多自由,那都是因为我很幸运"。[30]能够在徒步行走的途中不受到侵犯,这并不是一种权利;相反,那名男子的存在将她的个人安全变成了一个运气的问题。而且,"假如我的运气至此已经用光,那就好像我以前什么运气都没有过一样;因此,这一个晚上就会让以前所有的勇敢日子化为乌有"。[31]此时陷入危险的不只是斯特雷德这位女性脆弱的身体,还有她为自我创造的、此时已经变成其自我不可或缺的一个部分的那种身份。强奸既会侵犯她的身体,还会摧毁她的精神。这种情况会彻底毁掉刚刚开始认识自我的斯特雷德。

然而,就在这千钧一发之际,那名男子的同伴返回来,从而"救"下了斯特雷德。两人一起离开了,但那个对她虎视眈眈的男人离开时还做出了一种具有威胁性的举动;他举起手里那罐百事可乐,假装跟她干杯,说:"敬一位独自待在森林里的年轻姑娘。"[32]虽然不再有身体遭到侵犯的危险,可结果表明,此事带来的心理影响持续得更久。斯特雷德勉勉强强的自我安慰最终却并未让她平静下来;尽管天色差不多已经黑了,但她还是迅速离开了那里:

> 我把帐篷胡乱塞回背包里,关掉炉子,把快要烧开了的水倒在草地上,把锅子浸到池塘里进行冷却。我喝了一大口碘水,然后把水瓶、湿 T 恤、胸罩和短裤塞回背包里。我背起"怪兽"(Monster,这是斯特雷德给她的背包起的名字),扣好背带,踏上步道,在渐渐昏暗的天色下开始往北方走去。我走啊走啊,大脑变成了一台除了前行就不想任何事情的原始机器,一直走到我无法再忍受这种行走,一直走到我认为自己再也无法往前多走一步。
>
> 接着,我跑了起来。[33]

她终于停下脚步,搭起了帐篷;只不过,此后一段时间里她仍然觉得害怕、焦虑不安。然而,在步道上的行走节奏最终还是让她对过去之事的记忆不再那么清晰,而太平洋山脊步道的"炙烤疗法"也再次证明有效,迫使她的大脑去考虑当下而不再流连于过去的创伤之中了。

最后,斯特雷德在太平洋山脊步道上的这次远足,并不是以"杰斐逊山荒原"上发生的事情来界定的。相反,她写到了自己走向这次远足的终点时,感受到了一种"纯粹而十足的"快乐,写到了她早些时候在俄勒冈州那段步道上有过的那种令人觉得舒适的友谊。她甚至在步道强加给她身体的无情磨难当中发现了一种奇怪的慰藉;那些磨难意味着,"就算经历了这一切,就算此时我的身体比以前更加强壮,并且有可能比以后也要强壮,但在太平洋山脊步道上徒步行走,也仍然艰难得很"。[34]走到最后,站在俄勒冈州波特兰市(Portland)南边横跨哥伦比亚河(Columbia River)的那座桥上时,斯特雷德开始认识到,从这一刻开始,她的人生就将受到自己刚刚所做的事情的影响并且由此来界定了。斯特雷德写道,只有把她在太平洋山脊步道上的经历讲述出来,才能让这段经历的全部意义"在我的内心中展露出来",那是一个多年以后才"终于被披露出来"的"秘密"。[35]这将是斯特雷德坐在桥上,首先讲给她的孩子们听的一个故事;也就是在那座桥上,她发现自己在步道的尽头变成了一位女行者:强壮、能干、独立而自由。

待在洛杉矶的那3个星期里,我大部分时间都在痴痴地凝望着北面环绕着该市的群山。到目前为止,我进行过的唯一一次漫步,就是在一个炎热的日子里,随着熙熙攘攘的人群徒步登上了好莱坞山

(Mount Hollywood,这至少意味着我能够在人人必有的自拍照里打上好莱坞的标志了),汗流浃背地爬上好莱坞西边更远的鲁尼恩峡谷(Runyon Canyon),然后在帕萨迪纳(Pasadena)和圣加百利(San Gabriel)之间的砾石路上步履沉重地走了很久。我没能做到的就是逃离这座不断扩张的钢筋混凝土城市的禁锢。我决定在逗留期间不租汽车,好用双脚去探究一下这座深受汽车困扰的著名大都市,却没有考虑到我对大山的热爱之情。尽管乘坐公共交通工具差不多可以从市里到达圣加百利山脉上那些位置较低的山坡——如果您认为徒步走上 3.6 英里前往地铁站、乘坐 30 分钟的地铁、再走上 20 分钟来到步道的起点是可行的话——但具有讽刺意味的是,到洛杉矶县的荒野中去徒步行走,却必须乘坐汽车。

我无意当中看到了塞拉俱乐部＊的网站,这纯属运气。我的最后一招就是在谷歌上搜索“洛杉矶的行走俱乐部”,好在周末漫步时不用支付 90 多美元去租两天的车。我向这家俱乐部的不同职员发送了几封问询邮件,得知我应当向帕萨迪纳分部申请;又发了几封请求邮件之后,我便联系上了身为帕萨迪纳行走活动领导人之一的唐·布雷纳(Don Bremner),此人碰巧正在组织一场徒步行走活动,准备那个周末从威尔逊山(Mount Wilson)出发。我们商定,如果我能坐出租车到达洛杉矶盆地北部边缘拉肯纳达燧石岭(La Cañada Flintridge)的那个汽车共享点,唐就会接我到步道起点,过后再顺路送我回家。星期六一大早,我就抵达了指定的集合点,另一位徒步行走活动领导人戴夫·泰勒(Dave Taylor)和唐一起在那里迎接我;唐的握手热情而坚

＊　塞拉俱乐部(Sierra Club),美国创建于 1892 年的一个著名环保组织,亦译“山岳协会”“山峦俱乐部”或“山脉社”等。

定,他四肢精瘦、身材修长,让人觉得他迈上一步就会有数英里远。

对于徒步行走,我很少像此时这么兴奋过;随着唐那辆稍微有点儿破旧的汽车载着我们沿洛杉矶高速公路驶入群山之中,我的兴奋之情也变成了欢欣鼓舞。我们迅速往上驶去,经过了一群群勇敢的自行车骑手,他们在绵延不断的山坡上使劲蹬踏着;几分钟之后,那个延绵60或70英里的城市群以及西边闪烁着微光的海洋,便似乎一坦平洋地呈现于我们的脚下了。

我们的目的地是威尔逊山,那是一座高高耸立并俯瞰着洛杉矶的山峰;之所以如此,部分在于它是圣加利山脉东部群山中最高的山峰之一,海拔近6 000英尺,但同时也是因为上面有许多发射塔,像刺毛一样沿着顶峰脊岭耸立着。我们一行14人从一小队汽车中下来;汽车把我们送到了步道的起点,就在那一群发射塔下。我们马上沿着路线往下,走进了灌木和松树林中。浓密的树荫下稍有点儿凉,因为当时正值1月份,尽管身处加利福尼亚,我们却是在海拔5 500英尺高的地方;不过,那条小路却一路令人愉快地蜿蜒而下,延伸入林中。洛杉矶地区的土壤又松又细,天气干燥之时尤其如此;人们告诉我说,这里的气候一直非常干燥,已有将近10年之久。唐称之为"胎面"(tread)的那条小径上,间或已经部分坍塌,留下来可供我们行走的只是1英尺多宽不断变化和不稳定的地面,且高悬于岩石密布的峡谷之上,危险得很。我从这些地方跳过去的时候,就像路上铺满了炙热的煤炭似的,只希望尽量少落到地面上几次。就在几天之前,我刚刚发现自己怀上了头胎,所以我的风险意识与自己的生理机能一样迅速发生了变化。一条湿滑的河床弄了我一个措手不及;我们经过的所有河床都已干涸,而我的心思当时也集中在小径上另一个惊心动魄的狭窄之处。就在千钧一发之际，我记起看到了一根松动的电线，并且在即将失去平衡、就要从一处黏滑的巨大岩架上摔倒的时候，抓住了那根电线。

不久之后地形变了，我们来到了一些名副其实的小径之上。现在，由于不用再担心地面是否会塌陷，因此我能够四下看一看了。步道环绕着山坡，蜿蜒曲折地进出于峡谷与沟壑，一路向下而去。突然之间，树木不见了，我们第一次看到了远方的群山。地平线上耸立着一座积雪覆盖的山峰——有人告诉我，那就是巴尔迪山（Mount Baldy）——它是圣加百利山脉中最高的一座，海拔超过了 10 000 英尺。通常来说，整条山脉（包括我们自己所在的威尔逊山）在 1 月份都会白雪皑皑，可在过去的 5 年里，只有一年的冬季里出现了惯常的积雪。虽然这是说明气候变化对该地区产生了影响的一种糟糕迹象，但我们却因为那天反常的暖和、让人能够徒步行走而受益匪浅。

小径紧贴着山坡，在一些树木繁茂的山谷上方延伸了 1 英里多，然后下行，将我们带回了福吉谷营地（Valley Forge Camp Ground）上方的森林里；我们在那里停下来，吃了午餐。我们坐在长凳上晒着太阳，那些长凳很高，连身高 6 英尺 5 英寸的唐坐在上面，也能像个孩子一样甩动双腿。我们愉快地聊着天，分享各自带来的包装水果和巧克力零食，然后开始朝着步道的尽头"红盒子"（Red Box）攀登。几乎是转瞬之间，我们就再一次被树木包围了。在这里，我看到了有着宽阔而呈五指形叶片的美国梧桐，还有结出我所见过的最大橡子的橡树；要是有嘴巴大得足以装下这些巨大橡子的松鼠，我可不愿意碰上一只。那里的风景也让我感到很困惑，因为在我这个北欧人看来很古怪，算是四季不分：橡树与美国梧桐的叶子都掉了，某种白桦树惨白光秃的枝条在森林的阴影中诡异地闪着光;但对于熊果树、丝兰和其他山地植物来说,此时却是它们的生长旺季,它们那种生机勃勃的绿色显得此时更像是仲夏时节,而不是 1 月底。尽管如此,植被带来的阴凉还是大受欢迎,因为那天的气温上升到了 20℃(合 68 °F)以上;我费尽力气才攀上那道长得惊人的山坡,回到山上。最后一段路是沿着一条蜿蜒多沙的梯道往上走;它穿过了树冠,让炙热的阳光晒着我汗水淋漓的后背,但也带来了阵阵微风。突然之间,我便来到了山顶;待喘息稍平,我的目光便再次投向了遥远的地平线,以及远处太平洋山脊上的一座座山峰。

注释:

1. 谢丽尔·斯特雷德,《走出荒野》(伦敦,2013),第 4—5 页。

2. 同上,第 5 页。

3. 同上,第 30 页。

4. 同上,第 84—85 页。

5. 同上,第 33 页。

6. 同上,第 41 页。

7. 同上。

8. 同上,第 40 页。

9. 同上,第 42 页。

10. 同上,第 44 页。

11. 同上,第 92 页。

12. 同上,第 90 页。

13. 同上,第 85 页。

14. 同上,第 88 页。

15. 同上,第 102 页。

16. 同上,第 111 页。

17. 同上,第 129 页。

18. 同上,第 245—246 页、第 249 页。

19. 同上,第 193 页。

20. 同上,第 164 页。

21. 同上,第 193 页。

22. 同上,第 148 页。

23. 同上,第 151 页。

24. 同上,第 168 页。

25. 同上,第 173—174 页。

26. 同上,第 285 页。

27. 同上。

28. 同上,第 286 页。

29. 同上。

30. 同上,第 286—287 页。

31. 同上,第 287 页。

32. 同上。

33. 同上,第 288 页。

34. 同上,第 307 页。

35. 同上,第 311 页。

第十章
琳达·克拉克内尔及一种女性传统

> 任何故事的写作,基本上都属于重写……我把它视作一种反复的行走、一条具有各种变化或者分叉的环路。重温我们自己的记忆也是如此。我们一边前行,一边巧妙地重构记忆;因此,我们的人生经历不那么像照片一般是精确的客观现实,而更像是一种想象行为,经过了一遍又一遍的重新创造。
>
> 琳达·克拉克内尔,《原路折返》(*Doubling Back*)

对于许多曾经徒步行走的女性,包括多萝西·华兹华斯、娜恩·谢泼德、阿娜伊斯·宁以及住在阿伯费尔迪的泰赛德镇(Tayside)的作家琳达·克拉克内尔来说,重温旧事会让现在的自我与过去的自我、这些自我与未来形成一种联系。通过行走于一条超越了人类寿命极限的道路上,我们可以跟过去的自我栖居于同一个空间,并且让这条道路向未来的自我敞开。对克拉克内尔(还有谢泼德、宁以及她们之前的华兹华斯)而言,重新踏上一条道路也能让她们在个人之间创造出一种共情关系,其力量足以跨越时间。2014 年,克拉克内尔出版了一部作品《原路折返》，目的就在于探究重走承载着往昔重要价值的路线时所创造的那种纽带的力量和意义。然而，追溯以前的步伐和试图重走往昔的道路会有危险：她在康沃尔郡的博斯卡斯尔（Boscastle）附近进行一个星期的漫步时，年少时一桩恋情的记忆开始浮现；在年纪已长的克拉克内尔看来，对比于当下的那种强烈而清晰，那桩往事让她觉得既脆弱又贫乏。在第一次造访那座村庄的 30 年之后，克拉克内尔再次来到了那里，"迈着轻柔的步伐"，不想在形成新记忆的过程中破坏以前的记忆，"生怕"因为在以前走过的小路上行走时脚步太重而"让那些美梦破碎"。[1] 然而，结果表明，追溯过去并不会抹除这些往昔的奇妙或生命力。相反，克拉克内尔体验到了某种意义上可称为行者奇迹的东西：回过头去看一看开始的地方，您就会认识到，自己的双脚能够带着您走上多远。在追溯自己脚步的过程中，克拉克内尔第一次看到了"那个只有 17 岁、当时正在学习绘画的年轻姑娘与2008 年这个从事写作的女人之间，有一条清晰的路径"。她说，"我们之间并无太大不同。我对道路、对行走以及对文学的热情……并没有因为年长而消失"：现在的自我，不过是在这条路上走得较远而已。[2]

不过，克拉克内尔行走的主要目的并不是与年轻时的自我重建联系，而是找到与逝者建立联系的途径。在撰写《原路折返》一作的过程中，她探究了那些业已逝去之人所记述的路线，希望通过行走来与他们产生共情。在漫步行走的时候，克拉克内尔希望踏上"那些回响着一种人性共鸣的道路"，并且学会利用自己的身体，把它当成"重新讲述某个人的故事"、旨在发掘出那些已逝之人某个方面的工具。[3] 对克拉克内尔而言，对多萝西·华兹华斯和其他的女性行者而言，徒步行走的身体变成了一条连接过去、现在与未来的通道。生理自我

(physical self)是一种媒介;经由这种媒介,时间、故事与生活全都相互关联起来了。对克拉克内尔来说,这一点尤为重要,因为她重走的道路当中,有一条她的父亲曾经走过;父亲为她的身体赋予了生命,却在她很小的时候罹患癌症去世了。[4]对于这个男人,克拉克内尔并不了解,因为她是在"还不怎么会说话之前"就失去了父亲的情况下长大的;但是,通过沿着父亲的脚步行走,对于他是个什么样的人,克拉克内尔逐渐有所了解了。父亲的脚步会把克拉克内尔带到阿尔卑斯山脉上;她的父亲攀登过那道山脉,当时他还在牛津大学就读,是牛津大学登山俱乐部的一员。站在父亲攀登过的一座座高耸、闪亮的山巅之间,她能够想象到,父亲曾在高山之上侃侃而谈,是宿营于山间的"那帮人的生命和灵魂";而在克拉克内尔自己攀登芬斯特腊尔霍恩峰(Finsteraarhorn)时,通过行走于相同的地形之上,她就在一种程度上让父亲复生,回到了她的身边。[5]她想象着父亲"在他的'成人生活'开始之前这趟为期约3个星期的冒险之旅中,呼吸着阿尔卑斯山上清新的空气,感到内心充满了活力"的情景。[6]半个世纪之后,行走之时感到活力十足的就成了克拉克内尔自己:她利用父亲给予的身体,反过来为父亲赋予了生命。

行走于阿尔卑斯山脉之中让克拉克内尔能够在自己与父亲之间形成这种重要的共情纽带——她深情地凝视着"那个深厚冰雪的汇集之地",因为此时她的生命与父亲的生命已在冰雪之中交融为一体——因为她用同样的方式也在山脉之中留下了自己存在的印迹。[7]不过,父女的行走之间和他们所处的客观现实之间,还是有所不同。举例来说,克拉克内尔就发现,20世纪50年代的登山服装与现代的行者和登山者期望用于保护身体免遭天气与危险所害的服装之间,根

本就没有可比之处:

> 他拍摄的山地照片中,主要都是帆布、羊毛和麻布制成的装
> 备。而我在准备阶段浏览一些网站寻找登山设备时,网站上推荐
> 的有轻便冰爪,还有用"止风者"(Windstopper)、"波拉特克护盾"
> (Polartec Powershield)、"舒乐极品干肤"(Schoeller Dryskin
> Extreme)等料子制成的衣物,让我觉得无所适从。于是我决定
> 凑合着来,带了一把已经有 20 年历史的冰镐和借来的冰爪,并且
> 在夏季负重行走裤下穿了一条羊毛打底裤。[8]

由于尴尬地夹在 20 世纪 50 年代和 21 世纪初之间,故克拉克内尔的
装备既可以说好于她的父亲在那趟穿越阿尔卑斯山的旅程中所用的,
又可以说要比后者所用的差;不过,父亲是一位坚定而经验丰富的登
山者,对地形与安全登山所需的设备了然于胸,女儿却是凑合着来,用
的还是借来的装备。因此,她的攀登必然是一种有限的尝试性登山活
动。克拉克内尔还发现,她并不像父亲那样痴迷于登上最高的山峰,
并且承认说,她不确定自己究竟想不想攀登到那么高的地方,因为高
山登山者经常面临着受伤与死亡这两种"可怕的结果"。[9]克拉克内尔
面临的现实就是:父亲的身体并不是她的身体——父亲的生命也不
是她的生命——这个事实,在她更愿意前往"地势较低的道路和山隘,
因为那些地方仍有生命,生长着绿色植物"的做法中体现了这一点。[10]
行走在阿尔卑斯山脉之中,既让克拉克内尔觉得离父亲更近了,同时
又让她觉得远离了父亲;父女此时都已走过山上那些绵延不断的冰
川,它们便为克拉克内尔的这种感受赋予了外在形式:此时,父亲的

足迹已经到了距她很远的"下游"冰川中,因为自他当时站在雪中以来,留下的足迹已经随着冰川"漂移"了半个世纪之久。[11]然而,克拉克内尔自己在冰川上走过之后,她的足迹也会随着时光流逝而沿着山谷往下漂移,使得冰川成了承载着两人生命的一个"伟大的……汇集之地";如若不然,父女之间的生命联系就会断裂。[12]

对克拉克内尔来说,行走与写作在本质上都属于共情活动。她写道,文学"将我们与他人的生活"联系起来,并且文学与徒步行走之间具有明显的相似之处:"'循着他人的足迹'……走他们走过的道路,会让一个人与他们的故事产生联系。"[13]这一点,就是克拉克内尔试图跟逝去已久的父亲产生共情的核心。不过,她也认识到了行走对自身创作的重要性,因为行走让她能够"在移动中更好地思考,更有创造性地思考……关注内心与外在的风景",所以克拉克内尔还努力追随着其他一些女性的脚步,以便让自己的经历与她们的故事产生联系;对那些女性而言,行走都曾具有重要的意义。[14]其中的第一位就是苏格兰小说家、诗人兼英国广播公司(BBC Radio)的编剧杰茜·凯森;20世纪30年代,此人曾在阿赫布侬(Achbuie)的尼斯湖畔生活过一段时间。凯森是娜恩·谢泼德晚年时的一位朋友,她曾在许多小说和广播剧中多次描述过自己漫游于"大峡谷"(Great Glen)那一座座山坡之上的经历。这些漫游让经历了不堪回首的童年之后,又在精神病院里禁锢了一年的凯森终于能够在大地上找到些许慰藉了。对凯森来说,行走是她与她的自我之间重建联系的一种手段;很小的时候,跟着自己深爱却多灾多难的母亲颠沛流离之时,她就学会了这种方法。后来,凯森还将写道:

童年时期的头8年里，我是在一栋城市公寓的一个小房间中度过的。我的母亲在乡下出生和长大，但她与家人的关系很疏远，因此每一年的春天与夏天，她都在家乡莫里郡（Morayshire）的高速公路与小路上漫游。我们经常在那片辽阔的土地上游荡。由于一般都负担不起乘坐公共交通工具的费用，我的双脚就变得像新制的皮革一样结实了。

周末旅行时，大多数人心中都会有一个特定的终点。这是他们旅行的目的，或是一个富丽堂皇的家，或是一个向大众开放的公园，或是他们经过时可以"顺便拜访"的熟人。可我们不是这样。我们从来都没有目的地。乡间本身有如磁石，深深地吸引着我们前去。[15]

据克拉克内尔记载，凯森也曾在阿赫布依附近地区"游荡"了6个月之久；她住在那里的时候，是"寄宿"在"一位老妇的小农场里"。[16]那里没有围墙限制，凯森能够"自由自在地闲逛"。[17]由于凯森在漫步之时并不需要一个目的地，只是随性而行，因此克拉克内尔发现，"春季漫步于这个地方时那种发自内心的兴奋之情，此后一直洋溢在她不同体裁的作品之中"。[18]凯森把自己在尼斯湖畔的经历融入了许多作品当中，从杂志上的文章到诗歌，不一而足。在作品中，她带着一种细致入微的专注之情探究了那个地方的自然特质，从而表明了她是在徒步行走的过程中彻底"了解"那里的：

因弗内斯（Inverness）以西9英里处有一座高高的山坡。看到春天到来，万物那么繁茂、那么青翠、那么柔和，真让人觉得奇怪——站在那里,四周都是峭壁、深沟,以及组成一座山岳的更加险峻之物。4月时分,那个山坡上很难看到一点儿褐色的泥土,因为被高地人十分贴切地称为"可爱诅咒"的欧洲蕨会像一棵巨大、新发且强壮的车前草一样蔓延开去,而在满地密布的欧洲蕨当中,长着一丛丛数不胜数的报春花,它们浓密而呈黄色,闻起来像是香料。

此山由红石构成;在明净的春日阳光之下,岩石闪耀着赤焰一般的颜色。

山势极其高耸,以至于您会觉得自己好像随时都有可能跌入下方的尼斯湖里。人们都说此湖深不见底、变幻莫测,但在风平浪静的日子里,它就像柯勒律治笔下"一片彩绘的海洋"。

山间的春天会让世间最伟大的画家也觉得面前的全景太过广袤。我很怀疑,这种画家究竟能不能将它描绘出来。因为那里的春天不止有斑斓缤纷的色彩,还有悦耳的声音与沁人心脾的芳香。一条条小溪,仿佛沿着山坡一路低吟而下;树林摇曳,也自带韵律。春天的气息弥漫于群山之中,混杂着泥煤的浓郁、欧洲蕨的霉腐、鲜花的馥郁,以及一阵阵疾扫而过的清风。下方的山谷之中,成片成片没有气味的银莲花闪烁着淡淡的微光。[19]

就像80年前哈丽雅特·马蒂诺在"湖区"时一样,凯森也在群山之中获得了一种新的自由,一种摆脱了身体束缚的自由。而且,就像马蒂诺一样,凯森也是通过漫步于一个生命如今可以扩展的地方来赞美和内化这种自由的;所以,就凯森而言,她适应了每一棵树木沙沙摇曳之时的独特"韵律"。

克拉克内尔来到阿赫布依之时,正值春天;当时,她渴望着让自己与凯森那种"强大的感化力"进行某种接触,以便"分享她"对生活与行走的"激情"。[20]在尼斯湖畔的山坡上,克拉克内尔开始想象年轻时的凯森在这片土地上轻快走过的情景,那里"由松散岩石形成的险峻小路"给凯森以及随着她四下漫游的孩子们带来了危险和挑战。[21]随着克拉克内尔自己开始探索此地,想象中的这些画面也变得更加真切,以至于这里的风景中开始怪异地回响起凯森对其早期漫游的刻画,挥之不去了。克拉克内尔写道,爬到地势较高的荒原上之后,

> 风往下方而去,刮过湖畔,一圈光秃的白桦在万里晴空的映衬之下变成了栗色。鹿群踏着冬季生长的灰暗石南,涌上山坡;石南坚硬的茎秆,扎进了我的靴带之中。我不停地转过身来,想知道是谁在后面随着我的脚步而行,以为会看到一排咯咯地笑着后退的孩子。[22]

不过,正是通过想象,让自己融入凯森出院后第一次漫步于这座山坡时的感受之中,克拉克内尔才真正出现于这个地方。春天的空气当中飘荡着各种各样的声音,从"兴奋的鸟鸣"到"秃鹰的喵呜",再到"草丛中发出的"那种"柔和而无法解释的噗噗声",完全就像凯森走过这片土地时的情况:她们两人之间相隔的 70 年岁月,被这首无限循环的春天交响曲抹除了。[23]

> 我想象着杰茜·凯森迈步走出精神病院死气沉沉的围墙和浑浊不堪的空气,进入这种嘈杂的声音和心旷神怡的感受之中的

情景。她摆脱了一个严格管制、每一种思想和活动都充斥着其他生命的机构，因此这里几乎不可能没有激发出她的自由精神，几乎不可能没有促使她用双脚去进行探索。或许，这里还让她想起了过去与母亲一起光着脚漫步行走的岁月，让她产生了一种重新找回了野性自我的感觉。[24]

克拉克内尔还特别关注那个地方的"悦耳之声"，试图像凯森一样，通过绘制出一幅对音调和声音的细微变化都非常敏感且详尽细致的听觉"地形图"去了解那座山坡。走下高高的荒原时，克拉克内尔一路寻找着凯森曾从那座小农场往下走的确切道路。"确定了杰茜沿着小溪而下的路线"之后，克拉克内尔便追随着那位年长女性的脚步，沿着那些隐秘而可爱的小径前行：

> 我跨过小溪，沿着稍往南边的小路前行，想知道杰茜会在哪里找到接下来的下坡路。在那里，两条小溪之间夹着一道"门"，还有一条小径，上面洒满了褐色的落叶，在树林之间一路往下而去。这条路在地图上没有标注，一路上的安静、隐秘让我觉得很高兴。这里的桦树叶嘤嘤作响，宛如女高音，而一簇簇呈青铜色的新萌橡树叶则如男高音。[25]

克拉克内尔愿意像凯森一样，用自己的身体、耳朵和心灵，专注而有所分辨地去聆听山间小溪优美流畅、音调多样的"乐曲"。因此，通过让凯森曾经欣赏过的感受和体验再次变得生机勃勃，她便超越了纯粹的想象，受到了鼓舞。结束行走的时候，克拉克内尔觉得自己仿佛在"溪畔那些翠绿的乐曲通道"中,曾经与"一个人擦肩而过"。[26]有那么一段时间,克拉克内尔利用自己的身体——从双脚行走到双耳聆听——就能在某种程度上再现凯森的真实存在。

注释:

1. 琳达·克拉克内尔,《原路折返:记忆中走过的十条路》(*Doubling Back: Ten Paths Trodden in Memory*,格拉斯哥,2014),第 24 页。

2. 同上,第 35 页。

3. 同上,第 98 页。

4. 同上。

5. 同上,第 136 页。

6. 同上,第 137 页。

7. 同上,第 133 页。

8. 同上,第 138 页。

9. 同上,第 144 页。

10. 同上。

11. 同上,第 153 页。

12. 同上。

13. 同上,第 52 页和第 53 页。

14. 同上,第 12 页。

15. 杰茜·凯森,发表于《乡村生活》(*Country Living*)上的文章(1990 年 4 月),由伊莎贝尔·默里引于《杰茜·凯森:书写人生》(*Jessie Kesson: Writing her Life*,爱丁堡,2000),第 53 页。

16. 克拉克内尔,《原路折返》,第 41 页。

17. 同上。

18. 同上。

19. 杰茜·凯森,《乡居第十年》(*Country Dweller's Year 10*),由伊莎贝尔·默里引于《杰茜·凯森:书写人生》,第 119 页。

20. 克拉克内尔,《原路折返》,第 41 页。

21. 同上,第 42 页。
22. 同上。
23. 同上,第 46 页。
24. 同上,第 47 页。
25. 同上,第 48 页。
26. 同上,第 50 页。

尾 声

　　几年之前,在1月份一个阴云密布、细雨绵绵的下午,我第一次到阿伯费尔迪的桦树林漫步。前一年的夏天,我一口气攀登了格伦莱昂附近所有的芒罗山,把自己搞得精疲力竭;可当年10月,我背上的L5和S1这两节椎骨之间的一块椎间盘却以惊人的方式脱了位,经过4个月的加强康复之后,理疗师刚刚批准我再次开始进行力度不大的山间行走。桦树林似乎是一个理想的行走之地:从容漫步1个小时,爬上一座树木繁茂、风景优美的峡谷,既是一次值得考虑的漫步,几乎不会给我的背部带来压力,还会让我有充足的时间到镇上一家可爱的咖啡馆里喝上一杯热乎乎的咖啡。然而,我之所以去桦树林漫步,除了客观需要,还有别的原因。读了多萝西·华兹华斯对她跟哥哥一起游历苏格兰时在那里的种种经历进行的记述,还有琳达·克拉克内尔的倾情描绘之后,我就不仅渴望着亲自去体验一番这种行走,还想看一看,追随她们的脚步会不会给我带来同样的共情感,会不会有克拉克内尔在尼斯湖畔杰茜·凯森曾经走过的山坡上体验到的那种共鸣:长久以来,我一直都在阅读一些人的作品、思考他们的人生,所以也想与这些人物来一次"擦肩而过"。无疑,对克拉克内尔来说,多萝西·

华兹华斯在桦树林的存在意义重大——甚至比人们更常记起的罗伯特·伯恩斯（Robert Burns）重要得多；后者是一位记述过这一地区之美的编年史家，人们还立了一座雕像来纪念他的到访。突然看到那座刚刚立起的纪念碑以及上面做旧的人造铜绿时，克拉克内尔对人们颂扬此人而非颂扬其诗歌的愚蠢之举感到非常震惊。为此，她想起了1803 年多萝西·华兹华斯来到此地的情景。"我想描绘出她在这里漫步时的样子，"她写道，"连同她弯腰驼背的步态和被太阳晒黑了的脸庞。当时她并没有对白桦树评头论足，反而评价了人们栽种的金链花"；在华兹华斯看来，金链花的颜色之美艳，胜于她在秋季里见过的任何一种植物。[1] "多萝西的文字，却没有为她赢得一座雕像。"克拉克内尔最后尖锐地写道。[2]

反复阅读华兹华斯的日记和克拉克内尔的作品时，我曾被克拉克内尔所感动，因为她再现了冥想与记忆是如何像水中涟漪一样跨越时间，让两位在相同道路上行走过的女性一次又一次地走到了一起。尽管我漫步于桦树林的时候，心中一直装着这两个人——不知她们在行走的时候想过些什么，又有些什么样的感受——不过，我却无法与她们产生任何直接的共情。回想其他女性在那里的经历，并将她们的经历与我自己的经历进行比较，自然是一件令人愉快的事情；只不过，我却没有体验到任何一种共情联系。

一年之前，我曾在"湖区"与一群朋友漫步；他们都是学者，都研究撰写过关于华兹华斯兄妹以及"湖区"文学的作品。我们决定翻越瑟尔米尔（Thirlmere）上的那道山脊，从台地走到格里斯代尔湖（Grisedale Tarn），然后再下行到格拉斯米尔。尽管没有明确讨论过，但我们都很赞同到华兹华斯兄妹走过的那些山丘之上去走一走的主意，并且是带着友情、结伴而行。我们从山谷中的圣约翰（St John's）酒店出发，准备从那里登上山脊。我们原本希望趁此机会反思一下人类行走的文学史，可走出那座宁静的山谷，开始向上翻越山脊之后，我们却碰到了很多的人，不止一两个，而是很多很多的人。我们在每一座山冈、每一座山隘都能看到，人们已经将一条条小径践踏得有如任何一条宽阔的大道：没有一个地方不带有成百上千，或许还是成千上万人经过的痕迹。我们迅速地走过赫尔维林峰，朝经由多利瓦冈峰（Dollywaggon Pike）前往里斯代尔湖那条相对安静的下坡路走去，希望能够稍稍避开那些人。快到湖边的时候，我再一次想到，多萝西与威廉·华兹华斯兄妹就是在这个地方与弟弟约翰作了最后的道别，并且再次试图想象出约翰去世之后，多萝西每次回到这里所感受到的那种悲伤。但是，无论怎样努力地想要形成克拉克内尔、谢泼德、宁和伍尔夫大力描写过的那种共情纽带，我却始终无法让华兹华斯兄妹再次现身于这里。我曾努力想象他们站在湖边时的情景；我曾努力想象多萝西最后一次见到弟弟时可能穿着什么样的衣服，却怎么也想象不出来：在我的脑海里，他们手工缝制的衣服的素淡颜色，根本就无法与此时四周山坡上遍布的"戈尔特克斯"（Goretex）防水面料服装的鲜亮颜色相提并论。

在格里斯代尔和桦树林都没能做到这一点，曾经困扰了我一段时间。但是，随着本书的撰写工作逐渐取得进展，随着我在心中与越来越多的女性作家兼行者同行，她们的经历与作品一直在我的脑海中涌动，有时还会外溢，投射到与我一起漫步的人身上。这样一来，我们在山间行走的数个小时里，我会一直谈论阿娜伊斯·宁在巴黎的漫步，或者描述萨娜·斯托达特·哈兹里特的体力，或者争论娜恩·谢泼德对凯恩戈姆山脉的刻画。现在，每当我出去漫步，无论是沿着这些女性曾经走过的小径，还是沿着我最喜欢的一条或者一条全新的路线，我都是与她们同行了：她们对我的行走必不可少，就像我的防水外套和靴子一样，而我也小心地把她们珍藏在心里。我发现，如今我已认识到自己也是一位**女性**行者，认识到了女性行者身上承载着丰富的文化遗产。我日益认识到，独自漫步的时候我与其他女性行者进行交谈的频率，要比我跟一群人行走或者跟丈夫一起漫步的时候高得多；我也明白，这样的邂逅与多萝西·华兹华斯、乔安娜·哈钦森、斯托达特·哈兹里特以及爱伦·威顿等人的经历有某种相同之处。借用娜恩·谢泼德的佳句来说，如今我在一路上都有这些女性漫游者"陪伴"了。

世间还有许多、许多热爱徒步行走并且撰文描述过其行走的女性，从 18 世纪的剧作家汉娜·莫尔（Hannah More）到 19 世纪喜欢穿男装的小说家乔治·桑，到 20 世纪的短篇小说作家凯瑟琳·曼斯菲尔德（Katherine Mansfield），再到 21 世纪的丽贝卡·索尔尼特、克莱尔·鲍丁（Clare Balding）、雷诺·韦恩（Raynor Winn）以及凯特·汉博尔（Kate Humble），不胜枚举。女性一直都在徒步行走，她们先是出于需要而行走，后来则是随着社会有了更多的闲暇时间、为了消遣而行走。数百年来，女性作家们也已发现行走对她们的创作过程、对她们的自我意识至关重要。女性的徒步行走有着各种各样的目的——这些目的就像女性本身一样千差万别。行走曾被她们当成一种与逝者进行交流的方式(如华兹华斯、克拉克内尔)、一种挑战传统的方式(如卡特)、一种自我发现的方式(如斯托达特·哈兹里特、斯特雷德)、一种解脱的方式(如威顿、凯森)、一种超越自我的方式(如宁、谢泼德),以及一种逃避个人困境的方式(如斯托达特·哈兹里特、威顿、凯森、伍尔夫、宁)。除此之外,对于数个世纪中的其他几百位徒步行走的女性作家而言,行走还有更多的目的。当然,女性的行走能力受到过种种限制,其中包括家务与养儿育女等责任,以及安全与易受伤害等方面的观念束缚,但这些束缚并未阻止女性行走;只不过,它们也对女性徒步行走的体验产生了影响。然而,一些关于女性能做什么和不能做什么的臆断,有时却会被人们用来为那些撰写过作品论述行走的重要性,但连女性对这方面的记述都没有去找一找的人进行辩护。我们不能再把这些臆断以及论述行走的文献当中疏漏女性的现象视为合理的做法了。对于女性行者来说,她们的文学创作与漫步之间的关系,一如男性行者那样紧密、那样深刻。但是,女性的行走方式不同,她们看待事物的方式不同,撰文描述自身经历的方式也不同。否定世间存在女性描述行走的作品,也就是否定我们自己的历史。

注释:

1. 琳达·克拉克内尔,《原路折返:记忆中走过的十条路》(格拉斯哥,2014),第 243 页。
2. 同上,第 242 页。

附　录

在本书中，我是按照一套相当严格的标准为各个章节选择作家的。当然，尽管她们都是行者，但我寻找的是那些积极对自己的徒步行走进行过思考，或者在行走中找到了某种东西，促进了她们理解自我、理解身为作家和常人两种角色的女性：本书中所述的行走必须与这些作家生活中的其他领域有所关联，并且关联的方式应对她们的创作产生了重大的影响。我希望这种方法能阐明徒步行走在数位女性生活中扮演的复杂而多种多样的角色，并且通过将她们视为行者来丰富我们对其作品的理解。然而，过去数个世纪里出现的女性行者成百上千，或许还是成千上万，一本书既不可能将她们全部涵盖进来，也不可能表达出每位女性经历的丰富多彩。因此，在这份附录里，我还列出了其他一些行走过或者发表过论述女性行走作品的女性，供读者参考。其中，有些女性将她们的行走经历创作成了小说，还有一些女性虽然经常徒步行走，却不常撰文记述；但对所有人而言，行走在她们的生活和写作中都扮演了重要的角色。

简·奥斯汀(Jane Austen,1775—1817)

伊丽莎白·班纳特(Elizabeth Bennet)或许是奥斯汀笔下众多著名女主人公当中最众所周知的一位,但此人对时髦的社会规则的藐视,却是通过奥斯汀在《傲慢与偏见》(*Pride and Prejudice*)一作中将她描述成一位行者的做法体现出来的。奥斯汀本人很喜欢在汉普郡(Hampshire)乔顿村(Chawton)的家里附近徒步漫游,尽管她发现冬天那些泥泞不堪的小路很难行走,也热情不减。奥斯汀似乎并未持久地记述过自己的行走经历,但她所写的书信中却大致描述了她在汉普郡的家里附近到处漫游的情况。参见《简·奥斯汀书信集》(*Jane Austen's Letters*),由迪尔德丽·勒·法耶(Deirdre Le Faye)编纂(牛津,2011)。

克莱尔·鲍丁(1971—)

克莱尔·鲍丁是一位电视和广播节目主持人,多年来一直主持着一档广受欢迎的广播节目,叫做《漫步》(*Ramblings*,网址:www.bbc.co.uk),并且在《步行回家:英国大探险……以及其他漫步》(*Walking Home: Great British Adventures ... And Other Rambles*)一作中记述过她的行走经历(伦敦,2015)。

芭芭拉·博迪肯(Barbara Bodichon,1827—1891)

博迪肯出生于一个非传统家庭[她的父母属于激进派和一神论者

(Unitarian),并且是非婚成家〕;年轻的时候,她就得到了一笔可以让她生活无忧的钱财。这种经济独立在当时可以说非常罕见,让博迪肯能够终身致力于追求女性的教育与权利这一事业,并且最终创建了剑桥大学格顿学院(Girton College, Cambridge)。她是一个热衷于徒步漫游的人,但可惜的是,她与朋友杰茜·帕克斯(Jessie Parkes)一起穿着钉靴和短裙穿越欧洲大陆进行徒步游历的精彩故事似乎是杜撰出来的。博迪肯还在一些作品中记述过其他一些旅行经历,其中包括《美国日记,1857—1858》(*An American Diary, 1857-8*),由小约瑟夫·W. 里德(Joseph W. Reed Jr)编纂(伦敦,2018)。

夏洛蒂·勃朗特(Charlotte Brontë, 1816—1855)、 艾米莉·勃朗特(Emily Brontë, 1818—1848) 与安妮·勃朗特(Anne Brontë, 1820—1849)

在约克郡的霍沃思(Haworth),勃朗特三姐妹曾经常徒步穿越她们家附近的那些荒原,因此许多评论家都认为,三姐妹曾利用她们的徒步行走经历来创作小说。他们尤其认为,《呼啸山庄》(*Wuthering Heights*,1847,艾米莉·勃朗特)一作就是作者根据自己熟悉各种天气情况下的约克郡高地这一点创作出来的。夏洛蒂·勃朗特的书信则有可能是了解三姐妹行走习惯的最佳资料——在这些书信中,她记述了自己在家乡的行走、出国后的行走、为了友谊而进行的漫步以及记忆中的漫步。遗憾的是,安妮·勃朗特和艾米莉·勃朗特的私人信函却罕有存世。参见夏洛蒂·勃朗特的《书信选集》(*Selected Letters*),由玛格丽特·史密斯(Margaret Smith)编纂(牛津,2007),以及《勃朗特三姐妹：文学人生》(*The Brontes: A Life in Letters*)，由朱丽叶·巴克尔(Juliet Barker)编纂(伦敦，2016)。

菲奥娜·坎贝尔(**Ffyona Campbell，1867— **)

坎贝尔是一位专业的远距离行者。她在徒步行走方面的成就，包括徒步穿越了美国、澳大利亚、非洲大陆与欧洲大陆。她撰写了3部作品，记述了自己在这些多姿多彩的旅程中的经历，即《徒步非洲》(*On Foot through Africa*，伦敦，1995)、《完整的故事》(*The Whole Story*，伦敦，1996)和《黏土之足：徒步澳洲》(*Feet of Clay: On Foot through Australia*，伦敦，1999)。

凯特·肖邦(1850—1904)

肖邦是美国的一位短篇故事作家和小说家，她的许多小说都与徒步行走有关：在她的作品中，为环境或者婚姻所困的女性往往会发现，徒步行走就是一条让她们能够摆脱旧世界的途径。肖邦本身是一个酷爱行走的人；1870年还在度蜜月的时候，她就曾到欧洲的许多城市漫步，有时还是孤身一人。后来，她开始喜欢上了清晨时分在美国密苏里州(Missouri)的圣路易斯市(St Louis)或者路易斯安那州(Louisiana)的新奥尔良市(New Orleans)的街道上行走，既无人陪伴，有时还会穿着奇装异服。她最著名的小说就是《觉醒》(*The Awakening*，1899)；行走在其中扮演了一个关键的角色。她的更多作品，包括最初让肖邦声名鹊起的那些短篇小说，可以参见《凯特·肖邦杂集》(*A*

267

Kate Chopin Miscellany），由珀尔·赛耶斯特德（Per Seyersted）与艾米莉·托特（Emily Toth）编纂[奥斯陆（Oslo），1979]。

埃莉诺·法吉恩（Eleanor Farjeon，1881—1965）

法吉恩最为人知的身份是儿童文学作家——在漫长而声名赫赫的职业生涯中，她荣获过3项重要的奖项——她还是诗人爱德华·托马斯的密友，20世纪初曾与后者一起徒步旅行。她在一部半属传记、半属回忆录的作品中写到过两人之间的关系：《爱德华·托马斯：最后的四年》[*Edward Thomas: The Last Four Years*，萨顿（Sutton），1997]。

杰茜·凯森（1916—1994）

凯森是一位小说家、编剧兼电台节目制作人，她的作品涉及多种体裁。许多作品风格多样，创作灵感都源自她在苏格兰高地的生活与工作经历，尤其是源自她在因弗内斯附近的生活和工作经历。她出生之后，由于母亲当了妓女，所以被送进了一座孤儿院；后来，她曾以替人做家务为生，却精神崩溃，这导致她在医院里住了一年。康复之后，凯森被送到尼斯湖畔的一座小农场里，与一位老妇一起生活。她后来成了娜恩·谢泼德的朋友。凯森创作了许多小说，包括《白鸟飞过》（*The White Bird Passes*，爱丁堡，2003）和《闪光的云母》（*A Glitter of Mica*，爱丁堡，1998）。她还创作了一些关于行走与乡村的作品，尤其是《乡村居民的岁月：自然著作》（*A Country Dweller's Years: Nature Writings*）一作，由伊莎贝尔·默里（Isobel Murray）编纂（爱丁堡，

2009)。

凯瑟琳·曼斯菲尔德(1888—1923)

曼斯菲尔德出生于新西兰的惠灵顿(Wellington),19岁时离开祖国来到了英国。她在新西兰的时候就已开始写作和发表作品,但到了英国之后才以短篇小说作家的身份成名。行走曾是曼斯菲尔德生活中一个重要的方面,在她过得艰难和痛苦的时期发挥着慰藉的作用。徒步行走也让她牢记着自己的故乡,记得她那位在第一次世界大战期间被杀的哥哥。她的漫步经历在《凯瑟琳·曼斯菲尔德日记》(*The Journal of Katherine Mansfield*)一作中有极其清晰的记述(伦敦,2006)。

爱玛·米切尔(Emma Mitchell,目前仍活跃的作家)

米切尔的《荒野疗法》(*The Wild Remedy*)一作(伦敦,2018),探究了在大自然中行走对保持良好心理健康的重要性。米切尔在其中记述了自己的漫游经历;在漫游的时候,她还对自然界进行了细致的观察,绘制了许多画作。

汉娜·莫尔(1745—1833)

汉娜·莫尔是一位诗人、剧作家、小说家兼教师,晚年身体非常不好,但三四十岁的时候,她却是一位热衷于漫步的行者,既喜欢在布里斯托尔附近的乡间漫游,也喜欢距离较远的徒步行走。正是在一次与威廉·威尔伯福斯(William Wilberforce)一起徒步旅行的时候,莫尔说服了这位朋友,加入英国那场日益壮大的废除奴隶贸易的运动中;威尔伯福斯曾在自己的日记中记载了这件事情。莫尔的经历在许多书信中都有所记载(网址:www.hannahmore.co.uk)。

安·拉德克利夫(Ann Radcliffe,1764—1823)

拉德克利夫是18世纪末最受欢迎的小说家之一,她通过一些哥特风格的小说而大赚了一笔,其中就包括《奥多芙的神秘》(*The Mysteries of Udolpho*,1794)。她也喜欢漫步,还出版了一部作品,记述了自己在"湖区"的旅行经历:《兰开夏郡、威斯特摩兰与坎伯兰诸湖游记》(*Observations during a Tour to the Lakes of Lancashire*,*Westmoreland*,*and Cumberland*)。由彭妮·布拉德肖(Penny Bradshaw)编纂的新平装版,最近刚刚由"卡莱尔书柜"出版(Bookcase of Carlisle,2014)。

简·里斯[原名艾拉·格温多琳·里斯·威廉姆斯(Ella Gwendolyn Rees Williams),1890—1979]

里斯出生于多米尼加(Dominica),16岁时来到了英国。20世纪初至20年代,里斯在英国和欧洲过着居无定所的生活,还一度步行前往巴黎。里斯在巴黎住了一段时间,但后来又曾跟着她那个当记者的丈夫在欧洲的许多城市里搬来搬去。对里斯来说,无论她是一位作家还是一位女性,徒步行走(尤其是在巴黎的漫步)都非常重要;正是在巴黎,她的文学事业才随着 1934 年《黑暗中的航程》(*Voyage in the Dark*)一作的出版而出现了真正的腾飞。

卡琳·萨格纳(Karin Sagner,当前仍活跃的作家)

萨格纳的《行走的女性:自由、冒险与独立》(*Women Walking: Freedom, Adventure, Independence*)一作(纽约,2017)以包含从 18 世纪至今无数描绘女性徒步行走的艺术作品为特点。

乔治·桑[原名阿曼蒂娜·露西尔·奥罗拉·杜宾 (Amantine Lucile Aurore Dupin),1804—1876]

桑是法国的一位小说家兼回忆录作家,也是一位热衷于漫步的行者,她尤其喜欢在巴黎的街头漫步。她的回忆录里虽然没有用大量篇幅详细描述行走的情况,但的确解释过她有时如何女扮男装,以便更加自由地在城中漫步的情况。她还认为,一双优质的靴子对行者而言很重要。请参见《我的生活:乔治·桑自传》(*Story of My Life: The Autobiography of George Sand*),由瑟尔玛·尤格劳(Thelma Jurgrau)编纂(纽约,1991)。

玛丽·沃斯通克拉夫特·雪莱 (Mary Wollstonecraft Shelley,1797—1851)

玛丽·雪莱与她的母亲玛丽·沃斯通克拉夫特一样,曾经在欧洲到处游历。十几岁的时候,她就跟自己的情人珀西·比希·雪莱(Percy Bysshe Shelley)游历了法国和意大利,参观了许多重要的文化遗址。在欧洲的时候,玛丽·雪莱开始以作家的身份崭露头角,并且开始创作她最著名的小说《弗兰肯斯坦》(*Frankenstein*,1818)。在她的小说处女作问世之前,玛丽·雪莱就发表过一部记述其欧洲大陆之旅的作品,即《六周游记》(*History of a Six Weeks Tour*),在其中记录了自己的游历情况(伦敦,1817)。

丽贝卡·索尔尼特(1961—　　)

索尔尼特的《漫游癖》(*Wanderlust*)一作(伦敦,2002)是由女性撰写的、为数不多的有关行走历史的作品之一。尽管对女性行走的理论化在此作的撰写过程中发挥了重要的作用,但《漫游癖》之所以重要,也是因为其中记录了索尔尼特本人在美国加利福尼亚北部和其他地区的漫步经历。

亚莉珊德拉·斯图尔特(1896—?)

斯图尔特出生于珀斯郡的格伦莱昂,当时汽车还没有问世;她在《峡谷的女儿们》(*Daughters of the Glen*)一作中,讲述了自己徒步度过的童年时光[由英尼斯·麦克白(Innis Macbeath)编纂,1986]。她的这种行走大部分都带有一个目的——只是徒步沿着峡谷到处走一走。但是,斯图尔特也提到过为了消遣而进行的行走,以及仅仅为了漫步而进行的行走;这种时候,她的心里并没有具体的目的地。斯图尔特与峡谷美景之间那种长久的亲密关系,使得她能够在叙述中将历史、社会变革、苏格兰高地乡村生活中的种种现实以及通过行走去了解这片土地的重要性结合起来。

弗洛拉·汤普森(Flora Thompson, 1876—1947)

弗洛拉·汤普森一生中的大部分时间里都是以当女邮递员为业,故每天上班都要走上数英里远的路。这些经历对她的写作产生了影响,尤其是 1939 年首次出版的《雀起坎德福德》(*Lark Rise to Candleford*)三部曲(牛津,2011),其故事背景就设定在 20 世纪初的牛津郡乡村。

雷诺·韦恩(当前仍活跃的作家)

韦恩原本是一位农民,后来却与丈夫变得无家可归了。韦恩曾在《盐之路》(*The Salt Path*)一作(伦敦,2018)中,记述过她与丈夫只靠一顶帐篷和一点儿钱在西南海岸步道(South West Coast Path)上徒步行走度过了两季的情况。

玛丽·沃斯通克拉夫特
(Mary Wollstonecraft, 1759—1797)

遇到她的情人吉尔伯特·伊姆莱(Gilbert Imlay)之前,沃斯通克拉夫特曾当过家庭教师,后来成了一位文学评论家和辩论家,分别于

1790 年和 1792 年出版了《人权辩护》(*A Vindication of the Rights of Men*)和《女权辩护》(*A Vindication of the Rights of Woman*)两部作品。在这两部作品中,她主张进行激进的政治和社会改革。18 世纪 90 年代中期,沃斯通克拉夫特开始踏上旅程,前往斯堪的纳维亚半岛;当时,斯堪的纳维亚还是一个很少有人前去,故而鲜为人知的地方。只有尚在襁褓中的女儿范妮(Fanny)为伴的沃斯通克拉夫特开始替美国公民伊姆莱从事秘密工作。在这个北方之地,沃斯通克拉夫特进行过无数次徒步行走,并且常常是在情绪陷入巨大的痛苦之时(当时,她与伊姆莱的关系破裂了)。1796 年,她出版了记录其经历的《于瑞典、挪威与丹麦短暂居留期间所写的书信》(*Letters Written During a Short Residence in Sweden*,*Norway and Denmark*)一作。

延伸阅读

Bagley, J. J., ed., *Miss Weeton's Journal of a Governess*, 2 vols (Newton Abbott, 1969)

Bair, Deirdre, *Anaïs Nin: A Biography* (New York, 1995)

Beaumont, Matthew, *Nightwalking: A Nocturnal History of London* (London, 2015)

Birkett, Dea, *Off the Beaten Thrack: Three Centuries of Women Travellers* (London, 2004)

Bonner, William Hallam, "The Journals of Sarah and William Hazlitt, 1822 – 1831", *University of Buffalo Studies*, xxiv/3 (1959), pp. 172 – 281

Carter, Elizabeth, *Letters from Mrs. Elizabeth Carter to Mrs. Montagu*, 3 vols (London, 1817)

—, *A Series of Letters between Mrs. Elizabeth Carter and Miss Catherine Talbot*, 4 vols (London, 1809)

Clarke, Norma, *Dr Johnson's Women* (London, 2001)

Coleridge, Samuel Taylor, *Coleridge's Notebooks: A Selection*, ed. Seamus Perry (Oxford, 2002)

Coverley, Merlin, *The Art of Wandering: The Writer as Walker* (Harpenden, 2012)

Cracknell, Linda, Blogs for Walkhighlands, www.walkhighlands.co.uk

—, *Doubling Back: Ten Paths Trodden in Memory* (Glasgow, 2014)

De Quincey, Thomas, *The Collected Writings of Thomas de Quincey*, ed. David Masson (London, 1896)

Easley, Alexis, "The Woman of Letters at Home: Harriet Martineau and the Lake District", *Victorian Literature and Culture*, xxxiv/1 (March 2006), pp. 291–310

Eger, Elizabeth, *Bluestockings: Women of Reason from Enlightenment to Romanticism* (Basingstoke and New York, 2012)

Elkin, Lauren, *Flâneuse: Women Walk the City in Paris, New York, Tokyo, Venice and London* (London, 2016)

Harrison, Melissa, *Rain: Four Walks in English Weather* (London, 2016)

Humble, Kate, *Thinking on My Feet: The Small Joy of Putting One Foot in Front of Another* (London, 2018)

Ingold, Tim, and Jo Lee Vergunst, eds, *Ways of Walking: Ethnography and Practice on Foot* (Aldershot and Burlington, VT, 2008)

Levin, Susan M., *Dorothy Wordsworth and Romanticism* (New Brunswick, NJ, and London, 1987)

Macfarlane, Robert, *The Old Ways* (London, 2012)

Marples, Morris, *Shanks's Pony: A Study of Walking* (London, 1959)

Martineau, Harriet, *Autobiography*, 2 vols (Boston, MA, 1877)

—, *Collected Letters of Harriet Martineau*, 5 vols, ed. Deborah Anna Logan (London, 2007)

—, *A Complete Guide to the English Lakes* (Windermere, 1855)

—, *How to Observe Morals and Manners* (New York, 1838)

Mort, Helen, et al., eds, *Waymaking: An Anthology of Women's Adventure Writing, Poetry and Art* (Sheffield, 2018)

Murray, Isobel, *Jessie Kesson: Writing her Life* [2000] (Glasgow, 2011)

Newlyn, Lucy, *William and Dorothy Wordsworth: "All in Each Other"* (Oxford, 2013)

Nin, Anaïs, *Diary of Anaïs Nin*, vol. V: *1947–55*, ed. Gunther Stuhlmann (New York and London, 1974)

——, *The Early Diary of Anaïs Nin*, vol. Ⅲ: *1923 - 1927* (Boston, MA, 1983)

——, *Fire: From "A Journal of Love": The Unexpurgated Diary of Anaïs Nin, 1934 - 1937* (San Diego, CA, New York and London, 1995)

——, *Incest: Unexpurgated Diaries, 1932 - 1934* (London and Chicago, IL, 1992)

——, *The Journals of Anaïs Nin*, vol. Ⅵ: *1955 - 1966* (London, 1977)

——, *Linotte: The Early Diary of Anaïs Nin, 1914 - 1920* (San Diego, CA, 1978)

——, *Linotte: The Early Diary of Anaïs Nin*, vol. Ⅳ: *1927 - 1931* (San Diego, CA, 1985)

——, *Mirages: The Unexpurgated Diaries of Anaïs Nin, 1939 - 1947* (Athens, OH, 2013)

——, *Nearer the Moon: From A Journal of Love: The Unexpurgated Diaries of Anaïs Nin* (London, 1996)

Peacock, Charlotte, *Into the Mountain: A Life of Nan Shepherd* (Cambridge, 2017)

Pennington, Montagu, *Memoirs of the Life of Elizabeth Carter* (London, 1809)

Rousseau, Jean-Jacques, *Confessions of a Solitary Wanderer* (Oxford, 2016)

Selincourt, Ernest de, ed., *Journals of Dorothy Wordsworth*, 2 vols (London, 1941)

——, ed., *Journals of Dorothy Wordsworth*, 2 vols, 2nd edn(London, 1959)

——, ed., *The Letters of William and Dorothy Wordsworth*, vol. Ⅰ: *The Early Years, 1787 - 1805*, rev. Chester L. Shaver(Oxford, 1967)

——, *The Letters of William and Dorothy Wordsworth: The Later Years, 1821 - 1853*, rev. Alan G. Hill, 4 vols (Oxford, 1978 - 1988)

Shepherd, Nan, *In the Cairngorms* [1934] (Cambridge, 2014)

——, *The Living Mountain* [1977] (Edinburgh, 2011)

Simmons, Gail, *The Country of Larks: A Chiltern Journey in the Footsteps of Robert Louis Stevenson and the Footprint of HS2* (Chalfont St Peter, 2019)

Solnit, Rebecca, *Wanderlust: A History of Walking* (London, 2002)

Stewart, Alexandra, *Daughters of the Glen*, ed. Innis Macbeath (Aberfeldy, 1986)

Strayed, Cheryl, *Wild: A Journey from Lost to Found* (London, 2013)

Taplin, Kim, *The English Path* (Ipswich, 1979)

Todd, Barbara, *Harriet Martineau at Ambleside*, *with "A Year at Ambleside"*, *by Harriet Martineau* (Carlisle, 2002)

Weeton, Ellen, *Miss Weeton's Journal of a Governess*, *1807 – 1811*, ed. J. J. Bagley, 2 vols (Newton Abbott, 1969), vol. I

—, *Miss Weeton's Journal of a Governess*, *1811 – 1825*, ed. J. J. Bagley, 2 vols (Newton Abbott, 1969), vol. II

Winn, Raynor, *The Salt Path* (London, 2018)

Winter, Alison, *Mesmerized: Powers of Mind in Victorian Britain* (Cambridge, 1998)

Woolf, Virginia, *The Diary of Virginia Woolf*, vol. I: *1915 – 1919*, ed. Anne Oliver Bell (London, 1979)

—, *The Diary of Virginia Woolf*, vol. II: *1920 – 1924*, ed. Anne Olivier Bell and Andrew McNeillie (London, 1980)

—, *The Diary of Virginia Woolf*, vol. III: *1925 – 1930*, ed. Anne Olivier Bell and Andrew McNeillie (London, 1981)

—, *The Diary of Virginia Woolf*, vol. IV: *1931 – 1935*, ed. Anne Olivier Bell and Andrew McNeillie (London, 1982)

—, *The Flight of the Mind: The Letters of Virginia Woolf*, vol. I: *1888 – 1912*, ed. Nigel Nicolson and Joanne Trachtmann (London, 1975)

—, *Street Haunting: A London Adventure* [1927] (n.p., 2012)

Wordsworth, Dorothy, *The Grasmere and Alfoxden Journals*, ed. Pamela Woof (Oxford and New York, 2002)

—, *Journal of My Second Tour in Scotland*, *1822: A Complete Edition of*

Dove Cottage Manuscript 98 and Dove Cottage Manuscript 99, ed. Jiro Nagasawa (Tokyo，1989)

——，*Recollections of a Tour Made in Scotland*，ed. Carol Kyros Walker (New Haven，CT，and London，1997)

——，"Thoughts on My Sick-bed" (1832)，www.rc.umd.edu

Wordsworth，William，*Lyrical Ballads* [1800]，ed. Michael Gamer and Dahlia Porter (Peterborough，ON，2008)

致　谢

　　撰写本书的过程,可以说是一种享受。在本书问世之前长达 7 年左右的时间里,我有幸遇见了许多人,跟他们进行过交谈,与他们漫步的道路交错而过。最令人难忘的是,当我傍晚时分孤身一人行走在本克鲁亚川(Ben Cruachan)顶峰的时候,来自伯明翰(Birmingham)的一家子人好意让我加入了他们一行,陪我沿着马蹄形的山顶一路走了一圈,再回到大路上。还有无数次的偶遇,这些都影响了我对徒步行走的看法,比如行走的意义、行走为什么重要,因此我很感谢其中的每一次经历。

　　在表达迟来的感谢之时,我才认识到,我的友谊有多少是在旅途中开启和变得可贵的。我曾有伊万·泰特(Ewan Tait)和克里斯汀·泰特·布尔卡德(Christine Tait-Burkard)为伴,在苏格兰大大小小的群山之中进行过多次探险之旅;他们在过去数年中的无数次漫步中,友好地任由我畅谈本书的撰写计划,对此我深表感激。2014 年那个阳光明媚的秋天,在格拉斯米尔上方的"湖区"漫步之时,马特·桑斯特(Matt Sangster)、碧翠丝·特纳(Beatrice Turner)、菲利普·阿赫恩(Philip Aherne)和海伦·史塔克(Helen Stark)协助我撰写了论述多萝西·华兹华斯的那一章。乔·泰勒(Jo Taylor)曾建议我研究研究哈利雅特·马蒂诺;在"湖区"、萨默塞特郡和约克郡荒原(Yorkshire Moors)进行的那些令人难忘的漫步中,她一直都是一位乐观开朗的同伴。要感谢莎拉·奥斯蒙德·史密斯(Sarah Osmond Smith)、苏珊·安德森(Susan Anderson)、莎拉·伦纳德(Sarah Leonard)、香农·德劳克(Shannon Draucker)和艾米莉·奈特(Emily Knight)——感谢你们为我指出了许多女才子和伊丽莎白·卡特,感谢大家为我加油打气。文学咨询公司(The Literary Consultancy)的莱斯利·麦克道尔(Lesley McDowell)为本书的草稿提供了颇具支持性的和慷慨的反馈意见,也让我受益匪浅。英国作家协会(The Society of Authors)在一个关键阶段为我提供了有益的建议。大卫·沃特金斯(David Watkins)则为本书提供了一个"家园"。感谢此人和瑞科(Reaktion)出版公司的整个团队,感谢你们所做的一切。

在我们每年进行一次的美妙海滨漫步中,迈克尔·盖默尔、达丽亚·波特、加布·塞万提斯(Gabe Cervantes)、艾伦·瓦迪(Alan Vardy)和朱莉亚·卡尔森(Julia Carlson)曾多次鼓励我对本书的撰写计划进行更缜密的思考,并且以评论、啤酒和下午茶的形式为我提供了大力支持。还要感谢保罗·劳伦斯(Paul Lawrence)、斯图尔特·奥尔(Stuart Orr)、珍妮弗(Jennifer)与马丁·坎贝尔(Martin Campbell)、黛安·伯恩(Diane Burn)、阿努谢·富尔福德(Anousheh Fulford)、杰玛·罗宾逊(Gemma Robinson)和杰玛·伯恩赛德(Gemma Burnside),我在苏格兰高地及其他地方曾与他们一起进行过令人难忘的徒步行走。我很高兴的是和凯茜·克莱(Cathy Clay)的友情重新点燃,其中部分原因就在于我们都热爱漫步。她的陪伴助长了我对"苏格兰边界区"这个行者天堂的热情。在我对撰写本书的计划还毫无自信之前,法耶·哈米尔(Faye Hammill)就表现得对我信心十足,并且多年来一直默默支持着我。在我拼命想要逃离洛杉矶那座城市的时候,"塞拉俱乐部"洛杉矶分会的唐·布雷纳以及那个行走小组里的其他成员都极其热情地接纳了我。与他们一起漫步,疏解了我因思乡而产生的悲伤之情。感谢发起这次徒步行走的托比·安德鲁斯(Toby Andrews)、萨拉瓦特·雷曼(Sarrawat Rehman)和珍妮·威尔金森(Jenny Wilkinson),谢谢你们。

尤其要感谢波莉·阿特金——她是一个热爱湖泊、喜欢在湖中游泳的人,她从我计划撰写一本关于行走的作品的那种断断续续的想法中看到了一些重要而有价值的东西。多年来,她的友谊对我来说始终都是一件幸事,一如我与威尔·史密斯(Will Smith)的友谊。假如没有"格拉斯哥山行俱乐部"(Glasgow Hillwalking Club)和"苏格兰山行活动队"(Scottish Hillwalking and Activities Group)成员的支持与陪伴,我对苏格兰群山的热爱之情就绝不可能变得如此根深蒂固,尤其是海伦·梅隆(Helen Melone)、菲奥娜·莫里森(Fiona Morrison)、帕特里克·凯恩斯(Patrick Cairns)和吉莉安·麦克福尔(Gillian McFall):与你们一起漫步,不但让我获得了技能和信心,还让我拥有了一段段非常特别的回忆。

我应当重重感谢蒂姆·富尔福德(Tim Fulford):他让我跟着他一起漫步,从我们首次一起在大盖博山上行走,到赫尔维林峰和斯科费尔峰、康沃尔郡沿海步道(Cornish Coastal Path)、洛赫纳加山(Lochnagar),以及我家上方的群山,长达十年之久。我在漫步过程中构思此书之时,他曾耐心地一路聆听,对一些章节草稿提出了具有帮助作用的批评意见,还慷慨地与我分享了他有关浪漫主义时期文学的丰富知识。

本书的部分章节是在我从产后抑郁症中康复的过程中写就的——实际上,本书就是我的康复灵药。对于琳达·亨德森(Linda Henderson)坚定不移的善良与支持,对于朱莉(Julie)、娜塔莉(Natalie)以及"边界区育儿协会"(Nurture the Borders)的整个团队,对于"边界区产后抑郁协会"(PND Borders)的科莱特(Colette),我都不胜感激。

我还要感谢伦敦大英图书馆(British Library,London)、哈佛大学(Harvard University)的霍顿(Houghton)和韦德纳(Widener)两座图书馆、洛杉矶亨廷顿图书馆(Huntington Library),尤其是爱丁堡的苏格兰国家图书馆(National Library for Scotland)中那些图书管理员所做的工作。无论我提出什么问题、查找什么资料,他们全都很有耐心;要是没有他们,本书就不可能问世。

承 蒙 许 可

本书中所引娜恩·谢泼德《活山》(1977)一作中的诗句,以及娜恩·谢泼德手稿中的诗句节选,皆蒙"娜恩·谢泼德遗产管理机构"(Estate of Nan Shepherd)许可引用。版权为娜恩·谢泼德遗产管理机构所有。

图书在版编目(CIP)数据

步履不止 ：一部女性行走史 / (英)克丽·安德鲁斯著 ；欧阳瑾，罗小荣译 .— 上海 ：上海社会科学院出版社，2023
ISBN 978 - 7 - 5520 - 3945 - 0

Ⅰ. 步… Ⅱ. ①克… ②欧… ③罗… Ⅲ.①女性—作家—传记—英国—近现代 ②女性—作家—传记—美国—近现代 Ⅳ.①K835.615.6 ②K837.125.6

中国版本图书馆 CIP 数据核字(2022)第 158607 号

Wanderers: A History of Women Walking by Kerri Andrews was first published by Reaktion Books，London，UK，2020. Copyright © Kerri Andrews 2020
上海市版权局著作权合同登记号：图字 09 - 2021 - 0626

步履不止
——一部女性行走史

著　　者：〔英〕克丽·安德鲁斯(Kerri Andrews)
译　　者：欧阳瑾　罗小荣
责任编辑：张　晶
封面设计：周清华
出版发行：上海社会科学院出版社
　　　　　上海顺昌路 622 号　邮编 200025
　　　　　电话总机 021 - 63315947　销售热线 021 - 53063735
　　　　　http://www.sassp.cn　E-mail：sassp@sassp.cn
排　　版：南京展望文化发展有限公司
印　　刷：上海盛通时代印刷有限公司
开　　本：890 毫米×1240 毫米　1/32
印　　张：9.25
字　　数：210 千
版　　次：2023 年 1 月第 1 版　2024 年 6 月第 3 次印刷

ISBN 978 - 7 - 5520 - 3945 - 0/K · 659　　　　　定价：68.00 元